概 観

日本国憲法と
昭和政治史

憲法と憲法制定前後
の歴史を学ぶ

名古屋芸術大学教授
特定社会保険労務士

中川 直毅

三恵社

はしがき

　本書は、「おおよその憲法の内容を知ってみたい」、「憲法ができた頃の歴史を学びたい」と思われている、大学生や社会人の皆さんを対象にして、日本国憲法とその制定関連の政治史について、概観が学べる内容となっています。講義口調で書かれており、構成は、日本国憲法編と昭和政治史編の二本立てで、21回の講義形式としています。前者については、拙著『精選 日本国憲法論 14 講』をベースとしながらも、大幅に書き改め、統治機構関連を充実させ、新たに「地方自治」の追記や、多くの補正も行っています。また、重要箇所をゴシック体で強調し、注釈を活用しての詳しい解説も増やし、理解が容易になるようにしました。

　現代、東日本大震災、新型コロナ禍、そしてロシアのウクライナ侵攻など、想定外のことが次々に起こり、将来の絵が描きにくい社会となり、私たちの不安も高まっています。しかし改めて、「平和の尊さ」と「歴史は繰り返される」について、其々の意義の認識を深めたのも事実です。

　このような環境下において、本書では、昭和の動乱、戦争そして占領の時代を通じた 1926 年前後から 1952 年までの昭和政治史を振り返り、併せて、その歴史に大きく影響を受けて制定された日本国憲法について、基本的人権、自衛隊、統治機構などを、概観的に学ぶことができるようになっています。この先人の経験と国の在り方を学ぶことにより、私たちは、個々が主権者として、世界と日本の平和、そして個人の尊厳が保てるように、自らが情報を得て、自らが考えて、自らが判断して、国の進むべき方向性を切り拓いていけるのではないでしょうか。本書の出番もこの点にあると思っています。

　本書の執筆に際しては、多くの文献を参考にさせて頂きました。これらは巻末に参考文献として掲げて、引用文献については注記に記載して

おります。また、これら以外の文献・一般資料についても参考にしております
りますが、本書の概説書としての性格上、全てを掲げてはおりません。
ただただご海容をお願いする次第です。

　末筆とはなりましたが、本書の校正を手伝って頂いた、社会保険労務
士の田畑啓史氏、名古屋芸術大学の水口洋輔氏、研究助手の小木曽悦子
氏に、深く感謝を申し上げる次第です。

　令和5年2月25日

東京自宅の書斎にて著者記す

中川　直毅

概観　日本国憲法と昭和政治史　　目次
～憲法と憲法制定前後の歴史を学ぶ～

第 **4** 章　　**統治機構**

第 5 章　憲法制定前後史

・本書の記述は、原則として元号表記としていますので、読者の便に供するために、巻末に「元号と西暦早見表」を掲載しています。

【著者紹介】

名古屋芸術大学　教育学部教授・キャリアセンター長

中川　直毅

1960 年生まれ、京都市出身。青山学院大学大学院法学研究科ビジネス法務専攻修士課程修了。専門は、労働法、経営人事論、憲法制定史。特定社会保険労務士。東証上場の名門総合メーカーや製薬会社、電機機器会社などの上場企業の人事部長、法務室長、人事総務部長などを経て、現職。

一般社団法人洛陽キャリア法務支援機構　理事長・憲法研究所所長、合同会社洛陽人事教育研究所所長、株式会社ＴＭＣ経営支援センター統括本部長、社労士法人や税理士事務所、企業の顧問なども兼職。京都華頂大学現代家政学部非常勤講師（2017 年～2020 年）、愛知学泉短期大学非常勤講師（2020 年～2022 年）を歴任。東京、名古屋、京都を中心に、人事労務や人材育成関連の講演会講師を多数している。

著書に、『就活キャリアスキル読本』（編著，三恵社，2021 年）、『精選 日本国憲法論 14 講』（単著，三恵社，2020 年）、『要説キャリアとワークルール』（編著，三恵社，2019 年）、『企業活動の法律知識 新訂第 5 版』（共著，経営法友会，2007 年）』がある。

【本書の言葉等の統一について】

◎主として元号としながらも、西暦も併用している場合があります。

◎本書で使用している法律名称は略記としています。主な法律の正式名称は、次頁に記載しています。

◎法律の条文番号は、本来ならば「労働基準法第25条第2項」などと表記しますが、「労働基準法25条2項」と第を省略しています。なお、日本国憲法については、これを適用せずに、「憲法第9条2項」のように、項以下のみを同様としています。

◎判決の呼称は次の通りです。

　最大判（決）→最高裁判所大法廷判決（決定）

　最判（決）→最高裁判所小法廷判決（決定）

　高判→高等裁判所判決

　地判→地方裁判所判決

◎判例集の正式名称は次の通りです。

　民集→最高裁判所民事判例集

　刑集→最高裁判所刑事判例集

　裁集民事→最高裁判所裁判集民事

　下民集→下級裁判所民事裁判例集

　判時→判例時報

　判タ→判例タイムズ

◎最高裁判所を「最高裁」。高等裁判所は「高裁」、地方裁判所は「地裁」と略しています。

◎その他にも幾つかありますが、注釈その他にて都度喚起しています。

【凡 例】

本文中で略記した法令名等は下記の通りです。

育児休業、介護休業等育児又は家族介護を行う労働者の福祉に関する法律（育児介護休業法）

医薬品、医療機器等の品質、有効性及び安全性の確保等に関する法律（医薬品医療機器等法（旧薬事法））

会社分割に伴う労働契約の承継等に関する法律（労働契約承継法）

高年齢者等の雇用の安定等に関する法律（高年齢者雇用安定法）

個別労働関係紛争の解決の促進に関する法律（個別労働紛争解決促進法）

雇用の分野における男女の均等な機会及び待遇の確保等に関する法律（男女雇用機会均等法）

障害者の雇用の促進等に関する法律（障害者雇用促進法）

短時間労働者及び有期雇用労働者の雇用管理の改善等に関する法律（パート再雇用労働法）

賃金の支払の確保等に関する法律（賃金支払確保法）

働き方改革を推進するための関係法律の整備に関する法律（働き方改革法）

不当景品類及び不当表示防止法（景品表示法）

労働者災害補償保険法（労災保険法）

労働施策の総合的な推進並びに労働者の雇用の安定及び職業生活の充実等に関する法律（労働施策総合推進法）

労働時間等の設定の改善に関する特別措置法（労働時間等設定改善法）

労働者派遣事業の適正な運営の確保及び派遣労働者の保護等に関する法律（労働者派遣法）

第 **1** 章

ガイダンス

第1講　ガイダンス

1-1　学びの前に

　本書は、ガイダンス、「日本国憲法編」および「昭和政治史編」で構成されています。講義口調で書かれていますので、教室で講義を受けているような雰囲気で読み進んで頂ければ、より理解が深まることと思います。また、詳細な説明が必要と思われる箇所については注釈にて行っていますので、目を通してみて下さい。

　次に、本書の各講についての着眼点を説明していきます。

　本講の**1-2・大東亜戦争の呼称**については、我が国の法的連続性の面からこの呼び方を支持する立場で書いていますが、異なる色々な意見についても留意してみて下さい。

　日本国憲法編の**第2章「憲法総論」**では、憲法を理解する上で大切な歴史的背景や概念を中心に学びます。**第2講・立憲主義**では、国家と憲法の在り方を学び、**第3講・大日本帝国憲法**では、中学・高校で学習してきた大日本帝国憲法とは異なり、評価する視点を取り入れて説明しています。**第4講・日本国憲法の成立過程**は、日本国憲法の本質を知る上で大切な箇所で、憲法視点で説明しています。なお、第21講の一部と重なる部分もありますが、そちらは政治史的に捉えての説明となっています。**第5講・天皇**では、基本事項を押さえた上で、国家統治と統合象徴の機能についても学んで下さい。**第6講・戦争放棄**は、本書の肝のひとつです。自衛隊合憲の立場で説明しています。憲法第9条の主要学説を比較しながら学び、砂川事件判決や集団的自衛権についても確り理解し、自己の意見を持てるようにしてもらいたいです。

第3章「基本的人権」について。憲法を学ぶ上で、重要な論点が目白押しに登場してきます。**第7講・人権総論**では、人権についての基本的概念を学んでいきます。とりわけ公共の福祉についての概念、法の下の平等に関わる判例の理解が大切です。**第8講・包括的基本権**は、幸福追求権とも呼ばれています。いわゆるバスケット条項としての役割と、新しい人権の在り方に注目して下さい。**第9講・精神的自由権（Ⅰ）**と**第10講・精神的自由権（Ⅱ）**は、本書での最大のヤマ場でありとても重要な箇所です。少々難解ではありますが、多くの判例を読みながら、確りと学んで下さい。**第11講・経済的自由権**は、営業活動の自由を中心として、規制目的二分論についての理解を進めて下さい。**第12講・社会権**には多くの頁数を割いて説明していますが、とりわけ生存権、労働基本権を確り学び、社会権の歴史についても留意して下さい。

　第4章「統治機構」は、取り扱いテーマを紙面の都合で厳選しています。**第13講・国会**は、国会の機能や権限が大切ですが、解散権の在り方についても意識して欲しいと思います。**第14講・内閣**と**第15講・司法**は、簡単な説明に留まっていますが、前者は、議院内閣制の意義と内閣総理大臣の権能を、後者は、司法権の独立と限界について、其々確りと学んで下さい。**第16講・地方自治**では、地方自治法を中心に説明しています。**第17講・最高法規**では、憲法改正と最高法規性を取り扱っています。

　昭和政治史編の**第5章「憲法制定前後史」**では、「歴史は繰り返される」およびポツダム宣言の「民主主義的傾向」に着眼して、1926年前後から1952年のサンフランシスコ講和条約が締結され再び独立するまでの政治史を概観しています。悪い歴史が繰り返されないように、皆さんには、主権者として、自己の意見をもってもらいたいと思います。**第18講・民主体制崩壊の政治史**では、政党政治による民主主義的傾向の証左となる政策、そしてその崩壊過程の流れを学びます。**第19講・米英との戦**

いは、米国や英国との戦争を客観的に記述することを心掛けました。したがって、戦争の悲惨性や感情的な記述は抑えています。**第20講・大東亜会議と東南アジアの政治**は、当時のタイ王国、ビルマ国、フィリピン共和国および仏印地域の政治動向を中心に記述しています。なお、**20−3・戦時議会で闘う議員**については、テーマ的には、落ち着きの悪い場所ではありますが、こちらに入れました。戦時においても、明治憲法下で法治国家を維持しようとする多くの議員の存在と日本人の国民性を垣間見て頂きたいと思います。**第21講・終戦と平和の政治史**は、先述の通り第4講と重複する記述もありますが、ここでは日本国憲法の成立を政治史的な観点から説明しています。日本国憲法の成立に大きな影響を与えていると考えられる、鈴木内閣の國体護持を図らんとする必死の終戦工作や、東久邇宮内閣および幣原内閣の占領軍との手に汗握る政治的交渉などを中心に学んで下さい。

1−2　大東亜戦争の呼称

　本書では先の大戦を**大東亜戦争**と呼称しています。この呼び方については、「太平洋戦争」、「アジア太平洋戦争」などと諸々ありますが、ここでは、この呼称についての私の考えるところを述べたいと思います。大東亜戦争の呼称の行政上の正式決定は、開戦直後の昭和16年（1941）12月12日に、東條内閣が「今次の対米英戦は、支那事変をも含め大東亜戦争と呼称す」との閣議決定を行ったことが根拠となっています[1]。そして、帝国議会で「大東亜戦争呼称を定めたるに伴う法律中改正法律」（以下「大東亜戦争呼称法」という。）[2] が可決され、昭和17年（1942）2月17日に公布（施行日3月1日）されています。これにより、各法律にあった「支那事変」の呼称を「大東亜戦争」と改めていますが、これ

が法令上の直接的な唯一の根拠となっています。併せて、私は、現在の日本国憲法が、明治憲法の改正であるとの見解を有していることから、我が国は戦前も現在も同じ日本であるとの**国家としての法的連続性**が認められるとの考え方に立っています[3]。なお、この法的連続性については、八月革命説などの有力説なども含め諸説のあるところで様々な意見が交わされています。

　これらに照らして思料すると、当時の閣議決定と法令は当然に有効であるとの結論に達します。しかしながら、占領中のGHQのいわゆる神道指令に基づく戦時呼称の禁止により、これを忖度した政府が、大東亜戦争呼称法に基づく大東亜戦争の呼称の使用を差し控えることとし、その方針に基づき当時の文部省が次官通達で学校教育に「今次の大戦」という文言を使用したことにより、大東亜戦争の呼称が封印されるに至る起源があります。その後、ある有力新聞がGHQに擦り寄って彼らが普段使用していた「太平洋戦争」を使用したことで、何故か瞬く間に世に広まり、学校教育でもこちらの呼称が教科書で公式に使用されるようになったのです。

　GHQの各種指令については、昭和27年（1952）4月、我が国が独立を回復した際に制定された、「ポツダム宣言の受諾に伴い発する命令に関する件の廃止に関する法律」（以下「GHQ命令等廃止法」という。）によってGHQの一連の指令が無効となっています。その時に大東亜戦争呼称法が廃止された否かは、戦後の混乱期で曖昧であったのですが、仮に廃止されていたとしても、GHQ命令等廃止法で、戦時呼称の禁止が一旦白紙に戻されていることは事実なので、少なくとも廃止までには至ってはいないと考えられます。法的根拠が不明な状態であるならば「大東亜戦争」「今次の大戦」や「太平洋戦争」などと各自の見解に副って呼称しても、特段の束縛については免れるものであろうと思います。

　したがって、国家の法的連続性に照らしてみれば、大東亜戦争呼称法

の存在は大きく、東條内閣の閣議決定も残存していると考えることができることから、これを根拠に「大東亜戦争」を積極的に多用することを憚る理由が存在しないことになるので、この呼称を使用する次第です。

なお、政府は、戦没者慰霊の場などで「今次の大戦」と称しています。

〈注〉

1　閣議決定として「今次の対米英戦争及び今後情勢の推移に伴い生起することあるべき戦争は支那事変をも含め大東亜戦争と呼称する」と明記し、支那事変（日中戦争）と対米英戦争を合わせた戦争呼称として「大東亜戦争」を公式に決定し、「平時、戦時の分界時期は昭和16年12月8日午前1時30分とする」とも決められた。

2　正式名称は「大東亞戰爭呼稱ヲ定メタルニ伴フ各法律中改正法律」（法律第9号）。条文は、「勅命ヲ以テ別段ノ定ヲ為シタル場合ヲ除クノ外各法律中「支那事変」ヲ「大東亜戦争」ニ改ム。」と定めている。

3　中川直毅『日本国憲法の成立過程及び法的争点第9条に係る教育傾向に関する考察』名古屋芸術大学研究紀要 第41巻　2020年　166～169頁参照

第**2**章

憲法総論

立憲主義

2-1 国家と憲法

（1） 立憲主義に基づく国の体制とは、憲法を定め、民主主義の精神に則って、憲法の定めに基づき運営される国家体制という説明がなされるのが一般的だと思います。**立憲主義**とは、政治権力が独裁化され、一部の人たちが恣意的に支配することを憲法や法律などによって抑制しようとする立場のことです。また、憲法は、固有の意味では、国家の統治権などをどのようにして行使するかなど、国家の統治に関する基本的な事項を定めるものです。

　日本国憲法が日常生活で当たり前のように浸透し根づいている現代日本においては、一般人の殆どが、日本国憲法のような「立憲的な憲法」による民主主義の社会を連想するであろうし、説明も先述のようにされることが多いのではないでしょうか。そして立憲とは「立憲的な憲法」のことであり、国民の権利・自由の保障を目的として国家権力を制御しようとする考え方に基づく憲法のことです。

　歴史的に見てみますと欧州では、領主が課税権や民の生殺与奪の権力を握り好きなように統治する封建的な社会を経て、王権神授説なるものによる絶対政（絶対王政）の統治体制へと変更していきました。この絶対政では、王の立場は神から授けられたものとして根拠づけられることになったものの、領民、国民にはさりとて変わりのないものでした。その後、18 世紀になって社会契約説[1]が支持されるに至り、その思想的影響の下、国家と市民（国民）との関係の矛盾に気がついた市民、国民が騒ぎ出して市民革命[2]が起きたのです。

このような環境下で「国民の権利・自由を保障するために国家権力を制限する」という思想が育まれてきて、近代民主政（個人への人権の保障＝法の支配、国民主権、権力分立）の考え方が誕生することになったのです。そして、憲法という国家の基本構造を意味する概念が出現することとなり、それを成文化しようということになったのです。この考え方により、近代以降の国家の目的は、国民の権利・自由を保障するために国家が存在するということになって、そのルールが憲法ということであり、それに基づく政治体制が近代立憲主義ということになるのです。

（2）では、国家とはどのようなものなのでしょうか。国家とは、一定の地域において、その地域に定住する人々が、強制力を持つ統治権によって法的に組織された社会であると定義することができます。国家は、領土、国民、統治権で構成されており、これを**国家の三要素**[3]といいます。これらの根本組織を定めるのが憲法であり、国家が定める国の存立の基本的条件を定めているのも、憲法です。これらが憲法を国家の基本法と呼ぶところの所以となっています。憲法は、全ての法令の上位概念に位置づく最高の法規範です。日本国憲法でもその第98条1項に憲法の最高法規性を確認的に規定しています。

　また、**統治権**は、国権といわれる国家の意思力のことです。国家の意思力とは、国民や領内の人々を支配し、その意思をこれらの者に強要していく力を意味しています。それ故に、統治権は他の者の意思力に従属することはないのです。国家の主権とは、対内的には最高性を、対外的には独立性を其々の性質として有しており、最高独立性としての性格を有するものです。

2-2　近代立憲主義

　フランス人権宣言第 16 条 [4] によれば、権利と自由を保障するための機能として三権分立が必要不可欠な仕組みとして整っていなければ、憲法として認められるものではないとされています。モンテスキュー [5] はこれらの背景となった権力分立論を提唱した代表的な思想家です。三権分立の要件を満たしていなければ、形式的な憲法であって、権力を抑制して、人権を保障する、**立憲的な憲法**としての内実を伴うものとはされていません。このようなことから、今日の憲法については、人権保障と合せて権力分立を不可欠な共通項としていなければ、近代的な立憲主義の憲法とはいえないということになります。独裁国家といわれている北朝鮮や共産主義国家の中国なども、憲法を持ち、三権分立的な機能を保ってはいるものの、三権分立の境界が曖昧であるなど、権力の分立が事実上は無いか、または全く意識されていないということです。これらの国家が、立憲的な憲法を有し、それが機能していて権利と自由が保障されている民主政の国家とはまるっきり異なっているのは、（彼らもそんなことは十分意識していると思いますが）至極当然なことです。このように、同じように憲法たる法典を有していても、我が国と北朝鮮を比較すれば、明らかに自由な生活を最大限謳歌できているのは、日本でありこれまた然りといえるでしょう。しかも、その差は蟻と象のごとく大きな開きがあり、無尽に近い差があるのではないでしょうか。私はそう思えてなりません。即ち、北朝鮮では、近代的な立憲体制たる近代立憲主義の面から捉えてみると、それは真に時代錯誤的な体制であり、北朝鮮人民にとっては全くもって気の毒なことだと思います。

2-3 近代立憲主義と個人の尊厳

　近代立憲主義は、**個人の尊厳**[6]を最も重要な価値として捉えています。これは全ての個人がお互いを人間として尊重することであり、生来の権利として持ち合わせていることを意味します。この思想の下にある憲法は、個人の尊厳という基本価値を保持するための基礎法ということになります。日本国憲法において、個人の尊厳の基礎となる条文は、前文や第11条（基本的人権の享有）、第13条（自由権）が該当します。これらは**天賦の人権**として認めることを基礎としており、個人に対して基本的人権（人間誰しもが持つ権利、自然権）が享有され、完全に保証され、人として当然あるべきこれらの状態が永続的であることを明文化したものです。

　また、個人の尊厳という価値を、個人その者に反映させるためには、国家権力が「国教」を決めたり、その信仰を義務化したり、或いは徴兵制度により国民を戦争に駆り出したり、そしてそれを拒否した者を銃殺刑にするなどの負の力を、憲法のパワーによって制御していなければならないのです。なお、憲法が**法律の留保**の作用により、個人の尊厳を制限するようなことがあってもいけません。

2-4 法の支配と法治主義

　法の支配と法治主義は似たような言葉ですが、完全に区別されるものです。**法の支配**とは、統治者といえども勝手な権力の行使はできないとするもので、政府による恣意的な政治（＝人治主義）を否定する概念として、17世紀のイギリスで確立されました。最近では、安倍晋三内閣が中国の海洋進出に対して国連の場などで「法の支配による解決」を説

くことに始まり、度々報道により耳にする言葉となりました。

　一方の**法治主義**とは、法律に基づいて政治が行われるべきという考え方で、法律という形式や手続が最大限に重視され、その内容が公正なものか否かなどは全く問題とされず、「悪法も法也」とされかねない法律万能主義のことで、帝国ドイツで芽生えました。ナチスドイツがワイマール憲法を骨抜きにした**全権委任法**[7]は正にこれに該当し、議会が無力化されヒトラーの独裁政権を許すことになったのです。

　法の支配は、法の内容が重視されるもので、そのポイントは次の通りです。

　　　①憲法の最高法規性…………国家権力が変えたくてもそうそう容易
　　　　　　　　　　　　　　　　に変えられないルール
　　　②確かな人権保障……………憲法（最高法規）によって制度として
　　　　　　　　　　　　　　　　保障される
　　　③法の内容・手続の公正性…違憲審査権や法の告知、聴聞などの防
　　　　　　　　　　　　　　　　御機会の公正な保障
　　　④裁判所の適正な役割………裁判所の違憲審査権などに対する権力
　　　　　　　　　　　　　　　　の恣意的行使への抑制機能

　このような理由からも、**大日本帝国憲法**（以下「明治憲法」という。）は、法治主義の原理に立脚したもので、持ち味もありましたが自ずと限界もありました。今の日本国憲法に関しては法の支配の原理に基づくものとなっています。これを担保するための強力な機能については、裁判所の守備範囲の違いに着目してみれば一目瞭然です。明治憲法下の大審院[8]は民事・刑事の裁判権だけしか権限を持っていませんでしたが、今の最高裁は、違憲審査権を有しています。これにより憲法違反の法律や行政処分による権利侵害に対しても、全般に亘って実効的救済を以て対

応することができ、法の支配の網が破れないように防げる仕組みになっているのです。私は、ここがとても大切なところだと考えています。

　今まで述べてきたことの結論としては、我々が集う現代社会においての「立憲的な憲法」とは、法の支配に基づく、基本的人権の保障と権力の分立、そして国民主権[9]を含むことによる、近代民主主義の原則に等しいものを構成要素にしていることといえます。

2-5　憲法と法の支配

　日本国憲法においても**法の支配**という考え方が、次のように随所に取り入れられています。

> ①「最高法規性の明確化」として、憲法第98条1項でこの憲法が日本国の最高法規であることを確認的に定めていることは前述の通りです。法体系における最も効力の強い法であることを形式的にも実質的にも、国家の基本法としての立場を明確にしているのです。
> ②「不可侵の人権保障」として、法律の留保[10]が付いていない絶対的保障として多くの人権条項が定められています。
> ③「適正手続の保障」は、憲法第31条で「何人も、法律の定める手続によらなければ、その生命若しくは自由を奪はれ、又はその他の刑罰を科せられない」と定めて法に則った適正手続を保障しています。

　したがって、何処かの完全なる独裁国家のように、**人民裁判**という名において、人民が同意しただけで明文化されていない刑罰によって、い

きなり広場に連れ出されて処刑されるという事実と比較すると、私たちは自由と民主主義の素晴らしい世界を実感できているこの生活に感謝しなければなりません。その他にも、行政事件や皇室に対しての訴訟など[11]についても全て司法（裁判所）が行うという「司法権の拡大」や、「裁判所の違憲審査権」があります。

2-6 前文の意義

(1) 日本国憲法の**前文**とはどのようなものなのでしょうか。先ずは前文の法令上の位置づけを説明します。前文は、法令の本文に先立って置かれる序文のことで、法令の基本理念や制定理由、制定目的が明示されています。

　日本国憲法のものは、第4講で詳説しますが、占領軍の影響が色濃く反映されていることから、長文でしかも翻訳調で言い回しの難しいものとなっています。国民主権と民主主義、平和主義と国際協調、そして基本的人権の尊重を基本原則とすることを格調高く定めています。これは日本国憲法の制定当時の国際環境を前提として、休眠状態であった国際連盟を再興して設立された国際連合[12]の機能が正常に展開されることを期待して書かれたものです。中学・高校の教科書にも記述されている、日本国憲法の三大基本原則の**国民主権**、**平和主義**、**基本的人権の尊重**もこの前文から導き出されているものです。

　このように前文は、翻訳調ながらも崇高な理念を高らかに宣言し、将来の日本国民が目指すべき方向を掲げています。しかしながら、前文には、遺憾にも敗戦国になってしまった我が国の悲哀を感じる箇所が幾つかあります。例えば、「……われらは、平和を維持し、専制と隷従、圧迫と偏狭を地上から永遠に除去しようと努めている社会において、名誉ある

地位を占めたい……」などは立派な平和国家になりますとの決意表明の
ようにも読み取れますが、「戦争を起こしたのは全て私たち負けた国々
の責任ですので、戦勝国の考え方が正しくごもっともですから……」と
揉み手で、「連合国の皆さん、改心しますから仲間に入れてね」と遜っ
た言い回しに読めるのは、私だけでしょうか。もっとも、この前文は、
第一次世界大戦後の**国際的な合意**[13]を日本が破って戦争を始めたことに
対する、自己理解の表明であると認識されている方々がいるのも事実です。

（2） 格調高き前文ではありますが、実はパッチワーク的な継ぎはぎだ
らけの文章でもあるのです。米国憲法[14]の前文「我ら合衆国国民は、我
らと我らの子孫のために、自由のもたらす恵沢を確保する目的で、アメ
リカ合衆国のために、この憲法を制定し、確定する」や、テヘラン宣
言[15]の「我らは、その国民が我ら三国国民と同じく、専制と隷従、圧迫
と偏狭を排除しようと努めている、大小全ての国家の協力と積極的参加
を得ようと努める」、大西洋憲章[16]の「全ての国の全ての人間が、恐怖と
欠乏から免れ、その生命を全うすることを保障するような平和が確立
されることを希望する」などが混在しています。しかもリンカーンの演
説[17]や米国独立宣言などの歴史的文書も大きく参考にされた痕跡も残っ
ています[18]。

（3） 前文の法的効力はどのようになっているのでしょうか。前文は、
各条項を構成している本文と共に憲法典を構成していて法的効力を有し
ています。したがって、前文の内容を変更するにしても、憲法改正の手
続を踏まなければ改正はできないとするのが最高裁の考えであり通説で
もあります。しかしながら、裁判規範性については認められていないと
するのが通説であって、「前文は、憲法の原理や理想を抽象的に言明し
たに過ぎず具体性を欠くことや、前文の趣旨は本文の各条項で具体化さ
れており、その条文に基づき訴えれば救済手段が確保されていること」
がその理由となっています。したがって、前文を直接の根拠として裁判

で争うことはできないとされているのです。

（4）前文の更に前に位置する上諭の意義について説明します。**上諭**とは、明治憲法下の公式令[19]の規定に基づき法律や勅令等に付けられてきました。天皇が法律などを裁可し公布する際に、その頭書に天皇のお言葉として「当該法令を裁可して公布する」旨を記した文章のことです。日本国憲法でも冒頭に「朕は、日本国の総意に基いて、新日本建設の礎が、定まるに至ったことを、深くよろこび、枢密顧問の諮詢及び帝国憲法第73条による帝国議会の議決を経た帝国憲法の改正を裁可し、ここにこれを公布せしめる。」とあって、御名御璽と大臣副署と一緒に記載されています。

　明治憲法の上諭は、当時の学界の通説として、前文の性質を有する憲法典の一部を構成するとされていたことから、明治憲法の改正を以て誕生した日本国憲法の上諭についても同様のものと考えることができます。しかしながら、多数の意見は、日本国憲法に付された上諭は、明治憲法に付された上諭とは異なり、単なる裁可・公布文であり、憲法の一部を構成するものではないものとしています。しかしながら、後述する、憲法の法的連続性を明治憲法の改正としてみる立場であれば、日本国憲法の上諭も憲法典の一部であると解することになります。この視点からの見解では、日本国憲法の制定が**明治憲法第73条の改正手続**に従って行われたことを示す文言としての重みが加わり、これまた後述する憲法改正無限界説の立場から明治憲法の改正を踏んで、日本国憲法に移行されたことを証明する証文としての意義があります。私は憲法典の一部を構成するか否かを問うよりは上諭を重要視する根拠をこの点に求めています。

2-7 国民主権

(1) 日本国憲法の前文には、「日本国民は、正当に選挙された国会における代表者を通じて」と書かれており、続けて「ここに主権が国民に存することを宣言し、この憲法を確定する」とも書かれています。主権の意味は、「国家の統治権」（国家の支配権）、「国家権力の最高独立性」（対外的な独立性）、そして「国政についての最高決定権」と多様な意味がある中で、私は、代表民主制の下で国政が運営されている我が国の仕組みから鑑みて、ここでの主権とは、**国政についての最高決定権**のことであると認識しています。

　日本国憲法の三大原理は、国民主権、平和主義、そして基本的人権の尊重とされていますが、そのうちでも、とりわけこの主権に関することが、全ての原理の基底をなしています。国民主権について、日本国憲法では直接的な独立条項による明文規定はないものの、先述のように、日本国憲法前文第一段で主権が国民にあることを宣言した上で、憲法第1条によって「天皇は、日本国の象徴であり日本国民統合の象徴であって、この地位は、主権の存する日本国民の総意に基く」[20]と定められています。このように国政の最高決定権とされる主権は、日本国民にあることが憲法前文と憲法第1条で明らかになっています。なお、ここでいう「主権の存する日本国民」とは、個々人ではなく国家を構成する全体としての国民、即ち国民全体を指しています。何れにしても国家を動かすのは、我々国民であるとすることに疑う余地はありません。

(2)「国会における代表者を通じて」とは、代表民主制のことです。これは、国民主権により、国民がその意思を国政に反映させる手段は、国民が選挙で代表者を選び、その代表者が国会で法律を制定して国家意思の決定を実現していく、**間接民主制**の仕組みのことです。もっとも、憲法改正の国民投票（第96条）、最高裁裁判官の国民審査（第79条）、

地方自治特別法の住民投票（第 95 条）に限っては、直接民主主義の原則を採用しています。

〈注〉

1 社会契約説とは、国家は、国民との契約により成立しており、これに反するような国家は契約違反として否定されるとの考え方。国家は自由で独立した個人其々が自分達の生来の権利を実現するために契約により人為的に設立したものとされている。ロックの市民政府二論、ルソーの社会契約論などにより提唱され思想化された。

2 市民革命とは、ブルジョア革命とも呼ばれる。封建的な社会や絶対政による社会を解体させて、市民階級による政治的・経済的支配権の獲得を目指した社会体制変革への行動。近代資本主義の道筋を作ったもので、17 世紀のイギリスのピューリタン革命、名誉革命や 18 世紀のフランス革命やアメリカ独立戦争などを総称して、このように呼ぶ。

3 国連海洋法条約で領海は領土基線から 12 海里（約 22km）とされている。その外側にある排他的経済水域は、領海の外側基線（大陸棚上や島の低潮線など）から 200 海里（約 370km）とされている。当該水域では、天然資源の経済開発権や漁業規制権を持つことができる。

4 フランス人権宣言第 16 条「権利の保障が確保されず、権力の分立が定められていない社会は、憲法を有するものではない。」

5 モンテスキュー（1689 ～ 1755）フランスの哲学者。著書『法の精神』の中で、政治権力を立法・行政・司法に三分割する「三権分立論」を提唱した。

6 個人の尊厳とは、個人の価値を尊重することで、民主主義の基本原理のひとつであり基本的人権尊重の根本となる。個人の自由と生存を尊重することによって、近代的な憲法の基本的人権を生み出す原動力になっている考え方である。

7 全権委任法。正式名称を「民族および国家の困難を除去するための法律」という。日本の国家総動員法と、近似のものとされる誤解があるが全く異質なものである。その違いには、天皇の統治権の存在、多党下での審議、権限は資源系に限定、事後も明治憲法は正常に機能していたなどが挙げられる。

8 明治憲法における司法裁判所の最上級審の裁判所。現在の最高裁に該当するものだが、皇室裁判所や行政裁判所は管轄外となっており、司法行政の監督権をはじめ司法の規則規程権などもなく、違憲審査権の機能も有していなかった。大審院のトップは大審院院長だが当時の国務大臣と同じ親任官であったものの序列は低かった。なお、大審院の判例は、新憲法下でも変更されていない場合には、現在も判例として取り扱われている。

9 国民主権とは、国政の最高決定権が国民にあるという考え方。国民が国の政治の在り方を最終的に決定できる権威を持つということ。権威とは、「その方面で最高の人だと万人が認めて従わなければならないような価値の力」のこと。なお、権力とは「他人を支配し服従させる力」のこと。岩波書店「国語辞典」を参考に著者作成。

10 明治憲法では国民の権利・自由はあくまで臣民の権利であって法律の範囲内に留まる保障とされ、「別途法律で定める」との制限条項も多数存在していた。

11 明治憲法下における皇族間の民事訴訟は、皇室裁判令に基づき設置されていた特別裁判所たる一審制の皇室裁判所が管掌していた。もっとも設置から廃止までの間一度も開かれていない。現在は、憲法で特別裁判所の設置が禁止されているので一審は東京地方裁判所ということになる。

12 戦前の国際機関である国際連盟は1919年に設立された。国際協力の促進と平和安寧の完遂を目的に設立されたものの、主唱者の米国が参加することもなく、日本、ドイツ、イタリアの脱退等もあり十分機能せず、第二次世界大戦を防げなかった。その反省から、国際連盟の後を受けて、1945年10月に誕生したのが国際連合（国連）である。主たる活動目的は、国際連合憲章を軸にして国際平和と安全保障、経済・社会・文化などでの国際協力の実現。当初の加盟国は51カ国で現在の加盟国は193カ国。もっとも、現在に至っても、敵国条項が存在するなど第二次世界大戦の戦勝国の色彩の濃いもので、最も重要な目的のひとつである安全保障において、旧連合国の五大国による拒否権発動が認められていて、国連軍の編成や安全保障に関する決議などで対立が生じて、設立数年後から安全保障面の機能不全が指摘され、近年その度合いが増している感が強かった。2022年のロシアによるウクライナ侵攻でその機能不全は決定的となった。

13 不戦条約は、昭和3年（1928）に締結された多国間条約で、締約国相互においての国際紛争を解決する手段としての戦争を放棄し、紛争は平和的手段により解決することを規定した条約。

14 アメリカ合衆国憲法は1787年に制定された。

15 テヘラン宣言（1943年）。テヘランで行われた第二次世界大戦における米・英・ソ各国首脳の会談。フランスへの連合軍上陸作戦や欧州各国への援助などが話し合われ、当時機能不全に陥っていた国際連盟に代わる国際機関の設立も話し合われた。テヘラン宣言とは、これらの会談結果の取り決めについての宣言のこと。

16 大西洋憲章（1941年）。米国のルーズベルト大統領と英国のチャーチル首相が大西洋上の戦艦の上で会談し調印された憲章で、戦後の世界構想を語りあった会談。内容は、「合衆国と英国の領土拡大意図の否定」「領土変更における関係国の人民の意思の尊重」「自由貿易の拡大」「経済協力の発展」「恐怖と欠乏からの自由の必要性（労働基準、経済的向上及び社会保障の確保）」「航海の自由の必要性」「一般的安全保障のための仕組みの必要性」等の8領域。

17 前文の「国政は、国民の厳粛な信託によるものであって、その権威は国民に由来し、その権力は国民の代表者がこれを行使し、その福利は国民がこれを享受する」としている。これは、「1863 年 11 月 19 日に、リンカーン大統領が、南北戦争の激戦地ゲディスバークの地で戦没者追悼のために行った演説の『国民の、国民による、国民のための政治』を基調としたものである。」とされている。小林幸夫・吉田直正『日本国憲法入門』玉川大学出版部　2013 年　29 〜 30 頁参照

18 西修『憲法の正論』産経新聞出版　2019 年　37 〜 42 頁参照

19 当初は公文式（明治 19 年勅令第 1 号）に上諭に関する規定があったが、後に公式令（明治 40 年勅令第 6 号）の制定でこれに引き継がれて、日本国憲法の施行日に公式令は廃止された。日本国憲法下の現在では、天皇の裁可はないので上諭に代わって「公布文」が置かれている。

20 皇学館大学教授の富永健先生は、著書で「この地位とは、象徴としての地位、天皇が象徴であることを指しており、天皇である地位としての行為を指しているものではないと見るのが素直な解釈である」(『教養憲法 11 章』嵯峨野書院　2014 年　17 頁)としているが、私も至極妥当な解釈として支持している。

第3講　大日本帝国憲法

3-1　明治憲法の意義

(1) 明治維新の後、当時の政府の大きな課題として立ちはだかっていたのが、開国の際に国際外交に疎かった江戸幕府が締結した**不平等条約**としての関税自主権の撤廃と治外法権の除去でした。その解決交渉を進める上で対等な関係を築いていくことは大変重要なことであり、欧州列強に引けを取らない国づくりが急務だったのです。そのうちのひとつが近代的な憲法の制定でした。伊藤博文[1]が中心となって渡欧し、欧州の立憲諸国の憲法制度と諸実情を調査し、その後帰国して憲法制定に向けての機関として制度取調局を設置しました。伊藤自らが議長を務め、伊藤の側近である伊藤巳代治と井上毅（後の文部大臣、内閣法制局長官）、金子堅太郎（日本大学の創始者）[2] を使って憲法およびこれに伴う諸制度[3]の調査・起草を行いました。

(2) 明治憲法は、明治22年に制定されました。ドイツのプロシア憲法を範とする、上諭と本文76箇条で構成され、条文も簡潔に書かれた簡文憲法[4]で、「大日本帝国ハ万世一系ノ天皇之ヲ統治ス」（第1条）として、**天皇主権**を基本原理とする欽定憲法でした。明治政府は、「天皇ハ神聖ニシテ侵スヘカラス」（第3条）として、神武天皇の御代より連綿と続く皇室を尊んだ、天皇を**神聖不可侵**とする天皇中心の国家体制を築きました。この体制を國体と呼んでいます。

　明治憲法は、三権分立や法治主義、議会制度などの近代立憲主義の諸制度を採用していました。明治憲法制定の際に、起草者の伊藤博文が枢密院の審議で、「そもそも憲法を創設するの精神は、第一君権を制限し、

第二臣民の権利を保護するにあり」[5]という発言をしていますが、これ正に三権分立を強烈に意識しての言葉です。もっとも他方では、統帥権などの天皇の大権、華族で構成される貴族院や枢密院などの専制的な諸制度も設けていました。しかしながら、明治憲法は、制定当初から近代的な憲法として海外からも注目を集め、その評価は国内外で良好なものでした。伊藤博文は、「日本は立憲君主制の国であり、立憲政治の意義は君主権の制限」であるとの見解に立っており[6]、当の本人は明治憲法が強く近代的立憲君主制度として運用されていくことに期待していたようです。

　中学・高校などの授業では、明治憲法は、現行憲法と比較して人権保障なども規定されてはいるものの「法律の留保」が付加されており権利保障が脆弱であったとか、三権分立についても形式的であって、外見的な立憲主義であったなどとネガティブな説明がなされることがあります。しかしこれは、当時の立憲主義諸国における憲法体制の認識や、いわゆる大正デモクラシーの頃の明治憲法の政治運用についての評価の違いからくるものであると思います。

3-2　明治憲法の仕組み

(1)　明治憲法では、「天皇ハ国ノ元首ニシテ統治権ヲ総攬シ此ノ憲法ノ条規ニ依リ之ヲ行フ」(第4条)として、天皇の下で立法・行政・司法の権力分立が定められていますが、「憲法の条規に依り」として法治主義を明確にしている点に留意すべきです。そして天皇は、緊急勅令や宣戦・講和の権限なども有しており、これらが**天皇大権**といわれている権能です。

　しかし、立法権、大臣の責任、予算などについては大綱だけを憲法条文として掲げておき、選挙法や議会、行政組織などは法律や勅令に譲っ

ています。したがって、明治憲法はその運用如何によっては自由主義的な運用が十分可能なものとなっていました。実際的にも、大正時代から昭和初期にかけての政党政治と多数政党による責任内閣制が慣習的に定着していたのも、明治憲法の一面的な性格を体現するものです。

（2）帝国議会は、選挙で選ばれる議員による衆議院と、世襲制の皇族議員、華族議員や天皇が選ぶ勅撰議員などの民選を経ない議員による貴族院で構成されていました。憲法上は天皇が持つ立法権を「協賛」する機関としての位置づけだったので、建前的には、法律を制定するのは天皇であって、帝国議会では法律を制定することはできず、法律を審議するに留まるとされていました。また、衆議院には予算先議権がありましたが、その他は貴族院と対等の権限とされていました。

　意外なのが内閣です。明治憲法には内閣の規定がありませんでした。これは国務大臣が一人ひとり、天皇を「輔弼」し、天皇に対して責任を負うとのスタンスをとっていたからです。内閣総理大臣も現在のように内閣の首長として、国会に責任を負っているのとは異なり、内閣の他の国務大臣と同じ立場で同様の権限しかなくその任命権も罷免権もない、いわば「同輩中の首席」としての位置づけに過ぎませんでした。

　裁判所は、司法権の独立は保たれていましたが、「天皇の名」において司法権を行使する立ち位置で、軍法会議などの特別裁判所も存在していました。なお、裁判所は違憲審査権を有していませんでしたが、宮中組織の枢密院[7]がその任を担っていました。

　国民への権利は、居住・移転の自由（第 22 条）、罪刑法定主義（第 23 条）や、信教の自由（第 28 条）、言論・集会・結社の自由（第 29 条）、そして請願権（第 30 条）などが規定されていました。諸々の権利は、天賦人権としてではなく臣民の権利として存知されていました。

3-3　憲政の常道

（1）明治憲法は、できるだけ立憲主義に基づいた政治運用を行っていくべきとの考え方に支えられていました。**憲政の常道**と呼ばれている政治思想です。明治憲法は確かに天皇に大きな権限がありましたが、簡文憲法が故に、明治時代後半から大きく育って来ていた民本主義（民主主義）[8] を背景とした運用を可能にするものでした。

　日本大学教授の池田実先生も、「明治憲法の条文を一見すると、天皇の巨大な権能が目に付くのは事実であり、それが外見的立憲主義という評価の根拠にもなっている。しかし、明治憲法の運用は、イギリス的制限君主制のそれに準ずるものであり、いわゆる憲政の常道の実践がみられたのである。」と積極的に捉えておられ、その一例として、「明治憲法は議院内閣制を明文で定めていなかったが、政党政治の発達に伴って議院内閣制の流儀が採用され」[9] ていたと、明治憲法が議院内閣制を以て運用できる機能を備えていたことを評価されています。

　前述の憲政の常道についてもう少し詳しく説明します。憲政の常道とは、明治憲法の下で一時期運用されていた政党政治の慣例のことです。そして、池田先生も述べておられる、議院内閣制の流儀とは、内閣総理大臣の任命において、明治憲法下の衆議院で第一党の党首に対して内閣の組閣を行わすべきであるとの考え方です。失政などで政権交代があった場合には総選挙を行って、国民が新しい代議士を選択できる機会を作るというものです。憲政の常道としての最初の内閣には諸説がありますが、初の**政党内閣**として大正7年9月に誕生した原敬内閣から数えだしたいと思います。その後に高橋是清、加藤高明、若槻禮次郎、田中義一、濱口雄幸らが首相を務める内閣が続き、そして昭和7年（1932）5月に軍部の反乱[10] で犬養毅内閣が倒されるまでの15年間は少なくとも政党政治が続いていたと考えています。この間は、元老または内大臣が、適

任者を内閣総理大臣に相応しいとして、天皇に上奏し、天皇は当該者をそのまま任命（「大命降下」という。）していました。このように、この時期には政党政治が花開きイギリス型の議院内閣制に近い政党内閣が成立していましたが、その後は、政党間で政争を繰り返している間に軍部に付け入られ、官僚内閣や軍人内閣にとって代わられてしまいました。

　なお、これらの政治運用については、慣例で法的拘束力はないとする説と、慣例が恒常化して認められた憲法習律[11]であるという説があります。

(2) 明治憲法における権利・自由の保障は、「法律ノ範囲内ニ於テ」とか「法律ニ定メタル場合ヲ除ク外」という法律の留保がついていました。明治憲法でいくら条文によって明文化されていた権利であっても、法律でいくらでも制限などができるので、実態なきものとして取り扱うことができてしまうと、権利の脆弱性を指摘する向きもあります。これについても池田先生は、「確かに、法律による制限の可能性というネガティブな側面はあったが、それだけを強調するのは一面的に過ぎる。何故なら法律の留保は、権利を制限する法律を作る場合にも、その法律は、帝国議会の議決がなければ成立しない。つまり、国民代表機関の意思に反し、天皇の意思のみで、権利を制限する法律は作ることはできない。」[12]として、権利の無用な制限を意図しているものではないと肯定的な評価をされています。

3-4　天皇大権

(1) 明治憲法では、天皇が統治権を総攬することになっています。この総攬する権限は、いわゆる天皇大権と呼ばれるものです。この憲法上の権利は、立法権（第5条）、法律の裁可・公布・執行権（第6条）、衆議院の解散権（第7条）や緊急勅命（第8条）などの他にも、統帥権

（第11条）、外交大権（第13条）、非常大権（第31条）など広範囲の権限に及んでいます。しかしながら、実際的には全ての決定を下すわけではないし、下せるわけでもありません。仮にそのようなことをして重大な失政を犯すようなことがあれば、天皇に責任がおよび國体の危機ともなるでしょう。そこで条文は解釈変更され、国政の運営は、内閣の責任において行うという慣習が定着していくことになるのです[13]。

(2) もっとも、統帥権条項についてはその拡張解釈によって、歴史的には明治憲法のアキレス腱となってしまいました。**統帥権**とは、軍事行動の指揮、軍隊組織の編成や軍人教育などの作戦用兵を目的として陸海軍を統括する権限のことです。これは国務大臣の**輔弼の外**として内閣の責任の範疇から除外されていて、天皇が単独で親率する建前にはなってはいましたが、実際には、明治憲法に定めのない軍令機関（陸軍は参謀総長、海軍は軍令部総長）が輔弼（輔翼ともいう）の任に当たり、実質上は憲法の影響外に置かれていたのです。これが、統帥権の干犯問題を機に独り歩きしてしまうのです。この統帥権条項の拡張解釈[14]による運用によって、明治憲法が、本来的には立憲主義的な運用が存分にできる傾向を備えていたにもかかわらず、その魅力を魔力に変化させてしまう導火線となってしまったのです。そしてそれを爆発させてしまったのが、広田弘毅内閣が軍部の復活要求に屈して容認した**陸海軍大臣現役武官制**（以下「軍部大臣現役武官制」という。）[15]なのです。

　その後は、陸軍を中心とする軍部は、統帥権を盾として武威をちらつかせて主張するようになり、遂に政府による歯止めは利かなくなってしまうのです。

(3) 天皇の大権の外交大権や非常大権が、昭和天皇の御代において、我が国の国難を二回に亘って救ったことも見逃せません。昭和天皇も立憲君主としての役割を意識されて、「時の責任者に決定を委ねるという建前を頑なに守ってきた」[16]政治行動をとられており、政治的発言や時

局の判断を表立って行わないようにしておられました。しかしこの二回だけは異例の措置としてその慣例に従われなかったのです。

　一度目が昭和11年に発生した**二・二六事件**の際です。事件を起こした陸軍青年将校らは、昭和天皇に昭和維新の決行を、これに同情する陸軍大臣を通じて、文書を以て訴えようとしたのですが、昭和天皇は「何故そのようなものを読み聞かせるのか、速やかに事件を鎮圧せよ」と命じて、完全拒否の意思を示されました。その後陸軍および海軍と政府は彼らを「叛乱軍」として武力鎮圧に動き事件は収まりました。このような昭和天皇のご聖断[17]がなかったらどのような歴史の展開になっていたかわかりません。

　もう一回は昭和20年8月9日の**御前会議**における終戦のご聖断です。これは明治憲法第13条[18]を根拠としたいわゆる天皇大権の行使でもあります。連合国からポツダム宣言[19]が発せられ、広島や長崎に原子爆弾が投下され、ソ連が日ソ中立条約を破って宣戦布告。当時の日本の敗戦は決定的であったにもかかわらず、陸軍は徹底抗戦を叫び、軍事クーデターの様相もある中で、政府ではそれらを抑えることは困難で、昭和天皇は戦争の早期終結を望んでおられたが、戦争終結を決められないでいました。更なる原子爆弾の投下もあり得る破滅的情勢の中で、異例の措置ではありましたが、当時の鈴木貫太郎首相が願い出る形をとって戦争終結のご聖断を仰いだのです。

　このようなことで、日本は、国内体制が瓦解した後にほぼ無政府状態に近い形で降伏したドイツとは違い、国家としての完全なる秩序を保ったままで、しかも軍事兵力も維持されたままで戦争を終結することができたのです。

(4) もっとも終戦の詔書[20]は法的には、明治憲法第55条第2項に基づく手続を、内閣総理大臣以下の閣僚の副署がなければ成立しないとした立憲君主制に基づく法的慣行（憲法習律）が成立していたことから、仮

に当時徹底抗戦を主張していた陸軍大臣が閣僚を辞任していれば閣内不統一で内閣は総辞職となり、ご聖断は天皇自らの個人的な発言に留まるという事態も予測できることでした。何れにしても、この事態の急展開によって、日本は完全なる破局の瀬戸際から救われることになりました。また、このように戦時下においても、明治憲法は厳格に運用されていたのです。

3-5　明治憲法第3条

　明治憲法における、天皇の政治的立ち位置は、どのように考えられていたのでしょうか。条文解釈において、法的には決して神とはされていませんでした。

　明治憲法第1条の「大日本帝国ハ万世一系ノ天皇之ヲ統治ス」は、幕府政治が再び起こるような余地を防ぎ、連綿とした我が国の國体を明文化したもので、確認的な条項に過ぎません。第3条の「天皇ハ神聖ニシテ侵スヘカラス」については神権的憲法を表すものとも誤解しそうですが、実際は、政治的責任を負わない立場たる天皇の君主無答責を規定したものとして運用されていました。**君主無答責**とは、欧州の立憲君主国で普及した政治思想で、「国王の権力は形式的なもので、政策を実行するのは、政府であって大臣である。よって国王には責任は及ばない」というものでした。明治憲法がプロシア憲法などを範として制定され、その影響を受けてのものです。また、第4条の統治権の総攬についても、絶対的権力者として天皇が実際に統治権の行使として「統治する」ものではなく、あくまでも「統治権を総攬する」のであって、「統合して一手に掌握すること」を意味するもので、議会を通じた国民の意思を「自らの声」[21] として国政に反映させる機能として、議院内閣制に道を開く

役割を担っていたのです。即ち、統治するのではなく、**統治権を総攬**するのであって、「統治する行為を具体的な次元で決定し担うのは天皇の輔弼者であり、元首たる天皇はこれを裁可するという形式的な行為」[22]に過ぎないのです。

したがって、明治憲法はその統治方法を天皇の独断でこれを行うものではなく、民意を基礎として行うことが強く意識されており、その具体的なものが帝国議会や**枢密院**[23]であり、憲法に規定されていない内大臣府[24]や軍事参議院[25]などの数々の天皇の諮問的な機関も同趣旨で設けられたものだと思います。このように明治憲法は、天皇を政治の圏外に置こうと意図しており、天皇を権威と名目的権力の保持に留まる措置が講じられていたと考えています。

3-6 明治憲法と國体

國体とは、万世一系の天皇を中心とした皇室制度であり、これは法体系に組み込まれることのない、国民の敬愛の念と親愛の情を以て支えられている建国以来の悠久の歴史的な日本特有のものです。これは時々の政治情勢などで変化のある統治体制たる**政体**とはそもそも区別されるべきものと思います。また、國体護持については、万世一系の天皇としての権威の保持に他ならないので、明治憲法下の主権者としての天皇も、日本国憲法下の国民主権と共に歩む象徴天皇についても、立憲君主として実質の政治は三権たる機関が行うことによって機能していることになります。このようなことに照らして考えてみると、明治憲法下では憲法習律に基づく立憲君主としての象徴的天皇として、そして日本国憲法においても立憲君主とされている象徴天皇としての観点からみても、國体は護持され続けられていることになります。正に日本人特有の皇室への

敬愛思想に支えられた精華だと思います。したがって、日本の統治体制は、他国にとやかくいわれるまでもなく、「国民の自由なる意思に基づき決定された統治機能」として古代より連綿と受け継がれてきており、これらは日本国民の誉れとしての世界に例を見ない立憲的、民主的な思想傾向として捉えることができると思います。

　もっとも、私はこの万世一系の天皇を中核とした不動の國体も、時代々々の政治情勢や憲法体系の軸変化によって、天皇の位置づけが微妙に変遷してきたと考えています。「戦前憲政期の國体」は憲法習律による立憲君主としての象徴的元首たる天皇の制度であり、「終戦期の國体」は、ポツダム宣言の受諾による実相が天皇制の存置、昭和天皇の守護的な最低限の維持を求める体制の保持であり、「戦後期の國体」は、明治憲法からその改正憲法たる日本国憲法が、憲法的な法的連続性の維持による国家としての継続の上で、国民主権と共に歩む象徴天皇の制度を指すことになっているというのが、私の見解です。

3-7　明治憲法と帝国議会

(1) 帝国議会の「天皇への協賛」はどのように具現化され、帝国議会の議員は、戦時下においても、どのように運用し機能させていたのかについて考えてみます。このような非常事態下にあるときこそ、民主主義、法治国家を堅持していこうとする固い決意を窺い知ることができます。

　明治憲法下における帝国議会の位置づけは、三権分立の体制を取りつつも、立法権を天皇の大権[26]に属するものとしていました。帝国議会は、明治憲法第5条に「天皇ハ帝国議会ノ協賛ヲ以テ立法権ヲ行フ」として、天皇の統治権を翼賛する機関とされていました。実際的には「立法権ヲ行フ」により政府提出法案などへの同意・成立権能を有していたことか

ら、法律や予算の成立には帝国議会の賛同が必要とされており、換言すれば不同意の意思も示せたのです。更には、憲法に定める賛同権を根拠として、或いは法律に委ねることとして、帝国議会には「協賛権及び承諾権」、「上奏権・請願受理権・決議権」、「国務審査権・質問権」、「政府の報告を受ける権」、「天皇の諮詢に応える権」などの職務権限[27]が認められており国務に参与していました。

とりわけ協賛権、承諾権および質問権は、次のような権限であり、現行憲法下の国会の権限にも繋がる意義あるものです。

①協賛権

　国家が行おうとする行政行為について、事前同意を与えることで当該行為を有効にするまたは適法とする権利。

　立法関連の協賛（賛同／第5条）は、憲法改正の協賛議決、法律の協賛があり、帝国議会の協賛を得なければ無効となる。行政関連の協賛（第64条）については、国家の予算、国債の起債などであるが、こちらは絶対条件ではなくて適法手続の要件である。

②承諾権

　政府が緊急等の理由で協賛を得ることなく行った行政行為に対して、事後に同意を与える権利。

　立法関連は、緊急勅令（第8条）で、次の議会で承諾が得られないと失効する。行政関連は、予算超過支出及び予算外支出（第64条）、財政上の必要な処分に関する勅令（第70条）があり、承諾の有無によっては既に生じている効力に変化はないが、将来に向かっての効力を失う。この場合には、国務大臣は帝国議会に対して違法の責任が生ずる。

③質問権

　議院法に基づき、両議院の議員は30人以上の賛成を得て国務

大臣の責任に属する事項について質問できる権利。

　国務大臣は、これに答弁するか拒否する場合は理由を明示しなければならない。他にも、慣行として手軽にできる質疑（質問）[28]もあり、政府の行為を批評し、論議する最も有力な手段として多用されていた。

(2) このような点に鑑みると、明治憲法下の帝国議会では、天皇主権の下、政府提出の法律案に対する立法協賛権（第5条、第37条）および予算案に対する予算協賛権（第64条）、政府に対する建議権（第40条）、天皇に対する上奏権（第49条）[29]のような、現憲法下の国会にはない規定も散見されます。

　また、天皇は、絶対王政下のような拒否権は持ち得ていなかったのですが、一方の帝国議会は、天皇の法律裁可権の下で法律提案権（第38条）を有していました。このようなことからも帝国議会には、国家行為に対する監督・抑止の権限を有していたと考えることができます。もっとも、明治憲法は、法律に反しない限りは帝国議会の関与を要しない、**勅令**という独立命令を制定できるとされていました。昭和天皇は、立憲君主制のご姿勢を貫かれておられたことから、直接裁断はされず、これを良いことに軍部はその影響力が増すにつれて、法治を意識しながらも、この勅令が多用されたのも事実です。

〈注〉

1　伊藤博文（1841 ～ 1909）。明治の元勲で公爵。初代内閣総理大臣で四回内閣を組織した。初代枢密院議長、初代貴族院議長、初代韓国統監を歴任。明治 42 年、ハルビン駅で朝鮮民族主義活動家の安重根に暗殺された。

2　日本大学の前身は明治 22 年創立の日本法律学校。

3　憲法制定に先立って明治 18 年 12 月にそれまでの太政官制を廃止して内閣制度を設けた。初代の内閣総理大臣として伊藤博文が勅命により任じられ、太政大臣であった三条実美は宮中官職として新設された内大臣の任に就いた。

4　明治憲法のようなシンプルな条文となっている簡文憲法に対して、日本国憲法のように細かく書かれた内容の憲法を繁文憲法という。

5　小泉洋・島田茂編著『公法入門 第 2 版』法律文化社　2016 年　27 頁参照

6　富永健・岸本正司『教養憲法 11 章』嵯峨野書院　2014 年　8 頁参照

7　枢密院は、天皇の諮問機関。憲法条項の疑義についても扱ったため、「憲法の番人」とも呼ばれていた。日本国憲法施行により廃止。

8　吉野作造が唱えた、「主権の所在」を問わず国民多数の為の政治を強調するとした政治思想のこと。

9　池田実『憲法 第 2 版』嵯峨野書院　2016 年　11 頁引用

10　五・一五事件。昭和 7 年 5 月 15 日に、武装した海軍青年将校が首相官邸や警視庁、立憲政友会本部などを襲った反乱事件。犬養毅首相が殺害された。

11　憲法習律とは、政治家に委ねられた慣習的な行動規範であり、君主や政治家を拘束するものを講学上このように呼ぶ。日本国憲法下においても、明文根拠はないが、議院の議長を各議院の第一党から、副議長を第二党から選ぶ戦前からの慣習を引き継いでいるが、これも日本国憲法第 58 条を具体化した憲法習律の一例である。

12　池田実『憲法 第 2 版』嵯峨野書院　2016 年　11 頁引用

13　楠精一郎『大政翼賛会に抗した 40 人』朝日新聞社　2006 年　32 頁参照

14　法の解釈で、条文の意味を通常よりも広く捉えて解釈することで、その反対が縮小解釈である。

15　軍部大臣（陸軍大臣および海軍大臣）の就任を現役の大将・中将に限定するとした制度。元々は現役武官に限られ、文官や予備役軍人、退役軍人は就任できないとされていた。政党政治の成立そしてその充実にて軍部批判が高まるにつれ、大正 2 年6 月に山本権兵衛内閣はその就任資格を緩和させて、大正 2 年から昭和 11 年の 24年間は就任資格が予備役将官にも拡大されていた。

16 加瀬英明『昭和天皇の苦悩 終戦の決断』勉誠出版　2019年　70頁引用

17 聖断とは、天皇が下す裁断のこと。出典：岩波国語辞典

18 明治憲法第13条「天皇ハ戦ヲ宣シ和ヲ講シ及諸般ノ条約ヲ締結ス」

19 昭和20年7月26日に米国、英国、中華民国が、日本に発した降伏要求の全13条
　からなる最終宣言。米英支三国共同宣言ともいう。正式名称は、「日本への降伏要
　求の最終宣言」（Proclamation Defining Terms for Japanese Surrender）

20 昭和20年8月14日の御前会議で、ポツダム宣言の受諾が決定され、同宣言受諾に
　関する詔書が発布され、鈴木貫太郎内閣の各国務大臣が署名している。翌15日正午、
　いわゆる「玉音放送」が行われた後、「内閣告諭」が読み上げられた。「聖断既に下
　る」として、国を挙げて「国威を恢弘（かいこう）」する決意を明らかにすると共に、
　「内争」・「軽挙妄動」を戒めた。出典：国立公文書館ホームページより

21 大石義雄『日本国憲法論 増補版』嵯峨野書院　1980年　36頁参照。大石義雄博士は、
　統治権の総攬について、国民の声を自らの声とすることとし、これは先祖の神に常
　に祈りを捧げる天皇は、日本の伝統や歴史を考慮しながら、国民の地なる声に耳を
　傾けることであるとしている。

22 白井聡『国体論』集英社　2018年　103〜104頁引用

23 枢密院。明治憲法第56条の規定を受けて明治21年（1888）に設置、昭和22年（1947）
　に日本国憲法施行に伴い廃止。構成員は枢密顧問官で、天皇の諮問機関。憲法問題
　も扱ったため「憲法の番人」とも呼ばれた。枢密院の権限として諮詢される事項は、
　皇室典範、憲法条項等の疑義、緊急勅令、国際条約の締結、戒厳の宣告、栄典に関
　する勅令など。

24 内大臣府。明治18年（1885）に設置、終戦直後に廃止。太政大臣の三条実美の引
　退後の名誉職的な意味で設置。宮中において天皇の秘書的な常侍輔弼と宮廷事務な
　どを管掌。元老の高年齢化と共に、重臣会議を主宰し後継首班奏薦の中心的な存在
　となるなど、次第に重職となっていった。

25 軍事参議院。明治36年（1903）に設置、終戦直後に廃止。軍事に関する天皇の諮
　問機関。元帥、陸海軍大臣、参謀総長、海軍軍令部長や親補された陸海軍将官によ
　る軍事参議官で構成。天皇の諮詢があれば意見を上奏するものとされていた。

26 第3条「天皇ハ神聖ニシテ侵スヘカラス」。第4条「天皇ハ国ノ元首ニシテ統治権
　ヲ総攬シ此ノ憲法ノ条規ニ依リ之ヲ行フ」。第5条「天皇ハ帝国議会ノ協賛ヲ以テ
　立法権ヲ行フ」。第6条「天皇ハ法律ヲ裁可シ其ノ公布及執行ヲ命ス」。

27 議員の逮捕を許諾する権（明治憲法第53条）、議院内部の事項に関して規則を定め
　処置する権（同第51条）などもある。

28 議院法49条・50条による「正式質問」の他にも、議員慣行として質疑がある。質疑は質問とも呼ばれており、各議員が単独で、現に議題とされている事項に口頭で質問すること。大臣以外にも政府委員、議長、又は議題発案者に対しても行うことができた。正式質問よりも運用上重視されていた。

29 明治憲法第50条による議会に持ち込まれた請願を審議する権限もあった。

第4講 日本国憲法の成立過程

4-1　憲法成立の経緯

（1）日本国憲法成立の前史を時系列的に振り返ってみることにします。我が国は、昭和20年8月15日に、**國体護持**を条件としてポツダム宣言[1]を受諾し**大東亜戦争**を終結するに至らしめ連合国軍の占領下に入ることになりました。対日反攻作戦の主力であったアメリカ合衆国（以下「米国」という。）が、その帰結として連合国軍総司令部（以下「GHQ」という。）の中核を担い、マッカーサー[2]がその最高司令官の任に就きました。マッカーサーは、ポツダム宣言に則って、日本が再び巨大な軍備を持ち脅威になること無きように帝国陸海軍の廃絶や、長子相続制などの封建的諸制度が軍国主義台頭の温床になったとしてその廃止など**民主化の復権**を図るべく、時の政府を通じた間接統治を以て、旧体制の変革を目指す占領政策の実施を進めることにしたのです。そして、これらの占領政策の実効性を上げるには、皇室制度（天皇制）の存続の下で、揺るぎない法の支配による国家運営が必要であると判断して、明治憲法の見直しの実現を第一義的に進めていこうと考えていました。

（2）マッカーサーは、当初は東久邇宮内閣の副総理格の国務大臣であった近衛文麿公爵に非公式ながら憲法改正の任を委ねたとされています。近衛公爵は、憲法学者で京都帝国大学の佐々木惣一博士[3]に憲法草案作成の研究を依頼し、2カ月後には早くも改正案が出来上がり昭和天皇に上奏したものの、内閣が変わり近衛公爵の立場も変化[4]してしまっていたのでこの件は有耶無耶になってしまいました。一方では、この一連の流れと重なる時期に、幣原喜重郎首相は、GHQから正式な形で憲法改

正作業を進めるように指示され、その任は松本烝治国務大臣を長とする**憲法問題調査委員会**に行わせることにしたのです。然るに、発足後3カ月後に出来上がった改正案の内容は天皇機関説に基づく程度の発想で、明治憲法の微修正的な枠内に留まる程度のものでした[5]。しかもこの案は毎日新聞社に報道スクープされたことから、その旧態依然とした内容がGHQの知るところとなり彼らを愕然とさせてしまいました。同時期にGHQの上位機関となる**極東委員会**[6]の発足を目前にしていたことから、GHQは、日本国政府がマイナーチェンジ程度の内容で愚図々々しているようでは成案の目途もたたず、結論が出ぬ間に極東委員会が発足してしまうと、米国主導の占領軍政にソ連が影響力を行使してくるのは火を見るより明らかなことであり、その排除のためにも急ぐべきだと考えていました。

(3) GHQは、いわゆる**マッカーサーノート**を日本国政府に示して憲法改正を促し、そこには、①国民主権そして天皇は元首、②戦争放棄・軍備撤廃、③封建制度廃止の**三原則**（マッカーサー三原則）が示されていました。併せて、GHQ内でも民生局長のケーディス大佐らを中心に改正案の作成が緊急作業として行われることになったのです。昭和21年2月にGHQから日本国政府に対してマッカーサー三原則に沿った憲法改正案を示され、政府が受け入れないのならば、「直接国民に提示するぞ」と高圧的に、そして極東委員会の雰囲気としては昭和天皇を戦犯にする意向があるのではなどと脅かされたのです。政府は、事ここに至っては、國体護持即ち皇室のご安寧を守るには、GHQに従うことが唯一の道であると覚悟するに及んで、マッカーサーの改正案を大筋で受け入れることにしました。

(4) 憲法改正作業は、吉田茂内閣の金森徳次郎国務大臣が主任大臣となって進められて、昭和21年3月6日に憲法改正草案要綱として公表されました。4月10日に初の普通選挙（婦人参政権が認められる）に

よる衆議院総選挙が行われ、4月17日には文語体から口語体に改められ、議会も二院制に戻って再び公表されました。そして、**憲法改正草案**としてまとめられ、その間に、第9条のいわゆる芦田修正や第25条1項の生存権条項の挿入などの一部修正[7]も行われました。その後帝国議会に付議され、8月に新しく選ばれた議員構成の衆議院で新たな審議が進められ、**明治憲法の改正手順**に従い、同月にその衆議院を通過し、10月には貴族院[8]でも修正可決。その後に枢密院[9]の諮詢、昭和天皇の裁可を経て、昭和21年11月3日に日本国憲法として公布され、昭和22年5月3日に施行されました。公布の際には、明治憲法第73条に基づく手続きを経て改正された旨の上諭も付されています。

　このような経緯で、日本国憲法はその上諭にもあるように明治憲法第73条に基づく手続を経て改正されたのですが、私は、この点をとくに強調しておきたいです。

4-2　憲法の法的連続性

（1）日本国憲法の成立過程は上述に照らしてみても、確かにGHQから押し付けられた法典であるとの事実は今や常識となっています。しかしながら、ポツダム宣言で求められていた「民主主義的傾向の復活強化」「基本的人権の尊重の確立」「国民主権による（自らの選択による）平和的傾向を有する責任ある政府の樹立」の内容を実現するためには、明治憲法の一部修正ではその限界を超えており、新たに憲法を作らざるを得なかったということも重要な着眼点です。また、極東委員会のソ連の動向からみて、皇室を護るためにも早急に改正案をまとめる政治的必要性があったのも、当時の状況に鑑みると首肯できるものです。

　日本国憲法は、**押し付けられた法典**であるとか、法的手続に瑕疵[10]が

あり無効であるなどと指摘する向きもあります。しかしながら、普通選挙法で選ばれた女性議員も含む議員構成による衆議院で4カ月近くに亘って審議され、「国民の要件、生存権、普通選挙権、国際法規の遵守、国務大臣の過半数文民」規定やいわゆる「第9条2項芦田修正」など一部の修正も加えられています。また、昭和22年（1947）4月に新しくできた参議院も加わり新生議会となった**国会**では、日本国憲法施行後1年2カ月以内に再検討の機会を与えるとのマッカーサーの約束に従った超法規的な機会付与による改正についての審議がなされ、昭和23年8月開催の国会においても同じく審議されたのです。しかし結局のところは、何れについても改正されることはありませんでした。その後我が国は、昭和27年4月に**サンフランシスコ講和条約**が発効し独立して国家主権が回復しました。GHQは、独立と同時に憲法の再検討を容認することを約束しましたが、当時新憲法は概ね国民に好感を以て受け入れられていたこともあり、当時の吉田茂首相は、改正を見送る決断をしています。

　これら一連の流れに照らして考察すると、日本国憲法は確かに押し付けられたものですが、神武の帝より連綿と続く皇室の御安寧を願う当時の多数の国民感情、そしてその時代の日本を取り巻く国際環境により、国民に受け入れられていた事実からすると、当時の政府の判断は政治的にも妥当であったと思います。また、法的手続の瑕疵についてもその後の改正審議において、新しい普通選挙制度に基づく、帝国議会の両議院議員による圧倒的な支持を得ており、日本側の意向による改正も加えられ、しかも生存権の規定[11]が衆議院の審議段階で社会党の提案で新たに付け加えられたことは、日本側の総意としての点からも、法的手続の違法性の点からも、重要な事実としての経緯であると思います。そして、GHQの二回に亘る改正作業の容認についても改正しなかったということも注目すべき事実です。このような様々な理由によって、単純に押し

付け憲法だから無効であるとか、改正すべしとの一部識者の意見には賛成しかねるものです。

（2）憲法の法的連続性についての学説には、日本国憲法はハーグ陸戦条約[12]に違反しており、国家主権が保たれていない異常事態の下で成立した憲法なので所詮は無効なものだとする日本国憲法無効論。一方では、君主と国民の合意を以て成立しているとの協定憲法説もあります。また、日本国憲法の成立過程が**憲法改正無限界説**の立場をとり、明治憲法改正の手続を精緻に踏んでの改正であったこと、民族自決の原則に反する対応がとられたことを理由に、法的連続性を肯定し、君主が制定した**欽定憲法**だとする説があります。なお、欽定憲法説は、保守派の憲法学の重鎮で京都大学名誉教授であった大石義雄博士[13]によって強く主張されています[14]。

　もっとも、巷間では日本国憲法は**民定憲法**とされているようです。これは、宮沢俊義博士が憲法の法的連続性を説明している**八月革命説**に加えて、憲法前文の「日本国民は……」との書き出しや「正当に選挙された国会における代表者を通じて行動」し、「この憲法を確定する」などが補完・強化されて、国民主権の民定憲法であるとされる所以となっています。この考え方は、憲法学の世界では多数説として多くの支持を得ていることから、高校教科書などにも当然のようにそのような記載がなされているのだと思っています。

　このように日本国憲法は民定憲法とされているようですが、本当にそうなのでしょうか。私はそうとは思っておらず、協定憲法説の範囲内にあるものと考えています。たとえ法的見解に限ったとしても日本国に革命などは起こっていないのです。仮説であったとしても議論の素地が異なってしまうので、架空の革命を持ち出してはいけないと思います。当時の日本国政府はポツダム宣言を受け入れて、日本の民主化が必須の約束ごととされていたものの、それに反しない法律群も引き続き有効に保

たれており、政府機関についても、陸軍省、海軍省や軍需省などはさすがに廃止されたものの、それら以外についてはその機能がほぼ維持されていました。明治憲法の改正には、天皇の意思（明治憲法第73条）と帝国議会の意思が必要とされている他、**枢密院の諮詢**などの改正手続が定められていましたが、現憲法もそれらを確実に踏んで改正・制定されています。そして天皇の統治権は国民に移行するとされたポツダム宣言の受諾は、非常事態としての外交大権の行使により、昭和天皇がご聖断されたのです。その趣旨に則りながら、婦人参政権[15]も認められた普通選挙制度の下で、民主的で完全な自由選挙によって選ばれた議員による衆議院と、学識者を議員として大幅に受け入れた貴族院とで憲法改正案は審議されました。この過程を天皇たる「君」と国民の代表の「民」が主権の交代を、昭和天皇の聖断と上諭を以て民主的に選ばれた議員を通じて国民に禅譲[16]され、明治憲法との法的連続制を保って民主化も図られていったと考えています。この主権交代こそが禅譲であり、憲法の制定過程で民主化を指向した「君」と「民」との間で協定が成立したと見做されるものであり、ここに**協定憲法**が成立したとする根拠があると考えています。なお、協定憲法は、国民が主権者として憲法制定に関わっていることから、欽定憲法の変形態であるともいえます。

　これらは、日本国憲法の公布記念式典の勅語[17]「この憲法は、帝国憲法を全面的に改正したものであって……」「朕は、国民と共に、全力をあげ、相携えて、この憲法を正しく運用し……自由と平和とを愛する文化国家を建設するように努めたいと思う」として、ここには昭和天皇が主権を国民に禅譲していきたいとの思いと、国民による民主化への協力・努力の成果への期待がよく読み込まれており、とりわけ「相携えて」のお言葉には大きな意義があるものと思っています。

日本国憲法公布記念式典の勅語

昭和二十一年十一月三日詔勅

　本日、日本国憲法を公布せしめた。

　この憲法は、帝国憲法を全面的に改正したものであつて、国家再建の基礎を人類普遍の原理に求め、自由に表明された国民の総意によつて確定されたものである。即ち、日本国民はみづから進んで戦争を放棄し、全世界に、正義と秩序とを基調とする永遠の平和が実現することを念願し、常に基本的人権を尊重し、民主主義に基いて国政を運営することを、ここに、明らかに定めたのである。

　朕は、国民と共に、全力をあげ、相携へて、この憲法を正しく運用し、節度と責任とを重んじ、自由と平和とを愛する文化国家を建設するやうに努めたいと思ふ

（3）いままで私の考えを中心に説明してきましたが、色々な意見がありますので、幾つかを取り上げてみます。

①東京大学名誉教授であった**芦部信喜先生** [18] は、明治憲法と日本国憲法の法的連続性について、その確保は法的に不可能なことであると憲法改正無限界説を否定されており、いわゆる**八月革命説**が理論上の矛盾を最も適切に説明し得る学説であるとされています。八月革命説とは、**憲法改正限界説**の立場で、天皇主権から国民主権への基本原理の転換は法的には不可能なことではあるが、「一種の休戦条約の性格を有するポツダム宣言の受諾によって法的な革命があったとみることで、明治憲法第73条は修正されてその枠組みが消滅した」とするもので、「明治憲法第73条の改正手続は形式的な継続性を持たせる便宜的なものであるから、日本国憲法は明治憲法の改正ではなく、新たな国民主権に基づいた国民が制定した民定憲法として成立した」と主張されています。そして、天皇主権から国民主権のような根本原理の転換は改正手続ごときでは不可能なことであり、ポツダム宣言の受諾が政治体制の革命的な転換の履行に大きな作用となり、日本国憲法の制定は、形式的な明治憲法の改正手続を踏んではいるが、法的な革命的環境下で、実質的な国民の意思に基

づき新憲法が制定されたものと理解するのが妥当であるとの考え方をしておられます[19]。この説は濃淡の差こそあれ多くの憲法学者から圧倒的な支持を受けています。

②日本大学教授の**池田実先生**[20] は、多数説となる憲法改正限界説に立つ明治憲法と日本国憲法の法的連続性を否定した上で、革命により新たに主権者となった国民が制定したとする八月革命説に対して、否定的な見解です。革命というフィクションないし比喩を持ち出してまで憲法の法的な正当性を根拠づけることに無理があるとして、「憲法改正限界説に立つならば、日本国憲法は、明治憲法の改正の限界を超えた違法な改正憲法であるとの結論に導かれることになる」として八月革命説の矛盾に疑問を投げ掛けておられます[21]。

　そして、憲法学の世界で少数説に留まってはいるが憲法改正無限界説に立てば、「明治憲法第 73 条の改正手続を経た日本国憲法は、明治憲法の改正憲法として、それが法的に有効な憲法であることを容易に説明することができる」[22] と肩肘を張らない筋の通った説明を展開されています。

〈注〉

1 ポツダム宣言は「民主主義的傾向の復活強化」「基本的人権の尊重の確立」「平和的傾向を有する責任ある政府の樹立」などを内容として日本国政府に伝えていた。

2 ダグラス・マッカーサー（1880 〜 1964）。アメリカ合衆国の陸軍元帥。連合国軍最高司令官、朝鮮戦争時には国連軍司令官も兼務した。

3 佐々木惣一博士（1878 〜 1965）。法学博士、京都帝国大学名誉教授。大東亜戦争終結直後には、近衛文麿元首相が進めることになった日本独自による憲法改正調査に学識者として協力し、原案作成に内大臣府御用掛としての立場で従事した。明治憲法を評価しこれを大幅に改めることに反対していた。

4 東久邇宮内閣が僅か 2 カ月で総辞職し、幣原内閣が誕生したことから、国務大臣でなくなり政府高官としての立場を失った。そこで、木戸幸一内大臣により、宮中役職の内大臣府御用掛として憲法改正作業を継続できるよう配慮がなされてその任についたが、公的権限のない立場になったことに変わりはなかった。

5 明治憲法が、君主主権に近い天皇中心の統治機構を採用していたことから、改正案でも天皇主権は変わらず、天皇の地位の表現を「至尊」とするだけの文言の修正に留まり、人権も従来どおり法律の留保のある制限保障となっているなど保守傾向の強いものであった。

6 極東委員会は、昭和 20 年（1945）9 月に設置。敗戦国の日本を連合国が占領管理するために設けられた最高政策決定機関。GHQ さえもその決定には従うものとされていた。構成国は、米国、英国、ソ連、中華民国、オランダ、オーストラリア、ニュージーランド、カナダ、フランス、フィリピン、インドの 11 カ国。

7 衆議院による改正として、第 6 条 2 項に「最高裁判所長官を天皇が任命する」ことや、第 9 条 1 項冒頭に「日本国民は、正義と秩序を基調とする国際平和を希求し」を加え、2 項冒頭に「前項の目的を達するため」との一句を加えた。第 67 条には「内閣総理大臣は国会議員の中から指名する」と改めた。第 97 条については原案段階では、現に生存中の華族だけには華族たる身分を認めるとしていたものを削除した。これらの他も合わせて 13 件。
貴族院による改正として、第 15 条 3 項として「公務員の選挙においては成年者による普通選挙を保障する旨」を加え、第 66 条 2 項に「内閣総理大臣および国務大臣は文民でなければならない」を追加した、この 2 件。

8 連合国に降伏後も、帝国議会は第 88 回臨時会から第 91 回臨時会まで開催され、最後の帝国議会となったのは、昭和 22 年 3 月 31 日開催の第 92 回通常議会で、この開催を以て衆議院は解散し、貴族院は停会となり、同年 5 月 3 日の日本国憲法の施行と同時に国会に移行した。この最後の通常議会において旧独占禁止法などが成立している。

9　明治憲法下における天皇の諮問機関。枢密院議長以下、枢密顧問官で構成されており、憲法問題も扱ったので当時「憲法の番人」ともいわれていた。昭和22年5月3日の日本国憲法施行日の前日に廃止された。

10　名城大学教授の網中先生は、その著書の中で「日本国憲法は戦後の混乱期の中で短期間に制定されたことから、諸々の矛盾を抱えている」と指摘されており、その上で、「ポツダム宣言の受諾により国民主権の要求が承認され、明治憲法の天皇主権の原理は変更され、法的断続性が生じ、それらに反する明治憲法の条項もその効力を失った。」と述べておられる。そして、これらのことから、「新たな憲法は選挙で選ばれた憲法制定会議で起草・審議して国民投票にかける方法などがあったのに、当時の国内外の情勢で法的連続性を維持するべき事情があったことから、国民主権の憲法に相応しくなく、法的手続にも瑕疵のある、明治憲法の改正手続きが執られてしまった」との趣旨を述べておられる。　網中政機編著『憲法要論』嵯峨野書院　2013年　71頁

11　憲法第25条1項「すべて国民は、健康で文化的な最低限度の生活を営む権利を有する。」2項「国は、すべての生活部面について、社会福祉、社会保障及び公衆衛生の向上及び増進に努めなければならない。」

12　ハーグ陸戦条約（1910年）では、「統治の根幹に係る制度を占領下で変更する」ことを禁じている。同条約では宣戦布告や戦闘員・非戦闘員の定義などを定めており、日本も米国も署名している。但し、この占領下とは、交戦中の占領下のことをいうので当てはまらないとする説もある。

13　京都大学名誉教授の大石義雄博士（1903～1991）は、佐々木惣一博士（前掲）の直弟子であり、いわゆる京大憲法学派の重鎮であった。東京大学の宮沢俊義博士の八月革命説に猛反論し、現憲法を欽定憲法と主張し、日本の歴史と伝統に基づいた憲法解釈を重視して、自衛隊合憲論、靖国神社国家護持合憲論や憲法改正無限界説を論じた。また、京都産業大学法学部創設に参画し長らく同大学法学部長を務めていた。なお、門下生の憲法学者には、阿部照哉（1929～2019）京都大学名誉教授・元近畿大学学長や榎原猛（1926～2004）大阪大学名誉教授などがいる。佐藤幸治（1937～）京都大学名誉教授もこの京大憲法学派の本流ではあるが、大石憲法学の保守派改憲の考え方とは一線を画していると思う。

14　大石義雄『日本国憲法論 増補版』嵯峨野書院　1980年　51頁参照

15　現在では女性参政権と呼ばれている。昭和20年12月に衆議院議員選挙法が改正され、婦人参政権として女性の国政への参加が認められた。昭和21年4月10日の帝国議会の下、最後となる衆議院選挙（第22回）において39人もの女性代議士が誕生した。

16　禅譲（ぜんじょう）の本来の意味は、「帝王がその位を世襲せず、有徳者に譲ること。」出典：岩波国語辞典。現代では、禅譲は、新聞報道などで、例えば自民党総裁職や企業社長職などについて、「政争などを伴わず話し合いで特定の役職が穏やかに譲られる場合」に世俗的に使われている。

17 昭和21年11月3日貴族院で、日本国憲法公布記念式典の勅語として、昭和天皇が御自ら発せられた。

18 芦部信喜（1923 ～ 1999）憲法学者。東京大学名誉教授、法学博士。平成3年文化功労者。護憲派憲法学者団体の全国憲法研究会代表。著書の『憲法』（岩波書店）は憲法学の分野の書籍でロングセラー。

19 芦部信喜『憲法 第七版（高橋和之補訂）』岩波書店　2019年　29 ～ 32頁を参考にしてまとめた。

20 池田実（1961 ～）憲法学者。早稲田大学大学院政治学研究科修了。日本大学法学部教授。

21 池田実『憲法 第2版』嵯峨野書院　2016年　18 ～ 22頁を参考にしてまとめた。

22 池田実『憲法 第2版』嵯峨野書院　2016年　21頁引用

第 **5** 講　天皇

5-1　象徴とは

（1） 大東亜戦争の終結と共に、我が国において二千六百有余年[1]を連綿と続く万世一系の天皇の制度が危機に見舞われました。しかし、後述第21講で詳細を説明していますが、日本国政府の必死の働き掛けにより、GHQが理解を示したことで、新しく制定された日本国憲法においても、「象徴」という新しい形で「**天皇の制度**」が続くことになり、日本国における最大クラスの危機は回避されました[2]。

　日本国憲法第1条（以下、本書では、条文番号が付く場合は単に「憲法第何条」という。）はその前段で、「天皇は、日本国の象徴であり日本国民統合の象徴」と定めています。**象徴**とは、英語ではSymbolであって、日本語の意味としては、思想などの無形で抽象的なものを有形で具体的な存在に託して表現すること、また、その表現に用いられたものを示すとされており、元々は文学的な言葉なのです[3]。例えば、愛を表すハートや、文武を表すペンと剣、中学や高校などでも習った平和の象徴としての鳩などです。したがって、天皇が日本国の象徴であり、日本国民統合の象徴であるという意味は、日本国や国民統合という人の目で見ることができない無形の抽象的存在を、天皇という特定の人格者を以てそこに具体性を帯びさせることで表現しているといえます。

　象徴には、①「国家にはどうしても様々な分裂・分断要素が混在しており、それらが国家の統一性を阻害することにもなり兼ねないが、これらを統一的に結合させる機能」（統合機能）と、②「統合的な現状を、更に強化することで国家の分裂を防いでいく機能」（政治的機能）の二

つの機能があります。皇學館大学[4]教授の富永健先生[5]は、象徴につきその機能面から、「建国以来の永続した皇統によって我が国の歴史を想起させる『天皇』という特定の人格者を、日本国または日本国民統合の『象徴』と規定したことは、国民の意識のうえからも適切であったと考えられる」[6]と高く評価されていますが、私もこちらは大変腑に落ちるご見解であると思います。

（2）憲法で**象徴天皇**が定められており、法的にも当然に「何人も天皇を象徴と認め、象徴として遇する」との規範性が容認されています。したがって、①国には、何らかの尊厳的地位、政治的中立性を損なわない制度上の仕組みの構築が要請されており、②国民にも、尊厳的地位を損ねるような言動を慎むことや、天皇を個人の利益のために利用してはならないことが要請されているのです。併せて、③国にも国民にも天皇家が行う歴代に連綿と続く皇統保持の祭事や儀式などの伝統を尊敬の念を持って見守っていくことについても、象徴を天皇としていることから含まれていると考えるのが自然だと思います。

　天皇の象徴機能を確かなものとするために、後述する**皇室典範**で、①天皇の地位は世襲による（2条）、②天皇・皇族に対する特別の敬称（23条）、③天皇の崩御に際しては国家的儀礼を行う（25条）や、国民の祝日に関する法律で、④天皇の誕生日を国民の祝日としていること（同法2条）など数々の法的措置が講じられています。

5-2　天皇の地位

（1）そもそも天皇には、古代から**国家統治機能**と**統合象徴機能**の二つの国家的機能が備わっており、付随的には連綿と続く皇室の伝統によって積み重ねられてきた皇統保持の祭事や儀式がここに加わって、天皇の役

割とされてきたと考えています。国家的機能は、少なくとも1221年の**承久の変**[7]で後鳥羽上皇が、賊臣北条義時によって隠岐に配流になられるまでは、この二つの機能を、時々の政治情勢に左右されながらも実質または形式的にも有していたのです。その後は、鎌倉幕府の北条執権政治により、政治的実権が失われることによって国家統治権能は取り除かれ、統合象徴機能に限って機能するようになります。その後の足利幕府、豊臣政権、そして江戸幕府が崩壊するまで、この統合象徴機能を以て、戦国の群雄割拠時代でも、江戸幕府の幕藩体制の下でも、権力は無くても権威[8]或いは文化的な役割が保持されることで、形骸化している律令制度とも相まって、日本国をひとつの国家としてまとめる一翼を担っていたのです。

(2) 明治維新を成功させた薩摩藩出身の大久保利通や公家出身の岩倉具視らは、新しい国家建設に当たって、絶対的権威を天皇に再度与え、国家統治においても立憲君主制の思想を取り入れた天皇像を考え、その遺志を継いだ伊藤博文が明治憲法を制定してその完成形としました。つまりここで、再び天皇に**国家統治と統合象徴の機能**が与え直され政治権力が付与されることになったのです。

　ところが、大東亜戦争の終結後、GHQは、英国型の議院内閣制の実現を模索していたことから、ここで再び国家統治機能が抜け落ち、新たな憲法に象徴天皇として定められたことで、統合象徴機能が単独で全てを担うことになったのです。このことについて、私は、当時の政府関係者も当初は驚愕したものの特別な違和感を持つこともなく受け入れることができた要因は、古代から受け継がれてきたこの統合象徴機能に近似した象徴天皇の制度であったからだと考えています。

(3) 翻って一般的にも近代君主制国家では、君主はそもそも象徴としての地位と役割を有しているのですが、我が国の場合は世界に類をみない連綿としての歴代天皇が国民統合の象徴としての期待と役割を担って

こられたことから、尚更に国民にとってもごく自然体で、象徴天皇の制度を受け入れることができているのだと思います。

　また、芦部信喜先生も、「明治憲法の下でも、天皇は象徴であったと言うことができるのだが、統治権の総攬者としての地位が前面に出ていたために、象徴としての地位が背後に隠れてしまっていた」と考えておられます。そして、象徴制には、「統治権の総攬者たる地位と結びついた場合の象徴性と国政に関する機能を一切有しない原則と結びついた場合の象徴性がある」[9]として、このふたつは本質的にも異なるものとされています。もっとも、憲法第1条後段は「この地位は、主権の存する日本国民の総意に基づく」と定めていますが、この地位とは、天皇の国民統合の象徴としての役割のことであって、天皇であるという地位を指しているのではありません。日本国憲法では天皇を、「日本国の象徴であり日本国民統合の象徴であって……」と定めていますが、象徴天皇をどのように考えていくのかについては学説が分かれています。

　日本国憲法によって新たに創設された制度として捉えているのが「創設規定説」です。そしてもう一つが「宣言的規定説」であり、こちらは、「主権原理の転換で明治憲法における天皇としての統治権の総覧者たる地位は否定されたものの、歴史的存在たる天皇の地位や機能については、象徴たる地位として継続されていると宣言したものだ」[10]とされています。私は、既に説明してきたところですがこの宣言的規定説に近い考え方を持っています。

（4）ところで天皇は、象徴ですが、国家元首に当たるのでしょうか。もっとも、海外において元首として遇されていることなので何の問題もない訳ですが、ここでは君主と元首の違いを説明した上でこれらについて論じることにします。

　先ずは**君主**についてです。君主の要件としては、①君主の地位が世襲で伝統的な権威を伴うこと、②統治権として少なくとも行政権の一部を

有していることなどを挙げることができます。もっとも現在では、欧州諸国を中心に君主制は民主化されており、君主機能が名目化されている傾向にあることから、このような場合には②の要件は不要となります。したがって、現代の君主とは「世襲される伝統的な権威」を帯同している方となります。

　次に**元首**の場合についてです。元首か否かを論じる尺度で重要なことは、外国に対する国家を代表する権能（条約締結権を含む外交問題処理の権能）の有無です。憲法第7条では、象徴天皇の国事行為として、「全権委任状及び大使及び公使の信任状を認証する」（5号）、「批准書及び法律の定めるその他の外交文書を認証する」（8号）、「外国の大使及び公使を接受する」（9号）を定めており、内閣の助言と承認を必要としながらも条約締結権を含む外交問題処理の権能を有しています。なお、来日する外国大使らの信任状の宛先も慣例的に「天皇陛下」とされています。

　これらのことから、象徴天皇は、君主であることは勿論のこと、国家元首でもあると解するのが真っ当な考え方です。このようなことから、私は、象徴天皇が君主でもあり元首でもあると考えています。政府も「外交関係において国を代表する面を持っている」ことから、「元首」といって差し支えないとの見解[11]を示しています。しかしながら、慣行で象徴でしかない存在を元首と解するべきではないとの意見や、「君主とは統治権の重要な部分、少なくとも行政権を現実に行使する機関のことだとして天皇は君主ではない」[12]と断言している意見も確かに存在しています。

　また、君主については法的な意味合いが少なくそれを議論する意味が余りないとしつつも、元首については、憲法第7条が、批准書その他の外交文書の認証、外国大使・公使の接受を天皇の国事行為としていることから、天皇の元首としての性格を議論の対象とする意味があるとの考

え方があります。この場合、天皇は元首でないとの前提で語られており、「国事行為は政治的権限ではなく、形式的、儀礼的な行為であるから、これを理由に天皇を元首とすることはできない。そうなると日本の元首は誰かという議論にもなりそうだが、必ずしも国家に元首が必要であるとは言えないので、日本には元首はいないという結論が妥当であろう」[13] との見解です。こちらもひとつの意見だとは思いますが、国旗・国歌・国家元首が存在しない真っ当な国家を世界で例を見つけるのは難しく、私にはとても同意することも共感することもできない意見です。

5-3 国事行為

(1) 天皇は、憲法の定めるところにより、国政に関する**権能**を持たず、「国事に関する行為」のみを行うとされています。そしてこの国事行為は、内閣の助言と承認により日本国民のために行うものであり、政治的意味を有していない国家的な儀礼行為、または実質的には決定権のない完全なる形式的な行為のことです。

　国事行為は、憲法第6条および第7条で、次の①から⑫のように定められていますが、儀礼的な①と②は、君主に相応しい儀礼的行為であり、その他は三権分立の各機関の機能で成立していることや、各機関が行う行為で成立していることについて、其々で確定されていることに対して、形式的または儀礼的に付け加えられた確認的なものです。これらは全て天皇が単独で行うべきものではなく、**内閣の助言と承認**を必要としています。③の内閣総理大臣の任命についても、国会の指名の上での任命であり、④の最高裁長官の任命についても、内閣総理大臣の指名にもとづく任命となっています。

①外国の大使および公使の接受（第7条9号）

②儀式の挙行（第7条10号）

　　天皇が主宰されて行われる国家的性格を有する儀式であって、即位の礼（皇室典範24条）や大喪の礼（皇室典範25条）がこれに当たります。

③内閣総理大臣の任命（第6条1項）

④最高裁長官の任命（第6条2項）

⑤憲法改正、法律、政令および条約の公布（第7条1号）

⑥国務大臣の任免等の認証（第7条5号）

⑦恩赦の認証（第7条6号）

　　恩赦には、大赦（一定の犯罪者全体の刑を消滅させる。有罪の言い渡しを受けた者にはその効力が失われ、裁判中の者に対しては公訴権[14]が消滅する）、特赦（有罪の言い渡しを受けた者の内、特定者についての効力が消滅する）、減刑、刑の執行の免除、復権があり、その詳細は恩赦法に定められています。政令恩赦は政令で罪や刑の種類などを定め一律に実施するもので、個別恩赦は個別審査によって実施されます。

⑧批准書その他の外交文書の認証（第7条8号）

⑨国会の召集（第7条2号）

⑩衆議院の解散（第7条3号）

⑪国会議員の総選挙の施行の公示（第7条4号）

　　総選挙とは、衆議院の任期満了または衆議院の解散によって新たに衆議院議員を選出するために行う選挙のことであって、任期6年で固定されている参議院議員の通常選挙を指すものではないことから、憲法第7条4号の「国会議員の総選挙の施行を公示すること」の総選挙の「総」は憲法制定時からの誤植と思われます。

⑫栄典の授与（第7条7号）

（2）天皇が自ら国事行為ができないような事情がある場合には、その代行を**摂政**に行わせることができて、憲法第5条と皇室典範の定めるところにより、国事行為を摂政に委任することができます。摂政は、「天皇の名」で国事行為を代行し、法的には天皇が行った行為と同様の効果を持つとみなされます。なお、摂政の就任順位は、皇室典範17条[15]に定められていますが、成年に達した皇太子および皇太孫とされており、皇位の継承とは異なり、皇后や内親王などの女性皇族もその任に就くことができます。

5-4　私的行為と公的行為

（1）私的行為

　歴代の皇室に受け継がれてきた、神武天皇祭、神嘗祭、新嘗祭や歴代天皇の式年祭などの行為は、天皇の私的行為とされており、天皇が単独で行うことができます。また、趣味としてのスポーツ観戦、学問研究やジョギングなどは当然的な私的行為です。

（2）公的行為

　天皇の行為には、憲法で明文化されている国事行為や、皇室の伝統的な行為を中心とする私的行為、そしてこれらの行為以外としての公的行為があります。**公的行為**には、①国会開会式への出席と「お言葉」の朗読、②国内巡幸、国民体育大会や植樹祭などの式典への出席、③外国親善訪問、④外国の元首などの国賓・公賓への接遇などがあります。これらの行為は、公的な性格を有するものの法的には無価値の事実行為であり、且つ政治的・宗教的な傾向を帯びたものであってはなりません。通説では、象徴としての地位に基づいた公的行為であるとして認めて、国事行為に準じて内閣の補佐と責任の下に置かれるべきだとされています。

もっとも実際的な運用は、国事行為ではないので、内閣の助言と承認を必要とせず、天皇ご自身の意思を尊重しつつ、宮内庁の補佐により**内閣の責任の下で実施**されています。

5-5　天皇の責任

　天皇の国事行為に対する責任は、憲法第3条に規定されていますが、国事行為の全てが内閣の意思に基づいて行われることから、天皇はその責任を負うことはなく、内閣が自らの行為に対して、国民を代表する国会に対して政治責任を負います。

　天皇の個人的行為に対する刑事または民事上の責任については、憲法に直接的な定めがないことから、次のような解釈と判断によって対応していくことになります。

　刑事責任については、天皇の刑事責任は追及されないものとされています。皇室典範21条では、「摂政は、その在任中、訴追されない。但し、これがため、訴追の権利は、害されない。」となっています。私は、天皇の名において国事行為を代行する摂政には訴追が免じられていることから、これを根拠として当然に天皇にも同様の措置がとられるはずとの考えに立っているからだと思います。また、富永先生は、「天皇は日本国の象徴であるから、日本国の権威の象徴でもある。その天皇に刑罰を科すということは、象徴としての地位を著しく傷つけ、ひいては国家の権威を傷つけ、国家を咎めることになる」[16]との見解です。一方の民事責任については、最高裁が民事裁判に関して「天皇は日本国の象徴であり日本国民統合の象徴であることに鑑み、天皇には民事裁判権が及ばない」と、記帳所事件（最判平成元年11月20日）**【判例1】**で判断をしています。

5-6　皇室典範

(1) 明治憲法下の皇室典範（以下「旧皇室典範」という。）[17] は、帝国議会が関与できる余地の全くないものでしたが、昭和 22 年に新しく制定された皇室典範は一新されて、憲法に基づく他の法律と同じ位置づけとされたことから、国民の代表たる国会において改正することができます。これは、旧皇室典範が、帝国議会からの不干渉と、旧皇室典範による明治憲法への不干渉を定めており、明治憲法と対等な法という扱いであったのを、GHQ の強い意向が働きこのような形式に変えられたのです。

　皇室典範は、皇位継承資格は皇統に属する男系男子のみ（1 条）、皇位継承順序は直系優先、長系優先（2 条）と定めています。皇位を継承するのは天皇が崩じたとき（4 条）でしたが、平成 29 年（2017）に皇室典範特例法が制定されて、上皇陛下から今上陛下への一代限りの譲位が実現しています。また、天皇および皇族は養子とすることができない

（9条）、皇族で皇籍を離脱した者は皇族に復することはない（15条）とされており、現在議論されている皇位継承者の拡大などで旧宮家[18]の皇族身分の復帰などの場合には、この条文の改正が必要となってきます。因みに私は皇統の断絶が危惧されていることから旧皇族の復帰を願っています。その他にも、皇族女子は、天皇および皇族以外の者と婚姻したときは、皇族の身分を離れる（12条）、天皇が成年に達しないとき（18歳未満）や、天皇が国事行為をこなせない状態の際に摂政を置く（16条、22条）などが定められています。

　因みに、皇室典範28条以下には皇室会議[19]の定めがあります。皇室会議は、立后（皇后の決定）や皇族男子の婚姻などの皇室に関する重要な事項を合議する国の機関[20]です。

(2) 皇位の継承があったときは、即位の礼を行うことになっています（皇室典範24条）[21]。これは、皇位継承を内外に示す儀式であって、皇位継承の効力発生要件ではありません。なお、旧皇室典範では、明治天皇の願いにより、即位の礼と大嘗祭は京都で行うことが規定されていました（旧皇室典範11条）。これは、明治天皇が、京都でお生まれになり、京都でお育ちになり、ご自身の即位の礼も京都でお挙げになっていたことから（大嘗祭は東京）、京都への強い愛着からの願いを、実現したものといわれています。

5-7　皇室の経済

　憲法第8条および第88条により、皇室の財産は国に属し、経済活動に伴う皇室の費用は、全て予算計上し国会の議決を得ることになっています。これらを受けて皇室経済法が定められています。同法では「予算に計上する皇室の費用」を、内廷費、宮廷費、皇族費の3区分とし、三

種の神器[22] については、象徴天皇の行為に伴う「由緒ある物」として規定しています。

〈注〉

1　西暦 2020 年は、令和 2 年、皇紀 2680 年に当たる。神武天皇が即位した年の「紀元」（皇紀）から数えている。戦前は、条約などの公文書に元号と共に使用され、国定の歴史教科書でも普通に使用されていた。

2　日本興論調査所が、昭和 20 年 11 月に実施した「天皇制」（皇室制度）についての世論調査で、回答総数 3348 人のうち、天皇制を 95% が支持し、5% が否定した。

3　象徴の使用例を、芦部信喜先生はその著書で、「ウェストミンスター法前文は、『王位は、英連邦の構成国の自由な結合の象徴であり、これらの構成国は国王に対する共通の忠誠によって統合されている』と定めている。ただ、日本国憲法の場合は、人間である天皇そのものが国の象徴とされている点で特異であるが、しかし、近時、同じような例は、1978 年のスペイン憲法第 56 条（国王は、国の元首であり、国の統一及び永続性の象徴である。）などでも見られる。」と述べている。芦部信喜『憲法 第七版（高橋和之補訂）』岩波書店　2019 年　45 頁

4　三重県伊勢市にあり文学部・教育学部・現代日本社会学部を有する。明治 15 年に久邇宮朝彦親王の令旨によって設置された神宮皇學館が母体。当時から神職や教員の養成に当たり、現在でも三重県の小中学校教員や高校教諭の多くが本学の出身者である。昭和 15 年には旧制の官立大学（文部省所管）になるが、大東亜戦争の終結後は GHQ の神道指令を受けて廃学・解散した。その後、関係者の復興への努力が報われ、昭和 37 年に新制大学の私立大学として再興された。その建学の精神は神宮皇學館より受継いでいる。

5　富永健（1959 〜）日本の憲法学者。京都産業大学大学院法学研究科博士課程を修了し、皇學館大学現代日本社会学部教授。憲法学会理事。

6　富永健・岸本正司『教養憲法 11 章』嵯峨野書院　2014 年　15 頁引用

7　承久の乱ともいう。鎌倉時代の承久 3 年（1221）に後鳥羽上皇が執権北条義時を征伐するために兵を挙げたが逆に敗れた。武家政権を倒して、古代より続く朝廷の復権を目的とした争い。朝廷側の敗北で後鳥羽上皇は隠岐に配流され、以後、鎌倉幕府は、朝廷の権力を制限し、朝廷を監視する体制を確立し、皇位継承等にも影響力を持つようになった。なお、承久の乱と呼ばれていることもあるが、上皇が起こしたのだから「反乱」ではない。「変」は主に不意の政治的・社会的事件に、「乱」は主に武力を伴う事件に使われている。したがって「承久の変」が正確であろうが、高等学校教科書では、承久の乱と記述している教科書が圧倒的に多い。

8　「権威」とは、自発的に従おうと促すような関係のことであって、人々が進んで従おうとする下から上に向かって働く力のこと。敬愛の念や尊敬心がこれにあたる。一方の「権力」とは、組織上の地位による上意下達機能や威嚇や武力によって強制的に同意・服従させる関係をいい、上から下に強制的に従わせようとする力のこと。

9 芦部信喜『憲法 第七版（高橋和之補訂）』岩波書店 2019年 46頁引用

10 永田秀樹・倉持考司他『講義・憲法学』法律文化社 2018年 44頁引用

11 昭和63年10月11日内閣法制局見解

12 永田秀樹・倉持考司他『講義・憲法学』法律文化社 2018年 46頁引用

13 山崎英壽『憲法要諦』文化書房博文社 2018年 12頁引用

14 公訴権について。公訴とは、刑事事件について、検察官が裁判所に対して裁判を求める訴追申立てのことで、単に訴追ともいう。その権限のことを公訴権といい、我が国ではこの権限は検察官が独占している。

15 皇室典範17条1項「摂政は、左の順序により、成年に達した皇族が、これに就任する。①皇太子又は皇太孫 ②親王及び王 ③皇后 ④皇太后 ⑤太皇太后 ⑥内親王及び女王」。

16 富永健・岸本正司『教養憲法11章』嵯峨野書院 2014年 25頁引用

17 明治憲法第74条①「皇室典範ノ改正ハ帝国議会ノ議ヲ経ルヲ要セス」②「皇室典範ヲ以テ此ノ憲法ノ条規ヲ変更スルコトヲ得ズ」

18 令和3年12月現在で、成年男子がおられる旧宮家は、東久邇家、久邇家、賀陽家、竹田家とされている。

19 皇室会議の構成は、皇族2名、衆議院および参議院の正副議長、内閣総理大臣、最高裁長官とその他の裁判官の10名。

20 皇室会議は諮問会議ではなく、「議に拠る」とされている。宮内庁とは関係が深いものの別の独立機関。

21 即位の礼後に、一代一度の大嘗祭が行われ、五穀豊穣を祈る儀式があるが、これらを合わせて御大典と呼ばれている。

22 三種の神器とは、八咫鏡（やたのかがみ）、草薙剣（くさなぎのつるぎ）、八尺瓊勾玉（やさかにのまがたま）のこと。皇室に長く伝わる皇位の証たる神器のこと。八咫鏡は伊勢皇大神宮、草薙剣は熱田神宮、八尺瓊勾玉は皇居の剣璽の間（けんじのま）に祭られている。鏡と剣の形代は宮中三殿の賢所にある。

第 **6** 講 　　　　　　　　　戦争放棄

6-1　自衛権と交戦権の解釈

（1） 憲法第9条の解釈は、解釈の差異から様々な意見があるだけに留
まらず、憲法改正を求める動きの最大の理由にもなっています。憲法第
9条1項の「戦争放棄」は国家主権のある独立国家として、どこまで放
棄しているのかそれとも全面放棄なのかなどについて議論が絶えません。
また、同条2項前段の「戦力不保持」についても政府解釈以外に様々な
意見があり、現に存在する自衛隊についてはどのように説明されていく
べきなのか、そして最高裁は、積極的な判断を回避[1] しているようにも
思われていますが、その真の思いは如何なのかについても議論されてい
ます。後段の「交戦権の否認」についても、その権利とは一体何を意味
するのか。そしてこれらは何れもが国際情勢の変化にも絡んでいて憲法
学的には意見のまとまる様が一向に見え難いのです。

　憲法第9条については、憲法制定時の日本国政府、マッカーサー率い
るGHQと米国のワシントン本国政府、そして極東委員会の政治的動向
に翻弄され、激変する国際情勢の影響を大きく受けながら、法的に明確
な憲法解釈についてのベクトル統一が出来ずに現在に至ってしまってい
るのです。日本国憲法の不幸な生い立ちとも連動した、正に国論を分け
得る、日本国民にとっては、とても不幸な罪深い条項といえるかも知れ
ません。

（2） 憲法第9条の条項は、その文面の酷似からして、1928年に関係当
事国の間で締結された**不戦条約**[2] を意識して作られたと推考しています。
そもそも日本国憲法自体が、当時の諸国の憲法や条約の興味あるところ

を抽出したパッチワーク法典なのですからこれまた然りでしょう。

　憲法第9条はGHQの圧力によりできた条項ではあるものの、国権の発動たる戦争、武力の行使やそれによる威嚇を放棄するとの条文が幸いして、戦後日本外交において軍事介入や軍事協力の要請圧力から一定の抑止力となり、**日米安全保障条約**の庇護の下で、軍事紛争に直接巻き込まれることがなかった事実を以て一定の評価を与えることができます。もっとも、ここには日々の訓練精進に邁進する自衛隊員の姿があり、秩序正しく精鋭を誇る自衛隊による防衛力が十分に機能していたことも大きな要因であることに疑いはありません。これらが全て連関して、戦後一貫して日本の国民生活に民主主義の一層の進展と共に平和な暮らしが保障されてきたのです。

　憲法第9条による戦争放棄とは、1項で国際紛争の解決手段として国権の発動たる戦争即ち国際法上の戦争を放棄することを意味しているようでもあるし、2項では戦争の手段となる陸海空軍その他の戦力を保持せず、国の交戦権も認めないようにも読み取れる抽象的或いは多義語的な文言となっています。したがって、この条文の意図を解釈するにおいては多様な意見に覆われ多くの説を生み出して混乱しています。

　日本国憲法は、連合国軍の占領下で、国家主権が著しく制約されていた（＝国家主権が無かった）特殊な状況下で成立し、しかも当時は広島および長崎の原爆被害や、東京や大阪、名古屋などの都市への無差別空襲による徹底破壊という悲惨な経験が、国民の目に染みついていたことから、感情が勝り条項内容の表現の決定に曖昧さが入り込む余地が生じてしまったようです。実のところ、ポツダム宣言が求めていた戦争放棄とは、これが不戦条約に基づく発想[3]であったことからも、必然的に国家固有に存する**自衛権**をカバーできる武力までの放棄を求めてはいなかったのです。然るに実際には、当時の帝国議会はGHQ統制下にあったことから、その審議までにおいても、戦争反省の忖度が働いたことは想

像に難くないことです。このため**国家主権に固有に備わる自衛権**[4]までもが放棄されたかのような解釈の余地を残すことになって先述の通り多くの説による、多様な意見が生まれる素地を敷くことになってしまったのです。

（3）これに加えて、当時の日本国政府もまた、憲法制定の審議中にGHQに対して過剰に忖度する態度で、戦争放棄に積極的な姿勢をとる解釈[5]をしたことから益々混乱に拍車が掛かってしまったのだと思います。そして憲法解釈は学者を中心に勝手に走り出し、八月革命説などという後付理論も登場し自衛権についても、「自衛権は認められるものの、交戦権は否認されていることから、結局のところ自衛隊は違憲である」との説が憲法学者の間で多数の支持を得ることになってしまいました。しかしそれでは国際関係上において現実との乖離が著しいことから、国の舵を預かる時々の政府により憲法の適正運用の範囲内で自己統制された現実的な憲法解釈を、**有権解釈権**[6]の行使を以て行うことで運営されてきたのです。我が国は、昭和27年4月に国家の主権を回復することとなり、これを機会に警察予備隊の流れをくむ従来の保安隊が改組され、昭和29年7月1日に自衛隊法が整備され**自衛隊**が誕生しました。その際に当時の吉田茂首相は、国会で「日本は国家の自然権としての自衛権を保持しており、憲法典の記載に関わらず、自衛力は合憲である」と答弁[7]していますが、この政府答弁は、内閣法制局の法的審査と閣議決定を経たもので、自衛権に基づく自衛隊合憲についての行政による有権解釈権行使の一例でもあります。

　然るに国際法が定める**武力不行使の原則**[8]をはるかに超えるような非戦主義が政治的にリベラルな傾向にある者によって叫ばれ、それに異を唱え難いような風潮も蔓延していた時代もありました。このような展開もあってなのか現下の憲法学界でもその小さな世界内で机上の空論的な憲法論議がまかり通っているようです。

私は、明らかに自衛隊は合憲であると考えているのですが、一時期には自衛隊は違憲などという声も出てくる始末でした。もっとも、戦後70年余の長い年月が経過して、その間に幾度かの国際関係の緊張の高まりや、昨今での北朝鮮によるミサイル発射などの周辺諸国での緊張感の高まりなどから、さすがに現代日本においては、自衛隊を違憲などという声は余りにも微少である状況に至っています[9]。

(4) 憲法第9条1項では、「国際紛争を解決する手段」を永久に放棄するとしていますが、これは国際法の見地からの戦争を意味しており**侵略戦争**のことです。国際法では、他にも侵略から自国を守り侵略者を排除する**自衛戦争**、国際秩序を乱して侵略行為を行った国に対する**制裁戦争**があるとされています。戦争放棄については、自衛戦争も含めた、侵略・自衛・制裁の全ての戦争を放棄しているのか、それとも自衛戦争に限って容認されているのかについて意見が分かれ、前者は全面放棄説、後者は限定放棄説とされています。

　2項では戦力の不保持を定めています。学説や政府見解でその考え方は大きく異なっており、1項を**全面放棄説**として解すると2項は当然の如く単純に戦力不保持で完全な非武装国家であって自衛隊も憲法違反ということになります。

　1項を**限定放棄説**の見地で考えると、2項冒頭の「前項の目的を達するため」[10]に意義が見出され、その取り扱い次第で見解も分かれてきます。この目的とは1項冒頭の「正義と秩序を基調とする国際平和を誠実に希求し」、または1項の全体を受けているとし、2項後段の「国の交戦権は、これを認めない」との関係とも合わせて考察すると、1項で自衛の権利を認めつつも、2項で自衛戦争を放棄し、結局のところは戦力を持てないものと解することになります。この考え方が憲法学界では通説となっています。この説に大きく関わるのが、日本国憲法制定の審議の際に、時の政府の第9条解釈がこれと同じ考え方を示していたからです。

しかしながら、これは政府（行政）による有権解釈権による見解なのであって解釈変更はあり得るし、その後の政府見解では実際に変更されているにも関わらず、学界では未だ多数説となっています。他にも、この目的とは、「侵略戦争を放棄する」を受けていて、戦力不保持も、この侵略戦争を放棄するという目的達成に限定されているという説もあり、こちらは自衛のためであれば憲法による戦力保持は禁止されていないということです。

　更には、第9条2項が禁じている**戦力**とは、自衛[11]のために必要な最小限度を超えた戦力であって、超えない戦力は本項に定める「戦力」には該当しない。したがって自衛戦力とは**自衛力**のことであって、第9条2項が保持を禁じている戦力には該当せず**実力**であるとの説で、政府見解もこちらと同じです。また、第9条はある種の政治的宣言であって、その法的効力を認めない、或いは法規範性は認めるものの裁判規範を否認し、自衛戦力の保持などを政府に対して禁じる法的効果はないとする説[12]もあります。

(5) 2項後段の交戦権の否認についても、国が戦争を行う権利とする説と、交戦国に国際法上認められる「敵国の兵力や軍事施設の攻撃や中立国の船舶を臨検する権利」などの**交戦中の権利**であるとする説に大きく分かれています。しかしこれについては、文言をストレートに受けるのではなく国際法的な視点で考えていくべきです。2項後段の交戦権とは、国際法上で認識されている権利のことであり、現在の政府解釈も同様で「2項の交戦権とは、戦いを交える権利という意味ではなく、交戦国が国際法上有する種々の権利の総称であって、このような意味の交戦権が否認されていると解している。」とされています[13]。

憲法第9条に関する主要学説			
	1項の解釈 （戦争放棄の範囲）	2項の解釈 （戦力不保持の限度）	自衛隊の評価 （合憲・違憲）
全面放棄・完全非武装説 【少数説】	全面放棄	完全非武装	戦力であり違憲
限定放棄・完全非武装説 【多数説】	限定放棄	完全非武装	戦力であり違憲
限定放棄・自衛戦力留保説 【芦田解釈】	限定放棄	自衛戦力留保 （保持）	合憲
限定放棄・自衛力留保説 【政府見解】	限定放棄	自衛力留保 （保持）	自衛力であり合憲 （但し、戦力は違憲）

著者作成

6-2 第9条について

(1) 私は、自衛隊は合憲であるとの見解をとっています。ここでは憲法第9条の解釈について、私の考えるところについて話を進めていきます。

　自衛隊の法的解釈については、憲法学者の多数説では、1項で自衛権は認められるとされながらも、2項で国の交戦権が否認されていることから、結局のところ自衛隊は違憲であるとされています[14]。いくらGHQから押し付けられた憲法で、法文の体を成し得ていない英文のメモ書きを渡されたといえども、当時の内閣法制局が必死の思いで翻訳し、日本の法律の体裁に整えたのです。何故に、同じ条文の中で、前で肯定をして、後ろで否定するような、稚拙な法文技術を駆使するはずがなく、これは当時から国際法に則った趣旨であったから、当時の内閣法制局も自然な条文として作成したのだと認識する次第です。

　したがって、私は、憲法第9条の戦争放棄の解釈においても、国際法の常識として、国家主権に必備の自衛権は認められていることから**限定放棄**であると解しています。そもそも「戦力の不保持」についても、政府見解では世界の軍事水準と比して戦力に至らないとされる自衛力はこ

れに当たらないとしており、自衛隊も戦力とならない自衛力の範疇ならば合憲としています。もっとも、私は自衛権の行使が留保されていれば、いわゆる戦力相当であったとしても当然に憲法の想定範囲内であると考えています。

(2)「交戦権の否認」における**交戦権**とは、文言を国語辞典的に「国が戦争を行う」ことなどと文理的に解して国際法を無視するようなことがあってはなりません。これは国際法で認められている「敵国の兵力や軍事施設を減滅すること。相手国の領土を占領すること。中立国の船舶を臨検すること」などの権利を指しており、これはGHQでさえも原案考案時や帝国議会での憲法改正の審議時から一貫してこのように理解されていました。なお、現下の解釈運用は、前述したように行政による有権解釈権の行使によるもので、国会や司法による制御や違憲立法審査の行使が働き、政治的にも法的にも何らの問題もないことです。

　しかしながら、私とは異なる見解をお持ちの方も多いのです。伊藤塾を主宰されている法律実務家の伊藤真先生は、自衛隊は違憲であり、自衛権についても、警察力の行使、外交努力、金銭的な解決などによってのみこれを行使することができ自衛戦争も認められないとして、「交戦権の否認」に関しても、自衛戦争を放棄するのであるから、交戦権の否認は当然のことであるとされています。私も指摘していますが、条文が同じことを繰り返していることに違和感を示す異なる意見に対しては、「重要なので同じことを繰り返している」だけであるとして、これをあっさりと否定されています [15]。

　また、東京大学名誉教授だった芦部信喜先生は、自衛隊は「戦力」に該当し憲法違反であるとの見解であり、憲法学界においてもこれが多数説とされています。自衛権はあるものの交戦権は軍事力を以て対処するものではないとの解釈であり、そのため自衛権の実行については、侵略等に対して「外交交渉による未然回避」「警察力による排除」や「民衆

蜂起による抵抗」などを以て行使の限界とする、「武力なき自衛権論」
を唱えておられます[16]。

6-3　最高裁と自衛隊

　最高裁において、自衛隊の憲法判断が迫られることになった大きな事
案が二つあります。「長沼ナイキ訴訟事件」（最判昭和 57 年 9 月 9 日）[17]
と「百里基地訴訟事件」（最判平成元年 6 月 20 日）[18] です。なお、恵庭
事件でも同様な事情でしたが地裁レベル[19]の判決なので割愛します。

　長沼ナイキ訴訟事件は行政訴訟です。航空自衛隊の対空ミサイルの基
地を建設するために、国有林の保安指定解除が行われました。この有効
性が争われたもので、第一審が自衛隊を「戦力」に該当するとしたこと
から大きな話題を呼びました。しかし最高裁は、大体工事が行われた等
の理由により訴えの利益が失われているとする第二審判決を支持して、
憲法判断を示しませんでした。

　また、百里基地訴訟事件は民事訴訟の事案です。自衛隊用地の買収を
めぐり争われました。最高裁は、間接適用説を前提に、国との契約は民
法 90 条違反とはいえないとして、民事に徹することで自衛隊が戦力か
どうかについての判断を示していません。

6-4　集団的自衛権

（1）最高裁は、「砂川事件」（最大判昭和 34 年 12 月 16 日）[20]【判例 2】
の判決において日米安全保障条約（以下「日米安保条約」という。）に
ついて、直接の言及を避けたもののその合憲性の存在が語感に認められ

ます。日米安保条約では、国連憲章第 51 条[21] で認めている個別的また
は集団的自衛権を、同条約において日米両国の固有の権利[22] として確認
しています。

　集団的自衛権とは、自国と密接な関係を有する外国が攻撃された場合
に、自国が直接攻撃されていなくても、それに反撃できる権利のことで
す。政府は長らく「集団的自衛権は、主権国家であることから国際法上
当然に有しているものの、憲法第 9 条で許容されている自衛権の行使は、
自国防衛の為の必要最小限度の範囲に留まるべきであり、集団的自衛権
の行使はその範囲を超えるもの」[23] として、国際法上は保有できるもの
の自衛のための必要最小限度を超えるためその行使は許されないとの立
場をとっていました。

　しかしながら、政府は、北朝鮮のミサイル脅威、中国との尖閣諸島危
機など日本を巡る安全保障環境が激変したことなどを理由に、平成 26
年 7 月 1 日の閣議決定を以て従来の憲法解釈を、有権解釈権の行使に
より変更しました。これによって、平成 27 年 9 月に自衛隊法が改正され、
自国が攻撃された場合（武力攻撃事態）にしか自衛権の発動が認められ
なかったものを、**存立危機事態**の定義を、「日本と密接な関係を有する
他国に対して武力攻撃が発生し、これにより日本の存立が脅かされて、
国民の生命、自由および幸福追求の権利が根底から覆される明白な危険
がある場合」と定めて、この場合に限り自衛権の発動が認められること
になったのです。

　これらに対する批判はとても多いのですが、私は、有権解釈権は、立
憲主義下の民主主義において其々三権の機関としての立場で見解を発す
ることができる固有の権利であることから、そして仮にも違和感を他の
機関が持つようであるならば、その立場から解釈を否定すればよいだけ
のことであって、政府の解釈変更は有効なものだとする肯定的な意見を
有しています。しかしながら、一部の学者[24] を除いて神学論争の大好き

な憲法学者の間における学界の声の多数は、この変更された憲法解釈を違憲と見ています[25]。

　また、中央大学教授の橋本基弘先生は、「憲法第9条が集団的自衛権を容認していると解釈することは可能」なことで、「政府が独自に憲法解釈を行うことも否定されない」としながらも、政府の憲法解釈の変更は「従来の憲法解釈に基づいて国民が持っていた規範意識やこの規範意識を基礎にしてできあがっていた社会的な実践に対して配慮不足であった」[26]と指摘しておられます。その上で、従来の政府解釈に基づいての国民的合意を変更するような憲法解釈の場合は、解釈の限界を超えており、むしろ憲法改正を以て対応すべきであったのではないかと問題提起されています。

【判例2】砂川事件（最大判昭和34年12月16日刑集13巻13号3225頁）

　現在の東京都立川市付近[27]に在り、米空軍が使用していた立川飛行場の拡張を巡る、周辺住民と協力一般人、そして過激学生も加わった反対闘争に関連した訴訟。日米安保条約と憲法第9条が問題となり論争となった。なお、この反対闘争は学生運動の原点となり、その後の安保闘争の先駆けとなったともいわれている。本事案は、昭和32年7月に特別調達庁東京調達局が強制測量をした際に、基地拡張に反対するために約千人の学生団体等のデモ隊が基地前に集結した。その一部は米軍基地の境界柵を数十mにわたって破壊し、基地の禁止区域内に数m侵入したので、デモ隊のうち7名が逮捕され、日米安保条約第3条に基く行政協定（現在の地位協定の前身）違反で起訴された。しかし、日米安保条約が、そもそも憲法違反であることから、起訴自体が無効であるとして提訴。一審の東京地裁が憲法違反として無罪判決をしたため、検察側は最高裁に跳躍上告[28]し、最高裁の判断は地裁に破棄差戻しとした[29]。

最高裁は、「憲法第９条は、いわゆる戦争を放棄し、戦力の保持を禁止しているが、これにより我が国が主権国として持つ固有の自衛権は何ら否定されたものではなく、我が憲法の平和主義は決して無防備、無抵抗を定めたものではない。」「我が国が、自国の平和と安全を維持しその存立を全うするために必要な自衛の措置をとり得ることは、国家固有の権能の行使として当然のことといわなければならない。」とした上で、憲法第９条２項で戦力は保持しないとしているが、これによって生ずる我が国の防衛力不足は、国連の安全保障理事会による軍事的安全措置等に限定されたものではなく、「我が国の平和と安全を維持するための安全保障であれば、その目的を達するに相応しい方式又は手段である限り、国際情勢の実情に相応して適当と認められるものを選ぶことができる」として、憲法第９条が、「我が国がその平和と安全を維持するために、他国に安全保障を求めることを、何ら禁ずるものではない」という基本的判断を示した。また、第９条２項が禁止する戦力とは、「我が国が主体的に指揮権、管理権を行使し得る戦力」をいうもので、それは、「結局は我が国自体の戦力を」指すものとする。そして外国の駐留軍は、「ここにいう戦力には該当しないと解すべきである」としている。

　また、「（日米安保条約による）アメリカ合衆国軍隊の駐留は、主権国としての我が国の存立の基礎に極めて重大な関係を持つ高度の政治性を有するもの」であるとして、「違憲なりや否やの法的判断は、純司法的機能をその使命とする司法裁判所の審査には、原則としてなじまない性質のものであり、従って、一見極めて明白な違憲無効と認められない限りは、裁判所の司法審査の範囲外のものであって、それは第一次的には、右条約の締結権を有する内閣およびこれに対して承認権を有する国会の判断に従うべく、終局的には、主権を有する国民の政治的批判に委ねられるべきであると解するのが相当」

であるとし、「(日米安保条約は)憲法第9条、第98条2項および前文の趣旨に適合こそすれ、これらの条章に反して違憲無効であることが一見極めて明白であるとは、到底認められない」と判示した。

日米安全保障条約　抜粋
第3条（自助及び相互援助） 　締約国は、個別的に及び相互に協力して、持続的かつ効果的な自助及び相互援助により、武力攻撃に抵抗するそれぞれの能力を、憲法上の規定に従うことを条件として、維持し発展させる。 第5条（共通の危機への対処） 　各締約国は、日本国の施政の下にある領域における、いずれか一方に対する武力攻撃が、自国の平和及び安全を危うくするものであることを認め、自国の憲法上の規定及び手続に従って共通の危険に対処するように行動することを宣言する。 　前記の武力攻撃及びその結果として執った全ての措置は、国際連合憲章第51条の規定に従って直ちに国際連合安全保障理事会に報告しなければならない。その措置は、安全保障理事会が国際の平和及び安全を回復し維持するために必要な措置を執ったときは、終止しなければならない。 第6条（基地供与） 　日本国の安全に寄与し、並びに極東における国際の平和及び安全の維持の寄与するため、アメリカ合衆国は、その陸軍、空軍及び海軍が日本国において施設及び区域を使用することを許される。〔以下条文省略〕

(2) このように砂川事件の判断において、最高裁は、国家固有の自衛権を認め、その行使についても国家固有の権能として当然のことであるとしています[30]。しかしながら、日米安保条約についての違憲合憲の判断は、余程に憲法違反が明らかでない限り、是非は国民が決めることであって、司法裁判所の審査にはなじまないとすることで、違憲かどうか

の法的判断を避けており、憲法第9条2項についても「自衛の為の戦力」に関して曖昧な表現を保って、正に裁量論を加味した**統治行為論**を以て司法判断を回避しています。

　もっとも、最高裁の日米安保条約の憲法判断を、「一見極めて明白な違憲無効となる事情は見当たらない」としていることから、合憲と見る向きもあります[31]。私も、憲法違反とした一審の東京地裁判決を破棄して差戻したことや、「明白性が到底認められない」ものの「外国の軍隊は憲法第9条の戦力に当たらない」、「違憲無効の実態がない」等の総合的事情や文言を斟酌すると、合憲を言外に保った、即ち**合憲性を含有する判決**であると考えています。

　砂川事件での最高裁の判断には、集団的自衛権の行使も認められている旨の議論があります。しかし、この判決は、我が国の防衛力が不足することを前提に、国連だけでなく他国にも安全保障を求めることができる[32]と述べているに過ぎず、集団的自衛権の根拠とするには論理力が不足していると思います。また、憲法第9条2項が「自衛のための戦力をも禁じたものであるか否かは別として」とかなり曖昧な表現[33]を以て憲法判断を避けていることから、この判決が憲法第9条に集団的自衛権までを含んでの判断とすることには根拠が足らないものと思われます。

（3）集団的自衛権について法的視点で論じてきたのですが、よくよく考えてみると、集団的自衛権の行使とは、広い意味で捉えると戦闘行為に参加することだけではなく、交戦国の一方に基地や資金援助（結果的に軍事物資の支援になる）を提供することも範囲内といえることから、そもそも軍事的要素のある同盟でもある日米安保条約を締結し国会で批准した段階を以て、その行使に準じたものとして認めることになっていたのだと思い直しました[34]。

　そして、朝鮮戦争に掃海艇などを送り込んだ頃は未だ国の主権が回復していなかったのですが、サンフランシスコ講和条約以後に起こったべ

トナム戦争では、米軍爆撃機は、横田や嘉手納の国内基地[35]から発進し、グアムやフィリピンの米軍基地を経由して北ベトナムを空爆していました。当時の日本政府は、集団的自衛権を認めていなかったので、これらを「日本政府の関知しない米軍の独自の判断に基づく行動」としていましたが、しかしこれは明らかに空爆に加担していた立派な同盟行為だったことから集団的自衛権の準用的な行使であったのではないでしょうか。当時の日本では安保反対やベトナム反戦運動などで騒然としていた時代でしたがこれらも歴史的には頷ける一件です。何れにしても、当時から既に集団的自衛権は行使されていたとすると、政府が一時期に大衆迎合的に違憲などといったことから話がこじれてしまったのであり、そもそも法的には問題のないことではありますが、歴史の再検証も含めて国民に対して、より丁寧に国防の常識として説明した方が適切であったのかも知れません。

6-5　有事法制

(1) 先述した集団的自衛権は、政府見解による自衛権発動の三要件と深く関係しています。この三要件とは、次のようなものです。①「我が国に対する急迫不正の侵害があること」、この場合に②「これを排除するために他に適当な手段がないこと」、そして③「必要最小限度の実力行使に留まるべきこと」とされていました。これを安倍晋三内閣は、有識者[36]の意見を聴いた上で、平成26年7月1日に閣議決定し、前述①に「我が国に対する武力攻撃が発生したことだけではなく、我が国と密接な関係にある他国に対して武力攻撃が発生し、それによって我が国の存立が脅かされ、国民の生命、自由および幸福追求の権利が覆される明白な危険があること」を加えて、**新三要件**[37]としました。これによって、

憲法上許容される自衛の措置としての武力行使の幅が広がり、**集団的自衛権の行使が行い得る法整備**が可能となったのです。これを受けて、国際紛争や国際事態の変化に合わせて都度整備してきた法制に代わって、平成 27 年 9 月に自衛隊法の改正を含む平和安全法制を成立させて網羅化しました。**平和安全法制**[38] は、自衛隊法など 10 本の法律を改正する平和安全法制整備法 [39] と、新たに設けられた国際平和支援法 [40] で構成されています。その中で定められている「存立危機事態」が発生し新三要件を満たして更に国会の事前承認を受けた場合には、自衛隊の**防衛出動**が可能となりました。その際には必要な武力行使も当然のことながら認められています。

(2) 安倍晋三内閣は、積極的平和主義を推進し、前述の集団的自衛権を可能ならしめた他にも、平成 25 年に**国家安全保障会議**を立ち上げて、今までの錯綜していた組織を、外交・国防・安全保障に関する一元的な情報収集および情勢分析と、中長期の戦略立案や緊急時の政策決定をできるようにしました。緊迫する国際関係の不測の事態にも即応できる、そして何よりも外交と国防が一体化して他国との交渉や安全保障政策を進めることができるようになったことから、これらは我が国の国益に適うものと評価できます。また、同年に**特定秘密保護法**も制定されて、安全保障に係る防衛・外交・特定有害活動（スパイ活動など）の防止やテロ防止の 4 分野を特定秘密 [41] として指定できるようになりました。これにより、米国等との国防に係る秘密情報が意図に反して漏れるような弊害は除去されたことから、高度な安全保障体制の構築が期待できるようになりました。

(3) これらの法整備による運用で、国論を分け得る憲法第 9 条の改正を急ぐ必要性も低くなったのではないかとの意見もありました。しかしながら、このような甘い考えでは国家としての主権を失うかも知れません。ロシアの**ウクライナ侵攻**を機に、改めて国際連合の安全保障理事会

の機能不全が明らかになり、台湾有事の可能性も高まっているなど東アジアの安全保障情勢の緊迫度は益々増しており、対外関係は激変しています。併せて、明治憲法下の統帥権の解釈運用が独り歩きしてしまった歴史的事実にも照らして考えてみると、有権解釈権の行使による運用では決定に時間が掛かるなどの弊害が生じ、近い将来、我が国の安全保障体制に限界が生じるのではないかと危惧されます。一部識者が主張している非武装中立論やおよそ実現性のない空想的平和主義のような考えとは到底付き合っている暇はない程に、国際的緊張度は高まっています。

　このようなことからも、可及的速やかに憲法第9条を改正して、自衛隊を憲法条規に明確に示して、自衛の措置についても言及していくべきことが、積極的な平和維持を図っていく上で、必要且つより現実的です。そして自衛隊についての憲法上の議論に終止符を打ち、日米安保条約を機軸として、豪州などとも連携して、見える抑止を保った防衛体制の整備を急いでいくことが喫緊の課題なのです。

　また、令和4年（2022）12月に岸田文雄内閣において閣議決定された**安全保障関連3文書**、即ち、外交や防衛などの指針である「国家安全保障戦略」、防衛の目標や達成する方法を示した「国家防衛戦略」、自衛隊の体制や5年間の経費の総額などをまとめた「防衛力整備計画」は、我が国の新たな防衛政策および防衛力の強化において画期的な政策であると評価しています。なお、「自衛隊」の名称については、国民の支持を得て、国民に愛されていることからも、一部で主張されているような国防軍などと、わざわざ組織名を変更する必要性は感じていません。

1　そのような最高裁の判断は、「統治行為論」や「裁量行為論」と呼ばれて理論化されている。

2　不戦条約（戦争放棄ニ関スル条約）第1条「締約国ハ国際紛争解決ノ為戦争ニ訴フルコトヲ非トシ且其ノ相互関係ニ於テ国家ノ政策ノ手段トシテノ戦争ヲ放棄スルコトヲ其ノ各自ノ人民ノ名ニ於テ厳粛ニ宣言ス」。不戦条約は、第一次世界大戦後にその教訓から1928年に締結された。国際紛争を解決する手段として、締結国相互間での戦争を放棄し、紛争は平和的手段により解決するとした多国間条約。米国、英国、ドイツ、フランス、イタリア、日本など15カ国が調印、その後63カ国に拡大。協議開始の当事者が米国のフランク・ケロッグ国務長官とフランスのアリスティード・ブリアン外務大臣であったことからその名前をとって、ケロッグ＝ブリアン協定とも呼ぶ。戦争の違法化や平和的紛争処理が定められている。自衛権についても加盟国には自衛権保持があることが交渉過程で何度も確認されている。なお、脱退・破棄・失効条項がないため現在でも有効との意見もある。

3　不戦条約は「国際紛争解決のため戦争に訴えることを非とし、国家の政策の手段としての戦争を放棄する」ことを宣言している。ここでの禁止される戦争とは、当時から自衛権に基づく戦争を含まないとする解釈で確定していた。倉山満『東大法学部という洗脳』ビジネス社　2019年参照

4　国際連合憲章第42条「安全保障理事会は、第41条に定める措置では不十分であろうと認め、又は不十分なことが判明したと認めるときは、国際の平和及び安全の維持又は回復に必要な空軍、海軍又は陸軍の行動をとることができる。この行動は、国際連合加盟国の空軍、海軍又は陸軍による示威、封鎖その他の行動を含むことができる。」

5　帝国議会での吉田茂首相の発言。「戦争放棄に関する本案の規定は、直接には自衛権を否定して居りませぬが、第9条第2項に於いて一切の軍備と国の交戦権を認めない結果、自衛権の発動としての戦争も、又交戦権も放棄したものであります。（以下省略）」（昭和21年6月26日　衆議院帝国憲法改正委員会議事録より抜粋）

6　法的解釈には、個人が行う学理解釈と三権（行政・立法・司法）の其々に認められている有権解釈がある。学理解釈には文理解釈と論理解釈があり、有権解釈は「公権的解釈」とも呼ばれており法的拘束力を有している。

7　田村重信『安倍政権と安保体制 第4版』内外出版　2016年参照

8　国連憲章第2条4項で、全ての国連加盟国の義務として、国際関係における武力の威嚇または武力行使の禁止を明記している。武力の威嚇または武力行使には、宣戦を伴わない事実上の戦争や戦争に至らない武力の行使も含むとされている。

9 平成 29 年度版防衛白書によると、「自衛隊に対する印象」は、平成 27 年度は「良い印象」が 92.2% で、「悪い印象」4.8% を大きく引き離している。また、46 年前の昭和 44 年度では「良い印象」68.8%、「悪い印象」14.1% であった。因みに、平成 27 年度の「自衛隊の防衛力」に関しては、「増強した方がよい」が 29.9%、「今の程度でよい」が 59.2%、「縮小した方がよい」は僅かに 4.6% である。

10 芦田修正といわれている。第 9 条 1 項の冒頭に「日本国民は、正義と秩序を基調とする国際平和を誠実に希求し」という文言が、同条 2 項の冒頭には「前項の目的を達するため」という文言が、其々追加された。芦田修正がどのような意図で行われたかは議論があるが、この修正の結果、第 9 条 2 項は、自衛のためであれば戦力を保持しうるとの解釈が可能となった。これを受けてその意味を察知した極東委員会が、文民条項の追加を強く要求することになった。池田実『憲法 第 2 版』嵯峨野書院 2016 年 49 頁参照

11 国際法的な「自衛」の意義は、不戦条約の締結の際に、当時の米国のケロッグ国務長官が発した通牒で示され、条約加盟国も同意していた、「自衛とは攻撃または侵入に対して自己の領土を防衛すること」で、「人員および装備が自衛に必要限度内に留まるものでなければならない」との見解によって説明されている。したがって、防衛とは意味が違っており国家的なデフェンスのこと。

12 西修編著『エレメンタリ憲法（新訂版）』成文堂 2008 年 47 頁参照

13 昭和 55 年 5 月 15 日衆議院稲葉誠一議員質問趣意書に対する政府の答弁書

14 平成 6 年 6 月に自民・社会・さきがけ 3 党連立内閣の村山富市首相（社会党委員長）は、衆議院の代表質問の答弁で「専守防衛に徹し、自衛の為の必要最小限度の実力組織である自衛隊は、憲法の認めるものであると認識する」と述べ、社会党のそれまでの自衛隊違憲論を合憲論に転向した。その理由として「日本国民の間に、文民統制の専守防衛や徴兵制の不採用、集団的自衛権の不行使、非核三原則の遵守、武器輸出の禁止などの原則が確りと確立されており、国民的コンセンサスも大体明らかになっている」ことを挙げている。

15 弁護士の伊藤真先生による見解。伊藤真『伊藤真の憲法入門 第 6 版』日本評論社 2017 年 231 〜 234 頁参照

16 芦部信喜『憲法 第七版（高橋和之補訂）』岩波書店 2019 年 61 〜 62 頁参照

17 長沼ナイキ訴訟事件（最判昭和 57 年 9 月 9 日民集 36 巻 9 号 1679 頁）

18 百里基地訴訟事件（最判平成元年 6 月 20 日民集 43 巻 6 号 385 頁）

19 札幌地裁で昭和 42 年 3 月 25 日に判決。北海道恵庭町の自衛隊演習場での騒音に困惑した住民が、駐屯基地内の通信ケーブルを切断したとして、防衛用器物損壊罪で起訴された事件。検察による控訴がなかったので無罪判決が確定したが、自衛隊についての憲法判断は示されていない。

20 この判決の考え方は統治行為論と呼ばれるもの。

21 国連憲章第51条「この憲章のいかなる規定も、国際連合加盟国に対して武力攻撃が発生した場合には、安全保障理事会が国際の平和及び安全の維持に必要な措置をとるまでの間、個別的又は集団的自衛の固有の権利を害するものではない。」

22 篠田英朗『集団的自衛権の思想史』風行社 2016年 72〜73頁参照

23 政府答弁（昭和56年5月29日）の要旨

24 西修駒澤大学名誉教授や松浦一夫防衛大学校教授、井上武史関西学院大学教授などが支持している。

25 従来から憲法第9条の改正などの改憲を主張する保守派憲法学者の慶野義雄平成国際大学名誉教授や高乗正臣元平成国際大学名誉教授までもが、解釈改憲は、本来の憲法第9条改正への活動までも阻害するものであると、その著書（『亡国の憲法九条』展転社 2018年）で強い調子により批判し違憲としている。

26 橋本基弘『日本国憲法を学ぶ 第2版』中央経済社 2019年 34〜35頁引用

27 昭和52年11月に日本国に全面返還され、現在は、東京都の防災基地、陸上自衛隊立川駐屯地、国営昭和記念公園となっている。米軍は首都圏の防空基地を横田基地（東京都福生市）に一本化した。

28 跳躍上告とは、地方裁判所や簡易裁判所による第一審判決で、法律等が憲法違反だとされた場合に、直ちに最高裁に上告することができる制度。刑事訴訟法第406条に定められている。

29 差戻判決に基づき再度審理を行った東京地裁は、昭和36年3月27日に罰金2,000円の有罪判決を言い渡した。この判決についても上告されたが、最高裁は昭和38年12月7日に上告棄却を決定し、この有罪判決は確定した。

30 下條芳明・東裕編著『新・テキストブック日本国憲法』嵯峨野書院 2015年 60頁参照

31 上田健介・尾形健・片桐直人『憲法判例50』有斐閣 2016年 167頁での、大阪大学大学院高等司法研究科准教授の片桐直人先生の見解。

32 上田健介・尾形健・片桐直人『憲法判例50』有斐閣 2016年 167頁参照

33 橋本基弘『日本国憲法を学ぶ 第2版』中央経済社 2019年 29頁参照

34 日米安保条約は、「日本国の施政の下にある領域外」にある米軍に対する攻撃があった場合に、日本に共同対処義務を負わせていない、集団防衛条約としては珍しいタイプといえる。しかし対等な主権国家どうしの条約で、双方の得る利益に不均衡が許されるはずもなく、防衛義務におけるこのような片務性は、米国への基地提供と多額の金銭的支援によって相殺される仕組みになっていたのである。池田実『憲法 第2版』嵯峨野書院 2016年 71頁引用

35 日米地位協定。在日米軍の日本国内の基地の使用を認めた日米安保条約第6条に基づき、米軍の地位や施設、区域を定めている。昭和30年に日米安保条約と同時に発効した。基地の範囲や使用期限、犯罪が起きた際の対応などを規定する。発効後一度も改定されていないが、問題が起こる度に関係省庁や在日米軍で構成されている「日米合同委員会」で運用を改善して対応している。同協定によって、日本の警察権を制約し、米軍関係者によって日本人が被害を受けても日本で裁判に掛けられないケースがある。また、同協定第24条では、米軍の駐留経費の日米間の分担が規定されている。日本側は、「日米安保体制の円滑且つ効果的な運用は極めて重要」との理由で、本来的には米軍が支払う一部費用も自主的に負担している。いわゆる「思いやり予算」と呼ばれているもので、基地従業員の人件費や光熱水料、訓練移転費などの費用を負担している。出典：日本経済新聞令和2年1月20日朝刊、一部著者改編。

36 当時の安倍首相の私的諮問機関である安全保障の法的基盤の再構築に関する懇談会は、平成26年5月15日に、安倍首相に対して「集団的自衛権の行使は必要最小限度の範囲内に含むべきであり、我が国と密接な関係にある他国に対して武力攻撃が行われ、且つ、その事態が我が国の安全に重大な影響を及ぼす可能性があるときであれば、必要最小限の実力の行使を可能とするべきである」とする報告書を提出した。

37 平成27年6月4日の衆議院憲法審査会において、参考人として招致され意見を聴かれた憲法学者三人の全員が、集団的自衛権の行使を認める当時の安全保障関連法案について憲法違反であるとの意見を陳述した。

38 平和安全法制関連二法とも呼ばれている。

39 平和安全法制整備法。正式法律名称は、「我が国及び国際社会の平和及び安全の確保に資するための自衛隊法等の一部を改正する法律」という。

40 国際平和支援法。正式法律名称は、「国際平和共同対処事態に際して我が国が実施する諸外国の軍隊等に対する協力支援活動等に関する法律」という。

41 漏洩には公務員は最長10年間、民間人は最長5年間の懲役を科している。特定秘密の最長の有効期限は60年間。

第**3**章

基本的人権

7-1　基本的人権の意義

　憲法の基本的人権とは、世間の多くの者が単に人権と呼んでいるのと同じ意味であり、人が人間であるということだけで、人間としての当然有していると考えられている権利のことです。これは、ルソーが唱えた「すべて人間は生まれながらに自由且つ平等で、幸福を追求する権利をもつ」という天賦人権説[1]と呼ばれる、歴史的経緯を踏んで形成された自然権思想を背景としています。

　1776年のバージニア権利章典[2]や、「すべての人は平等に造られ、造物主[3]によって一定の譲り渡すことの出来ない権利が付与され、その中に生命、自由及び幸福追求が含まれる」と謳ったアメリカ独立宣言[4]、そしてこれらは1789年のフランス人権宣言（人間と市民の権利の宣言）にも継承されることになります。

　日本国憲法では、基本的人権の文言を憲法第11条と第97条で使用しています。そしてその意義を「人が生来獲得している権利である」こと、「人権は不可侵であり、公権力によって侵されることがない」こと、「人権は、人であることに基づき、当然且つ平等に共有できる権利」であるとして、憲法条項において人権の固有性、人権の不可侵性、人権の普遍性を明確化しています。これらが正に個人の尊厳[5]からの繋がりであることから、憲法第13条は「すべて国民は、個人として尊重される」と規定し、基本的人権が個人の尊厳に由来することを改めて明確にしています。

7-2　人権の分類

　我が国の憲法で保障されている基本的人権は、様々な観点からの分類が可能ではありますが、法の下の平等と幸福追求権とも呼ばれている包括的基本権[6]の他、自由権、社会権、参政権、国務請求権で構成されています。

(1) 自由権

　自由権とは、欧州の市民革命により獲得された歴史的に最も古い人権で、国家が個人の生活や行動に干渉、介入することを排除する国家権力（公権力）からの自由を保持する権利のことです。自由権には、精神的自由権（思想・良心の自由、学問の自由、信教の自由、表現の自由など）、経済的自由権（居住・移転の自由、職業選択の自由、営業活動の自由など）、身体的自由権（不当逮捕からの自由、拷問・残虐刑の禁止、遡及処罰の禁止と一事不再理など）があります。

(2) 社会権

　社会権とは、憲法第25条で定められている権利であって、その権利に請求権が含まれているのか否かなどについて諸説はありますが、ここでは取り敢えず、「人たるに値する生活の保障を国家に請求できる権利」のこととしておき、詳細は第12講で説明していくことにします。生存権、教育権、勤労権、労働基本権が定められています。資本主義の発展に伴い貧困や疾病、失業などから経済的弱者や社会的弱者を国家が救済することが、個人の尊厳を保持するためにも必要となってきて生まれた人権なのです。1919年制定のワイマール憲法[7]は、初めて生存権を定めて社会権として規定した憲法とされています。

7-3　ワイマール憲法とその崩壊

　ワイマール憲法は、ドイツ帝国が第一次世界大戦の敗北を機にドイツ革命が起こり崩壊し、その後の政変後に誕生したワイマール共和政権によって制定された成文憲法[8]です。国民主権の規定や社会権を明確化するなど当時の世界では最も民主的な憲法とされていました。近代憲法が最も大切な価値を自由権に置いていた中で、同憲法では社会権の保障を規定し、とくに雇用安定を志向した点や、財産額に関係なく20歳以上の男女に選挙権を与える普通選挙制度の導入などが注目され、その後の諸外国による現代憲法の模範となりました。

　統治制度は、直接選挙で選ばれる大統領（任期7年）を国家元首とし、そこに首相の任免権、議会の解散権、憲法停止の非常大権、国防軍の直接指揮権（統帥権）などの強大な権限を与えています。一方の議会は不信任決議をすることで首相を罷免させることができました。議会[9]は、国民代表の国家議会と、諸州代表の国家参議院の両院制で構成され、一定数の有権者による国民請願や国民投票などの直接民主制の要素も部分的に採用されていました。

　しかしながら、ドイツは、第一次世界大戦の莫大な戦時賠償金の支払負担を根源とするハイパーインフレに見舞われ、復員軍人や領土割譲により旧領国民の難民化による大失業によって経済システムが瓦解しており、極度の経済不況に陥っていました。ヒトラーは、公共事業や科学技術の革新でこれらを克服して国民の信を得ながら、ユダヤ人排斥政策で巧みに世論誘導してその勢いで、1933年1月にヒトラー内閣の擁立に成功して政権を獲得しました。その後、同年2月の国会議事堂放火事件を契機に、ヒトラーが率いるナチス党（国家社会主義ドイツ労働者党）がこの事件を利用して社会不安を煽り、大統領による国家防衛緊急令の発動や反対政治家を予防拘束するなどして権力を掌握し、事実上の一党

独裁化を実現させました。その下で新たな憲法体制を構築するとの理由
で、内閣に絶対的権限を付与する法律として、1933年3月に憲法変更
的立法である全権委任法を時限立法（当初は4年間）として成立させた
のです。同法の成立によって、近代憲法の模範とされていたワイマール
憲法はほぼ機能停止に陥ってしまい議会制民主主義も事実上崩壊しまし
た。この法律は、もともと大統領権限を維持しながらも内閣に対して、
ワイマール憲法に拘束されずに国会の審議や議決なし、大統領の副署な
しで、無制限の立法権を政府に付与し、議会の立法権を有名無実化させ
るものでした。その後、国家新構成法を根拠に、大統領職と首相職の統
合およびヒトラーへの大統領権限委譲も行い、一応残照的なワイマール
憲法の下で自らこれらの事態を有効なものと宣言して、ヒトラー首相が、
独裁者ヒトラー総統を誕生させたのです。その後はヒトラー総統の下で
ワイマール憲法はその名前だけが残っている憲法として忘れ去られ、第
二次世界大戦のドイツ敗戦で全権委任法と関連法令が無効とされ、同憲
法も廃止されました。

7-4 公共の福祉

（1）公共の福祉

　憲法第12条および第13条では「常に公共の福祉のために……」「公
共の福祉に反しない限り……」などと公共の福祉につき言及しており、
人権が他人の人権を侵害しない限りにおいて保障されるべきものとされ
ています。つまり公共の福祉とは、社会全体の利益や社会生活について
の人々の共通の幸福のことであり、人権保障の公平確保を目的とする人
権相互を調整する機能を備えています。つまりお互いの人権を公平に調
整するための原理が「公共の福祉」ということです。例えば、言論・表

現の自由が個人の自己実現を支える大切な自由な権利であっても、他人を脅迫し、他人のプライベートを侵害するようでは認められないということです。

　しかしながら、**公共の福祉の範囲**が不明確であるとか、公共の福祉による制限を認めすぎると過度な人権制限に繋がってしまうのではないかとの疑念もあり、これらを巡って学説も分かれています。多数説・判例の立場は、「公共の福祉を具体化するものは法律である」[10]というものですが、他にも、公共の福祉により制約できるのは経済的自由権と社会権に限られるとか、訓示的規定に過ぎないなどの諸説があります。

（2）人権制約の規制立法基準

　公共の福祉を理由に人権に制約を加える立法措置への**違憲審査基準**には、次の二つの基準があります。

　①比較衡量論

　　　人権を制約しないことで得られる利益と、人権を制約することで得られる利益について、比較衡量し、後者の利益の方が大きい場合には、人権の制約が正当（合憲）であるとする考え方です。

　　　公権力によって社会の利益が国民一人ひとりの利益よりも優先され、個人の人権が軽視されるとする意見もあります[11]。

　②二重基準論

　　　精神的活動の自由は、経済的活動の自由と比較して優越的地位にあり、規制立法の審査の際の「違憲審査基準」（合理性の基準）は、経済的活動の自由に関してのものは適用されず、精神的活動の自由に関してのものは、それよりも厳格な基準にしていくとする考え方です。

　　　その理由については、経済的活動の自由は、仮に人権侵害があったとしても民主的ルールが確保されてさえいればその回復は可

能ですが、精神的活動の自由は、社会活動の重要なルールの民主主義に直結していることから、言論統制などが行われてしまうと、民主主義のルールは破壊され、様々な人権の維持、発展を大きく阻害させることになるからだと考えます。

7-5　法の下の平等

(1) 憲法第14条1項は、「すべて国民は法の下に平等」と定めています。この解釈については、法の適用における平等を保障するとの説（法適用平等説）もありますが、通説は、法の適用だけに留まらず法の内容、即ち法そのものの平等までの保障を求めて立法者を拘束するとの説（法内容平等説）になります。その他にも貴族院の廃止（同条第2項）、家庭生活における両性の平等（第24条）、選挙権の平等（第15条）、教育の機会均等（第26条）を規定しています。

　これらの考え方には歴史的経緯があります。19世紀のいわゆる夜警国家[12]では、機会の平等が確保されていれば是とする形式的平等であったのですが、資本主義の発展と共に貧富の差の拡大や労働条件の劣悪化が進みました。20世紀に入ると、これらを放置することは社会不安を招き不健全なことと考えられたので是正の必要性が生じ、個別本位で結果の平等に配慮すべきであると実質的な平等を重視した福祉国家へと変貌していったのです。

　このようなことから法の下の平等とは、「全ての者を機械的・絶対的に均一に扱う絶対的平等ではなく、性別、年齢等の事実的・実質的な差異に着目して、社会通念から見て合理的な差別的取り扱いが禁止される相対的平等の意に解されている。そうした実質的差異を前提に、法が与える利益や法の課する不利益において、同一の事情と条件の下では、均

等な取扱いが要請される」[13] ものとなります。これらは相対的平等説と呼ばれており、いかなる差別も禁止とする絶対的平等説とは一線を画したものです。憲法で禁止されているのは「不合理な差別」であって「合理的な区別」は認めるとした**相対的平等説**が有力説で、最高裁の判例もこちらの立場に立っています。したがって、実質的差異に基づく異なった法的取り扱いが行われても合理的な理由があれば法の下の平等には反せず合憲ということになります。

（2） しかしながら、合理的な理由とは何かが判然としないため、この点については、司法審査において法の下の平等違反に関する合憲性判定基準[14] に則りつつ、杓子定規のようなものではなく、個別事案ごとに事柄の性質に応じた合理的な根拠に基づく、実質的な判断が行われています。なお、法の下の平等に関しての主な法的な社会修正は次の通りです。

①障害者雇用促進法（昭和 35 年）

　　障害者に対する実質的平等を図る措置であり、障害者の雇用促進を目的として、事業主に法定雇用率の達成を義務付けている。

②「尊属殺重罰規定事件」（最大判昭和 48 年 4 月 4 日）の最高裁判決**【判例 3】**

　　刑法旧 200 条の法定刑が普通殺人罪に比べて不当に重いとして、違憲無効とされた。平成 7 年には国会がこの条項を削除した。

③女子差別撤廃条約の批准（昭和 60 年）

　　同条約の批准に向けて昭和 59 年に国籍法が改正され、日本国籍の取得が父母両系血統主義[15] に改められた。昭和 60 年には勤労婦人福祉法の改正により、男女雇用機会均等法が制定された。

④「非嫡出子相続分規定訴訟」（最大決平成 25 年 9 月 4 日）の最高裁判決**【判例 4】**

　　民法第 900 条は遺産相続について、結婚していない男女間に

生まれた子（非嫡出子）の法定相続分を、結婚した男女の子（嫡出子）の 2 分の 1 と定めていたが、最高裁は法の下の平等を定めた憲法第 14 条に違反するとして違憲判断をした。国会は平成 25 年 12 月に民法を改正し区別をなくしている。

⑤「女性再婚禁止期間訴訟」（最大判平成 27 年 12 月 16 日）の最高裁判決【判例 5】

　　離婚して直ぐに再婚した女性が子供を産んだ場合に、父親が前夫なのか再婚した夫なのかが争いとなることがあるため、旧民法 733 条は父子関係の確定を目的として、女性に限って 6 カ月以内に再婚することを禁止していた。最高裁は、科学技術の発達した現代では、100 日を超える期間は不要で、女性の結婚の自由を過剰に制約するものとして、憲法第 14 条の法の下の平等、第 24 条の両性の本質的平等に反するとして違憲とした。この判決に伴い、国会では、平成 28 年 6 月 1 日に民法の一部を改正する法律を成立させて、女性の再婚禁止期間を離婚後 6 カ月以内から離婚後 100 日以内に短縮する措置を講じた。

⑥「国籍法婚外子差別事件」（最大判平成 20 年 6 月 4 日）の最高裁判決 [16]

　　国籍法 3 条では、未婚外国人女性が出産した子供について、出生後に日本人の父親から認知を受けても、父母が正式に婚姻していない限り、日本国籍の取得を認めていなかったが、最高裁は同法 3 条を憲法第 14 条の法の下の平等に反するとして違憲とした。同年に国会は国籍法を改正した。

　他にも、法の下の平等を実現すべく、アイヌ文化振興法 [17]（平成 9 年制定）や男女共同参画社会基本法 [18]（平成 11 年制定）などの法制定や、指紋押捺制度 [19] の廃止（平成 12 年 3 月廃止）が図られています。

【判例3】尊属殺重罰規定事件（最大判昭和48年4月4日刑集27巻3号265頁）

　14歳のときに実父から姦淫され、以後10年間に亘り不倫を強いられていたA子が、他の男性と恋愛し婚姻を望み、実父の支配から脱することを望んだところ、実父から、脅迫虐待を受けたため思い余って実父を絞殺した。A子は刑法（旧）第200条の尊属殺人として起訴された。一審は刑法第200条を違憲とし、過剰防衛・心身衰弱を認めて刑を免除したが、二審は合憲とし、心身衰弱と情状酌量を以て減軽し懲役3年6カ月の実刑判決を下した。

　最高裁は、次のような理由に基づく判断で、執行猶予付とした。尊属に対する尊重報恩は、社会生活上の基本的道義で、このような自然的情愛と普遍的倫理の維持は、刑法上の保護に値するとし、尊属殺人は通常の殺人に比べても高度の社会道義的な非難を受けることであろうし、このことを処罰に反映させても不合理なことではない。その上で、刑の過重要件は直ちに差別的規定とはいえず、憲法第14条1項に違反するともいえないとして、「過重の程度が極端であって、（前述のような）立法目的達成の手段として甚だしく均衡を失し、これを正当化の根拠を見出し得ないときは、その差別は著しく不合理なものといわなければならない。」「尊属殺の法定刑は、死刑または無期懲役に限られている点において余りにも厳しいものである。」と述べて、立法目的である、尊属に対する敬愛や報恩の自然的従愛や普遍的倫理の維持尊重の観点からも、十分納得すべき説明がつかないとして、「合理的根拠に基づく差別的取扱いとし正当化することは到底できない。」と判示した。

【判例4】非嫡出子相続分規定訴訟（最大決平成25年9月4日判時2197号10頁）

　非嫡出子[20]の相続分を嫡出子の2分の1と定める民法第900条4号但書前段の規定で「嫡出でない子の相続分は、嫡出である子の相続分の二分の一とする」と定められていたが、この規定は、憲法第14条1項の定める法の下の平等に反するものとして、従来からの解釈を変更した事案。

　最高裁は、民法の同規定についての平成7年の決定では、相続制度をどのように定めるかは、立法府の合理的な裁量判断に委ねられており、法律上の配偶者との間に出生した嫡出子の立場を尊重するとともに、他方で非嫡出子の立場にも配慮して、非嫡出子に嫡出子の2分の1の法定相続分を認めることにより、非嫡出子と嫡出子を保護したもので、法律婚の尊重と非嫡出子の保護の調整を図ったもので、合理的理由のない差別ではないとしていた。

　しかしながら、平成25年9月に、事案の決定で、従来の解釈を変更して、憲法第14条1項違反とした。その理由は、①婚姻、家族の形態が著しく多様化し、それに伴い婚姻、家族の有り方に対する国民の意識の多様化が大きく進展したことや、②嫡出子と非嫡出子の相続分に差異を設けている国家は欧米諸国にはなく、世界的にも限られた状況であることから考察すれば、「子にとっては自ら選択ないし修正する余地のない事柄を理由としてその子に不利益が及ぼすことは許されない」と考えられるようになってきているとして、当時の「立法府の裁量権を考慮しても、嫡出子と非嫡出子の法定相続分を区別する合理的根拠は失われた」として、解釈変更し、憲法違反とした。

　これを受けて、平成25年12月25日に民法の一部を改正する法律が成立し、民法第900条4号但書前段が削除され、同等の相続分になった。

【判例5】女性再婚禁止期間訴訟
（最大判平成27年12月16日民集69巻8号2427頁）

　旧民法第733条の「女性は離婚や結婚取り消しから6カ月を経た後でなければ再婚できない」との規定は、憲法第14条1項の定める法の下の平等に反するとして、国の不作為の責任を求めた国家賠償請求事件。最高裁は一部認容の判決を下した。

　岡山県に住む女性が「民法の再婚禁止期間があるため、結婚が遅れ精神的苦痛を受けた」として、政府に165万円を求めて提訴。女性は前夫の家庭内暴力が原因で、平成20年に離婚したが、後夫との再婚は離婚から6カ月後まで待たざるを得なかった。一審の岡山地裁は請求棄却、二審の広島高裁も地裁判断を支持。最高裁に上告された。最高裁は、「100日を超えて女性の再婚禁止期間を設ける部分は、平成20年当時においても、憲法第14条1項および第24条2項に違反するに至っていた」として再婚禁止規定を認めながらも、100日を超える部分については違憲とした。

　また、国家賠償請求については、「上記部分が違憲であることが国会で明白であったとするのは困難であり、国家賠償法1条1項の適用上違法の評価を受けるものではない」として、請求を棄却した。

　この最高裁判決を受けて、法務大臣は、平成27年12月16日に「離婚から100日を過ぎていれば再婚を認める」旨の通知を、全国の市区町村に発した。また、女性の再婚禁止期間を離婚後100日とし、離婚時に妊娠していなかったり、離婚後に出産したりしている場合には、すぐに再婚できる民法改正法案が平成28年6月1日に国会で成立している。

(3) また、法の下の平等に関して、最近の最高裁判決で注目すべきものとして、「遺族年金受給資格男性差別訴訟」（最大判平成 29 年 3 月 21 日裁集民事 255 号 55 頁）に注目してみました。本事案は、「地方公務員（私立中学校教諭）の妻の死亡に際して、夫（51 歳）が遺族補償年金を地方公務員災害補償基金に請求したところ、男性配偶者の受給要件[21] として 55 歳以上と定められていたために、同基金は不支給を決定しました。女性配偶者の場合にはそのような要件はないことから、性差別であるとして、法の下の平等を定めた憲法第 14 条に違反する」とし、不支給処分決定の取消しを求めて提訴したものです。一審の大阪地裁は違憲、二審の大阪高裁は合憲と異なる判断をしましたが、最高裁は、男女間の労働人口の違いや平均賃金の格差、雇用形態の違いを挙げて、遺族補償年金制度について、憲法第 25 条が定める「健康で文化的な最低限度の生活」を実現するための社会保障の性格を持つとした上で、「妻の置かれている社会的状況に鑑みれば、妻に年齢の受給要件を定めない規定は合理性を欠くものではない」と合憲の判断を下し、不支給処分が決定しました。これらは、地方公務員の公務災害補償の事例でしたが、他にもこのような合理的な差別（区別）を規定している法律は幾つもあります。例えば、労働者災害補償保険法に定める遺族補償年金です。民間企業に勤める者が加入している労災保険では、妻が労働災害で死亡しても、妻には年齢制限はありませんが、夫は妻の死亡時 55 歳以上でないと受給資格はありません。

7-6　私人間における人権保障

憲法の人権規定の在り方は、公権力から個人の自由や権利を保護していくことであって、そもそもは国家と国民の間を規律することを目的と

しています。しかしながら実生活においては、**私人と私人との間で人権問題**が発生することも多々あり、この場合において憲法の人権規定が私人間にも適用されるのか否かが問題となります。

　憲法の人権規定には、「奴隷的拘束及び苦役からの自由」（第18条）「児童酷使の禁止」（第27条3項）や「勤労者の団結権」（第28条）などのように、私人間に当然に適用されると考えられるものもありますが、これらや間違いなく私人間には適用されないものを除いて、その他についてはどのように私人間に関係し取り扱うかで学説も分かれています。

　学界の多数説は、**間接適用説**と呼ばれています。これは民法90条の公序良俗に反する法律行為[22]を無効とする定めや、民法709条による不法行為による損害賠償の定めなどを解釈する際に、憲法の人権規定の趣旨を反映させる形で、間接的に憲法を私人間に適用しようとする説です。最高裁もこちらの間接適用説の立場で、「三菱樹脂事件」[23]（最大判昭和48年12月12日）**【判例6】**をほぼそのように判断しています。

　他にも、憲法の人権規定は公権力のためのもので、人権侵害の防止等は専ら国会に委ねるものとする無効力説や、憲法の諸原則は社会の全てで実現されるべきであるから、人権保障規定は私人間にも直接適用されるとする直接適用説があります。もっともこれらの説には指摘されるべき重要な論点を包含しており、何れも一長一短があると思います[24]。

　【判例6】三菱樹脂事件（最大判昭和48年12月12日民集27巻11号1536頁）
　大学法学部を卒業して採用されたB君が、学生時代に自治会活動や生協活動に熱心に取り組んでいたのに、身上書に記載せず、採用面接時に虚偽の回答をしたとの理由で、試用期間の終了直前に本採用を拒否された。これに対してB君は、憲法第14条（法の下の平等）および第19条（思想及び良心の自由）に違反するとして提訴した。一審も二審もB君の請求を容認した。上告審で最高裁は、次のよう

に判示し会社側の主張を認めた上で高裁差戻しとしたが、その後両者間で和解が成立した。

　最高裁は、憲法の規定は専ら国等と個人との関係を規律するもので、私人間の直接規律を予定しておらず、原則として私的自治に委ねられているとした。その上で、「私的支配関係においては、個人の基本的な自由や平等に対する具体的な侵害またはその恐れがあり、その態様、程度が社会的に許容し得る限度を超えるときは、これに対する立法措置によってその是正を図ることが可能である」とし、場合によっては、「私的自治に対する一般的制限規定である民法第１条、第90条や不法行為に関する諸規定等の適切な運用によって、一面で私的自治の原則を尊重しながら他面では社会的許容性の限度を超える侵害に対し基本的な自由や平等の利益を保護し、その間の適切な調整を図る方途も存する」と判示した。

　したがって、企業は、自己の営業のために労働者を雇用するにあたり、いかなる者を雇入れるか、いかなる条件でこれを雇うかについて、法律その他による特別の制限が無い限り、原則として自由にこれを決定することができる。

　類似事件として、「昭和女子大学事件」（最判昭和49年７月19日）【判例7】と「日産自動車男女別定年制事件」（最判昭和56年３月24日民集35巻２号300頁）があります。

　昭和女子大学事件は、保守的・非政治的学風で知られる私立大学から退学処分を受けた学生が、処分が憲法違反であることを理由に身分の確認を求めて争われました。日産自動車男女別定年制事件については、企業における男女別定年の適法性が争われた事案です。男性労働者の定年60歳、女性労働者の定年55歳と定める会社の就業規則について、最高裁は、「就業規則中女子の定年年齢を男子より低く定めた部分は、専ら

女子であることのみを理由として差別したことに帰着するものであり、性別のみに不合理な差別を定めたものとして民法90条の規定により無効であると解するのが相当である」[25] と述べています。

　何れについても、日本国憲法に定められた人権規定の私人間効力について争われたものですが、最高裁は、三菱樹脂事件の判決を引いて、憲法の人権規定は、私人間に類推適用されるものではなく（直接適用するのではなく）、民法90条の公序良俗違反により無効であるなどを理由とした間接的な見解を以て判断しています（間接適用説）。なお、昭和女子大学事件では退学処分は懲戒の裁量権の範囲内であるとして原告の主張を斥け、日産自動車男女別定年制事件では、男女別定年制は性別のみによる不合理な差別を定めたものとして原告の主張を容認しています。

【判例7】昭和女子大学事件（最判昭和49年7月19日民集28巻5号790頁）

　無届で法案反対の署名運動を行ったり、許可を得ないで学外の政治団体に加入したりした行為が、学則の具体的な細則たる「生活要録」の規定に違反するとして、自宅謹慎を申し渡された学生が、なおマスコミに大学の取調べの実情を公表したため、退学処分を受けたので、この「生活要録」が憲法第19条、第21条に違反することを理由に、学生たる地位の確認を求めて提訴された。

　最高裁は、三菱樹脂事件判決を間接適用の立場を明らかにした後、大学は国公立たると私立たるとを問わず「学生の教育と学術の研究を目的とする公共的な施設」で、「学生を規律する包括的機能を有する」が、その権能も無制限なものではなく、「在学関係設定の目的と関連し、且つ、その内容が社会通念に照らして合理的と認められる範囲においてのみ是認されるものである」とし、本件「生活要録」は、「同大学が学生の思想の穏健中正を標榜する保守的傾向の私立学校であることを勘案すれば、不合理なものと断定できず、

退学処分も懲戒権者の裁量権の範囲内にあるもので違法ではない」と判示した。

7-7　国務請求権

　受益権とも呼ばれている国務請求権は、個人の人権の確保等のために国家の積極的な行為を求める権利で、請願権（第16条）、裁判を受ける権利（第32条）、国家賠償請求権（第17条）、刑事補償請求権（第40条）があり、いわば「人権を確保する為の基本権」といえるものです。

　①請願権は、国や地方自治体に対して、国民としての損害の救済、公務員の罷免や法律や条例などの制定・改廃などを求めることができる権利です。②裁判を受ける権利は、文字どおりで、個人の権利が侵害された際に司法に救済を求める権利です。③国家賠償請求権は、公務員（公権力）の不法行為について、国や地方自治体に損害賠償請求できるというものです。立憲主義を敷く国々でも、長らく「国家無答責の原則」が幅を利かせておりこの権利は認められていませんでしたが、日本国憲法では明確化されています。詳細なルールは、国家賠償法に定められています。④刑事補償請求権は、国によって拘留[26]などをされた後に無罪判決を受けたような場合などには補償請求ができるというものです。

【判例8】郵便法賠償責任制限規定訴訟
（最大判平成14年9月11日民集56巻7号1439頁）

　損害賠償のための強制執行として、債権者甲社より甲社の取締役AのB銀行C支店に対する預金債権の差押命令が申し立てられ、裁判所はC支店に差押命令正本を特別送達の方法により送達した。しかし、郵便局員の過誤により、その送達が遅れたため、AはC支店

から預金を引き出したため、差押に失敗した。そこで、甲社は、国家賠償を請求した。しかし、郵便法には、責任を負う場合や賠償額、請求権者を限定する規定が存在したため、これらの規定の合憲性が問題となり訴訟に及んだ。

最高裁は、「憲法第17条は、国家賠償請求権について法律による具体化を要求しているが、これは立法府に無制限の裁量権を付与しているものではなく、目的の正当性、手段の合理性及び必要性を総合して、当該法律の合理性を判断するべきである。」とした上で、「郵便法の責任免除・制限規定の目的は、安価で公平な郵便役務の提供のためで、正当といえる。しかし、書留郵便物については、郵便業務従事者の故意又は重過失によって損害が生じた例外的な場合にまで責任を免除し、又は制限しなければ上の目的を達成できないとは考えられない」と理由づけ、「よって、このような場合に生じた損害まで責任を免除し、又は制限している部分は憲法第17条が立法府に付与した裁量の範囲を逸脱しており、違憲である」と判示した。

なお、憲法第17条に定める法律とは、前述のように国家賠償法のことですが、国家賠償は、外国国籍の者についても、日本国籍を有する者が同様の扱いを受けられる場合に限って可能となります。

〈注〉

1 　日本では、明治初期に福澤諭吉や植木枝盛らの自由民権論の思想家により「人間の権利は永久不可侵である」として自由と平等が自然権思想に基づくものだと主張された。

2 　バージニア権利章典は、1776 年 6 月の採択文書の中で人間に本来備わっている自然権について宣言している。バージニア権利宣言とも呼ばれる。第 1 条で「すべての人は、生まれながらに等しく自由且つ独立し、一定の生来的権利を持つ」と規定。

3 　「ぞうぶつしゅ」と読む。宇宙の全てのものを造り、支配する神のこと。

4 　アメリカ独立宣言は、1776 年 7 月に北米 13 の植民地が英国からの独立を宣言した文書。

5 　尊厳とは「尊く、おごそかで、侵してはならないこと」（出典：岩波書店 国語辞典）

6 　包括的人権または包括的権利とも呼ばれている。

7 　ワイマール憲法第 151 条 1 項は「経済生活の秩序は、すべての者に人間たるに値する生活を保障する目的をもつ正義の原則に適合しなければならない」と定めている。

8 　1919 年 8 月 11 日制定、8 月 14 日公布・施行された成文憲法。公式名はドイツ国家憲法。なお、ドイツの憲法は、フランクフルト憲法や現在のボン基本法のように、その憲法が制定された都市の名をつけて通称とする慣例があり、ワイマール憲法も憲法制定議会を開催した都市名を冠している。

9 　国家議会の選挙方式は比例代表制で厳正拘束名簿式。得票 6 万票ごとに一人の議員が選出されたので、議員定数はなかった。国家参議院は諸州から送りこまれる代表者によって構成された。

10 　この学説は一元的外在的制約説といわれており、「人権の外にある公共の福祉によって人権が制限されるとし、公共の福祉を具体化するものは法律である」としている。

11 　自由民主党の平成 24 年改正草案のように「公共の福祉」を「公益および公の秩序」と改めようとする意見もある。

12 　夜警国家とは、国家の機能を、外敵の防御、国内の治安維持など最小限の夜警的な役割に限定した国家のこと。

13 　早田幸政『入門 法と憲法』ミネルヴァ書房 　2014 年 　228 〜 229 頁引用

14 　合憲性判定基準とは、裁判所が人権を制限する法律が憲法に違反しないかどうかを判断する基準のこと。法の下の平等における合憲性判定基準としては、①合理性の基準、②厳格な合理性の基準、③厳格な審査基準などとされている。

15 　父または母の何れの者かが日本国民であれば日本国籍を取得できる。

16 最大判平成 20 年 6 月 4 日民集 62 巻 6 号 1367 頁

17 アイヌ文化振興法。正式法律名称は、「アイヌ文化の振興並びにアイヌの伝統等に
関する知識の普及及び啓発に関する法律」という。平成 7 年の人種差別撤廃条約の
批准に合わせて、明治 32 年制定の「北海道旧土人保護法」が百年近く経って廃止
された。なお、先住民族の権利は明記されていない。

18 男女共同参画社会基本法。男女が対等の立場で社会の諸活動に参画し、共に責任を
担い合う「男女共同参画社会」の形成を目指す。男女共同参画社会の定義は、男女
共同参画社会基本法 2 条で、「男女が、社会の対等な構成員として、自らの意思によっ
て社会のあらゆる分野における活動に参画する機会が確保され、もって男女が均等
に政治的、経済的、社会的及び文化的利益を享受することができ、かつ、共に責任
を担うべき社会」としている。内閣府男女共同参画局ホームページより抜粋

19 指紋押捺制度は平成 12 年 3 月を以て全廃、平成 24 年には外国人登録制度そのもの
が廃止された。現在は新しい在留管理制度が導入されている。

20 婚外子ともいい、婚姻届けをしていない男女間に生まれた子のこと。

21 地方公務員災害補償法 32 条 1 項。

22 法律行為とは、民法に定めがあり、人（自然人、法人）が私法上の権利の発生・変
更・消滅（法律効果）を期待する意思（効果意思）に基づく行い。遺言、契約、物
件の所有権移転などの具体的行為（意思表示）を通じて、その意思表示の求める通
りの法律効果が生じることをいう。

23 三菱樹脂事件最高裁判決は、「労働者の採用は、労働契約の締結行為であるから、
使用者がいかなる人材をどのような基準で採用するかについては、市民法の原則で
ある契約自由の原則が妥当とする。」と判示している。野田進『事例判例労働法第
2 版』弘文堂 2013 年 55 頁参照

24 無効力説は憲法の人権尊重の精神に反するとの批判が、直接適用説は私的自治の原
則を否定し、本来の国家権力から守るべき人権の意味が希薄化してしまうとの批判
がある。

25 池田実『憲法 第 2 版』嵯峨野書院 2016 年 117 頁引用

26 拘留とは、1 日以上 30 日未満の一定期間を刑務所や拘置所に収監する刑罰のこと。
警察署の留置場の場合もある。勾留との違いを誤解されやすいが、こちらは、逮捕
された被疑者の逃亡や証拠隠蔽を防ぐために警察署の留置場に収容することで刑罰
ではない。

包括的基本権

8-1 幸福追求権の意義

（1） 社会契約説などを理論的支柱とした自由権が、市民革命などを経
て誕生することになったのが人権の始まりですが、20 世紀に入ると貧
富の差など社会不安の解消を意識した社会権という新しい権利も生まれ、
それらが明文・慣習化されることで、人権は憲法上の規範性を有するよ
うになりました。もっともこれらの歴史的に重要な位置を占め続けてい
る人権だけでは、人々が生きていく上で人間としての尊厳を保っていけ
ているとは言い切れません。

　この点につき日本国憲法では、この状態を補完すべく重要な権利が幾
つか列挙されています。とりわけ憲法第 13 条では包括的基本権として、
いわゆる**幸福追求権**と呼ばれている、「生命、自由及び幸福追求に対す
る国民の権利」（以下「幸福追求権」という。）を定めています。これは
憲法の明文規定では網羅できない人権をできるだけ補充することを可能
ならしめるいわゆるバスケット条項です。幸福追求権の対象となってい
るのは、憲法に列挙されていない**新しい人権**としてのプライバシーの権
利、環境権、健康権（受動喫煙等）や果ては平和的生存権などになりま
す。もっとも、憲法上の人権として認められることになったプライバシ
ー権以外のものは、幸福追求権が新しい人権としての候補に法的規範性
を有するか否かは別として、これらの主張の根拠としているところです。

　昔は憲法第 13 条は、第 14 条以下の個別的人権の総称とされていま
したが、近時ではこれらの関係を一般法と特別法[1]の関係として理解し
ようとする考え方が有力説とされています。どのようなことかというと、

人権に関する問題は、先ずは憲法第 14 条以下の**個別的人権**の規定につき適用を検討し、それらの個別規定が当てはまらないようであると、第 13 条を以て適合できるか否かを問うていくということです[2]。つまり個別的人権を包括し、補充する権利なのです。なお、第 13 条の前段に「すべて国民は、個人として尊重される」との規定を置いて、個人の平等と独立した人格的価値を認めることで、個人として尊重される権利を保障していますが、これは憲法の基底的な考えとなっています。

(2) 幸福追求権の内容に関しては、主な学説として一般的自由説と人格的利益説があります。前者の一般的自由説は、全ての生活領域での行為の自由を保障しており、対象が広すぎて**人権のインフレ**を起こしかねないとした批判があります。後者の人格的利益説は、個人の人格的生存のために不可欠な利益を内容とする権利の総称を意味するとしており、こちらが多数説とされています。もっともこちらの説も「人格的生存に不可欠な利益」の意味が抽象化し過ぎた表現で不明確との批判があります。

8-2 プライバシーなどの権利

　幸福追求権を根拠に多くの新しい人権としての権利が派生していますが、主なものを説明します。

(1) プライバシー権

　プライバシー権は、アメリカの判例理論[3]から発展してきた概念ですが、日本では、東京地裁での「宴のあと事件」(東京地判昭和 39 年 9 月 28 日)**【判例 9】**の判決で初めて法的な権利として認識されるようになりました。そもそもは「私生活をみだりに公開されない権利」とされていましたが、現在では、「自己に対する情報をコントロールする権利」とされ、自己についての情報は自らがマネジメントできて然るべきものとして理解さ

れています。高度な情報化社会の進展に伴って個人情報の大量収集・保管が可能となったことから、従来の情報の私事性や秘匿性だけではなく、個人情報の取り扱いに慎重さが求められています。これらを具体化したのが個人情報保護に関しての立法措置[4]です。

【判例9】宴のあと事件（東京地判昭和39年9月28日下民集15巻9号2317頁）
　戦前に外務大臣を務め、戦後に東京都知事選挙に立候補して落選した政治家の有田八郎氏をモデルに、料亭の女将との男女関係を題材にした、三島由紀夫が著した小説「宴のあと」に関して、有田氏が、プライバシー権の侵害に当たるとして、三島由紀夫と出版社に対して損害賠償を求めた事案。東京地裁は、「私事をみだりに公開されないという保障は、もはや単に論理的に要請されるに留まらず、不法な侵害に対しては法的救済が与えられるまでに高められた人格的な利益であると考えるのが正当であり、それはいわゆる人格権に包摂されるものであるけれども、なおこれをひとつの権利と呼ぶことを妨げるものではない」と判示して、私生活をみだりに公開されない法的保障ないし権利として不法行為が成立しているとして原告の主張を認め、被告らに損害賠償の支払いを命じた。本事案は控訴審の途中で原告が死去したため結局は和解となり訴訟は終了している。

【判例10】京都府学連事件（最大判昭和44年12月24日刑集23巻12号1625頁）
　デモ行進の許可に反していながらデモ行進を続けるデモ隊の写真を、警察官が被写体の同意なく撮影したことが問題となった事件。本人の同意も裁判官の令状もなく行われた写真撮影の行為は、憲法第13条に反するとして争われた事案。
　最高裁は、本件事案の写真撮影行為を適法とした。憲法第13条は、

国民の私生活上の自由が警察による国家権力の行使に対しても保護されるものであるので、正当な理由なくして、個人の私生活上の自由のひとつとして、何人も承諾なくして、みだりに容貌・姿態を撮影されない自由を有していると述べた。そして、警察官が正当な理由なしに、個人の容貌等を撮影することは、憲法上許されないことであるが、まったく以て自由ではなく、公共の福祉のため必要のある場合には相当の制限を受けるものとした。

　したがって、本件事案の撮影行為も、この自由が無制限に保護されるわけではない事案に該当するとして、憲法第13条違反の主張を斥けた[5]。

　最高裁は「京都府学連事件」（最大判昭和44年12月24日）【判例10】の判決で、プライバシーという語句は使っていませんでしたが、「何人も、その承諾なしに、みだりにその容貌・姿態を撮影されない自由を有する」、「これを肖像権と称するかどうかは別として、少なくとも、警察官が、正当な理由もないのに、個人の容貌等を撮影することは、憲法第13条の趣旨に反し、許されない」としています。この判決で肖像権を、実質上プライバシーに関わる人権として、憲法第13条の具体的権利性を初めて認める判断をしています。もっとも、プライバシー権の具体的内容は明確ではなく、「第三者に開示または公表されない自由」を、憲法第13条が保障していることを認めたに過ぎません。

　また、住民基本台帳ネットワーク（住基ネット）で、氏名・性別・生年月日・住所などの情報が管理されることや利用されることについては、「当該情報は一般的に秘匿性が高い情報とはいえないこと、住基ネットは正当な行政目的以外に利用される恐れがないことなど」を理由に、プライバシー権の侵害には当たらないとされています[6]。

（2）人格権

　人格権とは名誉権とも呼ばれています。名誉とは「人がその人格的価値に対して受けている社会的評価」と定義づけることが出来ますが、この人格権は私法上の権利とされていました。民法は、不法行為としての名誉棄損を定めていますし、刑法でも名誉棄損罪として定めています[7]。今では、最高裁が「北方ジャーナル事件」（最大判昭和61年6月11日）【判例11】で「人格権としての個人の名誉が保護」されるとし、民法の救済に加え、「人格権としての名誉権に基づき、加害者に対し、現に行われている侵害行為を排除し、又は将来に生ずべき侵害を予防するため、侵害行為の差止めを求めることができる」と判示して、憲法第13条の幸福追求権の一部として憲法上の権利として保護されることが認められています。

【判例11】北方ジャーナル事件（最大判昭和61年6月11日民集40巻4号872頁）

　北海道知事選への立候補予定者に関する「ある権力主義者の誘惑」と題した記事で、同人の人格について「嘘と、ハッタリと、カンニングの巧みな少年であった」、「素顔は、昼は人をたぶらかす詐欺師、夜は闇に乗ずる凶賊で、言うならばマムシの道三」とか、私生活でも「クラブのホステスをしていた新しい女を得るために、罪もない妻を卑劣な手段を用いて離別し、自殺せしめた」、「老父と若き母の寵愛をいいことに、異母兄たちを追い払った」などと書かれていた。その予定者は名誉を毀損されているとして、札幌地裁が仮処分により同記事を掲載予定であった月刊誌「北方ジャーナル」の印刷、頒布を禁止したため、㈱北方ジャーナルの代表取締役が仮処分とその申請の違法を主張して、国と立候補予定者らの仮処分申請人に対して名誉棄損表現に対する損害賠償請求をした事案。

　最高裁は、公共的事項に関する表現の自由は、とくに重要な憲法

上の権利として重視されなければならず、したがってその対象が公務員または公職選挙の候補者に対する評価、批判等の表現行為に関するものである場合は、事前差止めは原則として許されないとしつつ、その表現内容が真実でなく、またはそれが専ら公益を図る目的のものではないことが明白であって、且つ被害者が重大にして著しく回復困難な損害を被る恐れがあるときは、例外的に差止めが許されるとした。

（3）その他の権利

　ここでは、自己決定権と環境権について簡単に触れておきます。何れについても、最高裁は憲法上の権利としては認めていません。

　自己決定権とは、個人が一定の私的事項について、公権力の干渉を受けない自律的な決定を保障する権利のことをいいます。昨今では、安楽死や人工妊娠中絶などについて議論がありますし、髪形やハイヒール履きの強制、喫煙の自由、高校生がバイクに乗る自由なども問題となる場合があります。

　また、**環境権**[8]とは、健康で快適な生活を維持する条件として良好な環境形成を享有する権利のことです。自然環境の他、歴史文化遺跡や街並みの保存などの文化的・社会的環境も対象となります。憲法第13条や第25条を根拠に、良好な環境を妨げられない自由を保障する権利として、公権力に対して環境の保全改善を求めていく権利を根拠にしていますが、今のところ、最高裁は環境権についての判断を明らかにはしておらず[9]、権利として認められていません。平成5年に制定された環境基本法も環境の保全を「責務」として捉えており、環境権の概念は理論上のものに留まっているのが現状です[10]。

　私は、環境権は他にも、文化的なものを切り離すことはできないと考えるべきであるし、また、禁煙権など個人の嗜好性が高いものも含まれ

ていることから、裁判上の損害賠償や行為差止め請求には適しておらず、法的性格も曖昧なところもあって、憲法上の権利には馴染まないと考えています。

〈注〉

1 一般法とは当該分野に対して一般的に適用される法律のことであり、特別法がない限りその法律が適用される。「特別法は一般法に優先する」という法格言があり、一般法と特別法とで異なった規律を定めている場合には、当該事項は、一般法の規律が排除されて、特別法の規律が適用されることになる。

2 補充的保障説と呼ばれている。

3 19世紀末に米国の法律雑誌に「プライバシーの権利」と題した論文で発表され、私生活上の問題に対して「ひとりで放っておいてもらう権利」として提唱された。その後ニューヨーク州の法律で規定され、その後は裁判所でも認められる判例理論として確立している。

4 平成15年に「個人情報の保護に関する法律」「行政機関の保有する個人情報の保護に関する法律」が成立した。

5 類似事案に、自動車のスピード違反の状況を自動で記録する装置による写真撮影が争われた事案があったが、最高裁は適法としている（最判昭和61年2月14日刑集40巻1号48頁）。

6 住基ネット訴訟（最判平成20年3月6日民集62巻3号665頁）

7 民法709条・710条・723条。刑法230条。

8 環境的人格権と呼ばれることもある。

9 「大阪空港公害訴訟」（最大判昭和56年12月16日民集35巻10号1369頁）。大阪国際空港（伊丹空港）での航空機の離着陸の騒音・振動・排気ガスによって生活環境等を侵害されたとして、周辺住民が人格権および環境権を根拠に、損害賠償と午後9時以降の航空機の発着を禁止するよう求めて争われた事案。二審の大阪高裁は、個人の生命等および生活に関する利益の総体を人格権として認めたものの、最高裁は、「民事訴訟において、航空機の発着の規制という航空行政権に関する請求を行うことは不適法である」として、請求を却下し、住民が被った過去の被害に対する損害賠償請求のみを認容した。

10 小林幸夫・吉田直正『日本国憲法入門』玉川大学出版部 2013年 138頁参照

第 **9** 講　精神的自由権（Ⅰ）

9-1　思想・良心の自由

(1) 個人の尊重という観点から精神的自由権の保障は、民主主義を支える基礎となるものです。思想および良心の自由、信教の自由、表現の自由および学問の自由などがあります。精神的自由権の中でも、思想および良心の自由は精神の**内面的自由の保障**であり、表現の自由は**外面的自由の保障**であって、其々がその中核をなしています。そして憲法において他にも信教の自由と学問の自由が明文化されています。

　もっとも、世界的に見渡せば思想および良心の自由を憲法典に明文化している国は珍しいのです。それは、思想および良心の自由の保障は、当たり前のことと考えられているからで、表現の自由や、信教の自由を保障すれば、十分なことでありわざわざ明文化することなどは面倒である位に思われているからです。

(2) 思想および良心の自由について説明します。憲法第 19 条は、「思想及び良心の自由はこれを侵してはならない」と定めており、思想および良心の自由の保障を内面的な精神活動の自由の中心的な位置付けとしています。諸外国の憲法では、思想および良心の自由は内心の自由であることから、表現の自由と密接な関係にあり、当該の規定に包含されていれば十分との考え方であって、むしろ思想および良心の自由とは信教の自由のことであると理解する傾向にあります。

　思想および良心の自由は、個人の内心に留まっている限りは法的規制の対象になり得ませんが、敢えて規定化しているのは、戦前に治安維持法[1]などの規制を許してしまったとの反省に立った上で、①公権力を以

て強制することを許さない、②特定の思想および良心を以て不利益を課さない、③沈黙の自由により内心の告白を強制されないとの意思によるものです。もっとも、思想および良心の自由を理由としても納税などの法的義務を拒否することは許されません。

【判例12】君が代ピアノ伴奏拒否事件
（最大判平成19年2月27日民集61巻1号291頁）

　東京都日野市立小学校の音楽教諭のA子先生は、入学式の国歌斉唱の際に、校長からピアノ伴奏を命じられていたが、A子先生はこれに応じられない旨の返事を行い、平成11年4月6日の入学式で、司会者が開式の言葉を述べるのに続いて「国歌斉唱」と言ったが、A子先生はピアノの椅子に座ったままであった。校長は、ピアノ演奏の雰囲気がなかったので数秒後に、予め用意しておいた「君が代」の録音テープで伴奏を行うよう指示し国歌斉唱が行われた。その後、東京都教育委員会は、A子先生を法令等および上司の命令に従う義務および信用失墜行為の禁止を定めた地方公務員法第32条および第33条に違反し、懲戒事由に該当するとして、戒告処分を行った。しかしながら、A子先生は、本件職務命令自体が憲法第19条に違反するとして、処分の取り消しを求めて、平成14年1月に提訴した。一審・二審ともに適法とされて上告審となった。

　最高裁は、「①職務命令は『君が代』が過去の我が国において果たした役割に係る同教諭の歴史観ないし世界観自体を直ちに否定するものとは認められない。」「②入学式の国歌斉唱の際に『君が代』のピアノ伴奏の行為は、音楽専科の教諭にとって通常想定され期待されるものであり、当該教諭が特定の思想を有するということを外部に表明する行為であると評価することは困難であって、前記職務命令は、教諭に対し特定の思想を持つことを要請したり禁止したり

するものではない。」「③前記教諭は、地方公務員として法令等や上司の職務命令に従わなければならない立場にあり、前記職務命令は、小学校教育の目標や入学式の意義、在り方を定めた関係諸規定の趣旨に適うものである」などとして、職務命令がその目的及び内容が不合理でなく、教諭の思想及び良心の自由を侵すものではなく憲法第19条に違反するものではないとして、控訴審判決を支持して上告を棄却した。

なお、A子先生の歴史観とは、「『君が代』が過去の日本のアジア侵略と結び付いており、これを公然と歌ったり、伴奏することはできない。また、子どもに『君が代』がアジア侵略で果たしてきた役割等の正確な歴史的事実を教えず、子どもの思想及び良心の自由を実質的に保証する措置を執らないまま『君が代』を歌わせるという人権侵害に加担することはできない」とするものであった。

因みに、平成11年（1999）8月に国旗国歌法が公布されて、現在では日本国政府が公式に日本国の国旗は「日章旗」（日の丸）であり、国歌は「君が代」であると定めています。

【判例13】国歌起立斉唱服務命令事件
（最大判平成23年5月30日民集65巻4号1780頁）

東京都立高校のB夫教諭は、校長の職務命令に従わず、卒業式における国歌斉唱の際に起立斉唱しなかったため戒告処分を受け、その後に退職後の再雇用を拒否されたため、校長の職務命令が憲法第19条に違反するなどとして再雇用拒否処分の取り消しを求めて提訴した。再雇用拒否事件でもある。

最高裁は、校長の職務命令は、当該者の思想および良心の自由を侵すものではなく憲法第19条に違反しないと判断した。その理由

を次の通りとしている。「①起立斉唱行為は、学校の儀式的行事における慣例上の儀礼的な所作としての性質を有するものであり、日の丸や君が代が戦前の軍国主義等との関係で一定の役割を果たしたとする教諭の歴史観ないし世界観を否定することと不可分に結びつくものではなく、それ自体を否定するものではない。」「②起立斉唱行為は、学校の儀式的行事における慣例上の儀礼的な所作として外部から認識されるものであって、特定の思想またはこれに反する思想の表明であると認識することは困難で、特定の思想の強制やこれに反する思想を持つことの禁止でもなく、特定の思想の有無について告白することを強要するものでもない」との趣旨を述べ、これらから、「校長の職務命令は、高等学校の目標や卒業式等の儀式的行事の意義、在り方等を定めた関係法令等の諸規定の趣旨に沿い、且つ、地方公務員の地位の性質およびその職務の公共性を踏まえた上で、生徒等への配慮を含め、教育上の行事に相応しい秩序の確保と共に当該式典の円滑な進行を図るものである」と判示し憲法違反ではないとした。

　このような、公立学校で国歌起立斉唱服務命令に係るほぼ同様の措置に対する訴訟が、平成23年（2011）5月から6月に集中的に、東京都、神奈川県、広島県や北九州市で起こされています。しかし、このうち8件の事案に関して、最高裁は次々と判決や高裁差戻の判断を下して全てを合憲と判断しました。もっとも、その判断基準はやや曖昧との意見も出ていました。

　そのような中で、「東京都養護学校等教員停職処分取消請求事件」（最判平成24年1月16日裁集民事240号111頁）[2]では、曖昧といわれていた処分基準を初めて明確にして、且つ厳罰傾向に一定の歯止めを掛けています。

最高裁は、「職務命令違反に対し、学校の規律や秩序保持の見地から重過ぎない範囲で懲戒処分をすることは裁量権の範囲内」との初判断を示しました。1度の不起立行為であっても戒告処分は妥当としながらも、一方では、不起立を繰り返して処分が重くなる点は「給与など直接の不利益が及ぶ減給や停職には、過去の処分歴や態度から慎重な考慮が必要」と判断して、二審判決を破棄して教職員の逆転敗訴としながらも、停職となった教職員の処分は重すぎるとして処分を取り消しました。このように、戒告は適法だが停職、減給の処分は慎重にすべきとしました。

9-2　信教の自由

(1) 信教の自由には、「①内心における信仰の自由として、特定の宗教を信じる自由、全ての宗教を信じない自由、信仰を告白する又は告白しない自由。②宗教的行為の自由として、宗教上の様々な儀式や行事を行ったり、参加したり、逆に参加しない自由。③宗教結社の自由として、宗教団体を結成したり、或いは宗教団体に加入したり加入しない自由。」があります。

信仰の自由は心のうちのことなので問題が生じることはありませんが、宗教的行為の自由や宗教結社の自由については、公共の福祉に反する場合には制限を受けることになります。例えば、宗教結社の自由については、世間を騒がせたオウム真理教が、宗教結社の自由とはいえ、地下鉄サリン事件や弁護士家族襲撃事件などを引き起こしたことから破壊活動防止法[3]やその他の法令の適用による圧力によって解散に追い込まれました。最高裁も、「法令に違反して著しく公共の福祉を害すると認められ、宗教団体の目的を著しく逸脱した。よって、本件解散命令は、オウム真理教やその信者らの精神的・宗教的側面に及ぼす影響を考慮しても、必

要でやむを得ない法的規制である」[4]として、行政の行った宗教法人（オウム真理教）の解散命令を適法としています。

(2) 信教の自由の限界を示したものには、「加持祈祷事件」（最大判昭和38年5月15日刑集17巻4号302頁）があります。病気の平癒を祈願するための加持祈祷により少女が心臓麻痺で死亡し、僧侶が傷害致死罪に問われたものです。最高裁は、「本件行為は、宗教的行為だとしても、他人の生命、身体等に危害を及ぼす違法な有形力の行使」に該当し、「著しく反社会的なもの」であり、信教の自由として保障される限界を逸脱したものとしています。

9-3 政教分離と靖國神社

(1) 政教分離とは、国家が宗教[5]に対して中立性を保ち、宗教との関わりを持たないことを意味しています。しかしながら、日本古来の伝統風習が国民生活の土台として国家の態様にも根づいていることから、国家と宗教の間も現実的に切り離すことは難しく非現実的です。国家は宗教にどの程度の関わり合いが認められるかで、厳格分離すべきとする完全分離説と、「国家と宗教の関わり合いが認められる場合もある」との限定分離説とに学説も分かれています。なお、最高裁は、限定分離説の立場をとっています。

(2) 私は京都市内にある、私立東山高校の卒業生ですが、この学校は創立150年を超える京都市や滋賀県などでは有名な浄土宗の学校です。授業で「宗教」という科目があったのですが、浄土宗の教義を教えるというよりは仏教全般を学ぶ科目でした。また、特定の日が「聖日」とされていて、その日は全校生徒が大講堂に集まって、浄土宗の開祖法然上人の教えを偲び学びながら音楽法要が行われていました。これらの活動

は今も当然のことですが行われています。これは特定の宗教教育や宗教活動になるのですが、勝手にやっている訳ではなく、教育基本法の定めるところに従って行われているのです。

　憲法第20条3項の「国及びその機関は、宗教教育その他いかなる宗教的活動もしてはならない」としており、この宗教教育とは特定の宗教的な教育を意味しています。そして教育基本法[6]においては、「宗教の一般的な教養や宗教の社会での地位は教育上尊重する」としつつ、他方では、「（私立学校を除く）公立学校については、特定の宗教のための宗教教育や宗教的活動を禁じ」ており、この条項を違憲とする声も殆ど聞くことはありません。そして逆説的には、私立学校においては特定の宗教教育を行うことが可能ということです。国立や地方公共団体が設置する公立学校は、国家の一部機関が設置しているのですから、国家が宗教に関わるということで禁じ手となる訳ですが、私の卒業した高校は私立でしたので先述のような宗教教育や宗教活動の教育カリキュラムを編成することができたのです。したがって私立学校では、思想および良心の自由や信教の自由などによる憲法上の保護を受けて、浄土宗、浄土真宗やキリスト教などの教えを建学の精神に掲げて宗教教育を行うカリキュラムを組んでいる学校が全国に沢山あるということです。

(3) 憲法第20条の中でも3項はその解釈をめぐって訴訟となることが多く、とりわけ「宗教的活動」についてはより多くの問題を含んでいます。宗教的活動とは宗教に係る一切の行為とする説があり、一方では、宗教の布教等の積極的行為を指しており宗教上の儀式等は含まれないと限定的に理解しようとする説もあります。現在の有力説は、目的効果基準を以て判断していくという考え方で、学説の範囲内だけに収まるものではなく、最高裁もこの見解を採っています。**目的効果基準**とは、「国が宗教に関わった場合、その行為の目的および効果に照らして判断する」という、一定の基準を以ていわばケースバイケースで判断していくとい

うことです。その判断は次の二つの基準によって行われます。

①当該行為の目的が宗教的意義を持つかどうか。
②当該行為の効果が、宗教に対する援助、助長または圧迫、干渉等
　になるような行為かどうか。

　もっとも、目的効果基準を用いたとしても、最高裁の判断は、結果的
に事案を厳しく見ていく場合と甘く見ていく場合が併存しています。皇
學館大學の富永先生は、「現実の問題として、国家と宗教を完全に分離
することは不可能であると考えられる。文化財である宗教施設等への国
の補助などを見れば、我が国の政教分離原則は限定分離であると解する
のが妥当であろう」[7]との見解を示されています。他にも、宗教系私立学
校への助成や刑務所の教誨活動などもこれらに該当しています。
(4) 政教分離の原則は裁判でも争われてきました。昭和時代の「津地鎮
祭訴訟」（最大判昭和 52 年 7 月 13 日）**【判例 14】**、「殉職自衛官合祀訴
訟」（最大判昭和 63 年 6 月 1 日）をはじめ、平成時代に入ってからの
「箕面忠魂碑訴訟」（最大判平成 5 年 2 月 16 日）、「愛媛玉串料訴訟」（最
大判平成 9 年 4 月 2 日）**【判例 15】**など沢山あります。最高裁は、津地
鎮祭訴訟の判決以降、限定分離説に立った合憲判決を下していますが、
愛媛玉串料訴訟のように、厳格適用により違憲と判断した場合もありま
す。これは、津地鎮祭訴訟と同じ基準を用いながらも、真逆の判断をし
ています。当然、宗教の行為、意義が異なるからです。「玉串料等の奉
納の目的の程度が一般人による社会的儀礼とは考え難く、宗教的意義を
意識している」と判断し、目的効果基準によっても、その程度、効果、
影響によって特定の宗教との関わり合いが異なってくるとの判断です。
　他にも、「空知太神社事件」（最大判平成 22 年 1 月 20 日民集 64 巻 1
号 1 頁）では、北海道砂川市が市の敷地を神社に無償で提供しているこ

とが違法だとして訴訟となりましたが、最高裁は、「氏子集団が神社を利用した宗教的活動を行うことを容易にしている」とした上で、「一般人の目から見ても市が特定の宗教に対して特別の便益を提供し、これを援助していると評価されてもやむを得ない」との理由を示して、違憲と判断しています。

【判例 14】津地鎮祭訴訟 （最大判昭和 52 年 7 月 13 日民集 31 巻 4 号 533 頁）

　三重県津市の市立体育館建設の際の地鎮祭が、憲法第 20 条の政教分離原則に反するとして提訴された行政訴訟。昭和 40 年 1 月に建設現場で、市の職員が式典の進行係となり、大市神社の宮司ら 4 名の神職主宰のもとに神式に則って地鎮祭を行ったことに、津市長が大市神社に対して挙式費用として公金 7,663 円の支出を行った。これに対し、津市議会議員が、地方自治法第 242 条の 2（住民訴訟）に基づき、損害補填を求めて提訴した。

　憲法第 20 条の解釈原理となる政教分離原則は、国家の宗教的な中立が求められるところであるが、国家が宗教との関係をまったく持つことを許さないとするものではなく、その関わり合う行為の目的及び効果が政教分離の原則に照らして相当とされる限度を超える場合に許さないとするものである。その上で、「憲法第 20 条 3 項が禁止する宗教的行為とは、国等の活動で宗教との関わり合いを持つ全ての行為を指すものではなく、その度合いが相当限度を超えるものに限られるというべきで、当該行為の目的が宗教的意義を持ち、その効果が宗教に対する援助、助長、促進又は圧迫、干渉等になるような行為であると解すべきである。」とした。

　そして「本件起工式は、宗教と関わり合いを持つものであることは否定し得ないが、その目的は建築着工に際し土地の平安堅固、工事の無事安全を願い、社会の一般的慣習に従った儀礼を行うという

専ら世俗的なものであると認められ、その効果は神道を援助、助長、促進し又は他の宗教に圧迫、干渉を加えるものとは認められない。よって、憲法が禁止する宗教的活動には当たらないと解するのが相当である」と判示し、二審判決の津市長敗訴部分を破棄し、原告の請求を棄却した。ここでは、いわゆる目的効果基準という判断基準を採用している。

【判例15】愛媛玉串料訴訟（最大判平成9年4月2日民集51巻4号1673頁）

　愛媛県知事は、宗教法人靖國神社が挙行した愛媛県護國神社の春季・秋季の例大祭に際して、奉納する玉串料等（22回合計16万6,000円）を県の公金から支出した。これに対して住民が、この支出は憲法第20条3項や第89条に違反するとして争った住民訴訟。1審は違憲、2審では合憲。

　最高裁は、これまでと同様に目的効果基準を判断の基礎としたが、「県が本件玉串料等を靖國神社又は護國神社に奉納したことは、その目的が宗教的意義を持つことは免れず、その効果が特定の宗教に対する援助、助長等になると認めるべきとし、これにより県と靖國神社等との関わり合いが我が国の社会的・文化的諸条件に照らし相当とされる限度を超えるものであるとして、憲法第20条3項で禁止する宗教的活動であると解するのが相当」と判示して違憲とした。

(5) 靖國神社は、明治維新の前後から、西南戦争[8]、日清戦争、日露戦争などの様々な戦争や事変で命を落とされた方々を英霊として祀っています。明治憲法の下では、国家管理の下にありました。しかし大東亜戦争の終結後は、GHQの神道指令によって国家神道の体制は廃止されてしまい、靖國神社は宗教法人の一つになってしまいました。

国のために命を捧げた方々が眠る靖國神社に、時の政府の高官が参拝に訪れることは、公人とはいえ純粋な気持ちでの儀礼的、習俗的な行為としての参拝だと思います。にもかかわらず、現役の内閣総理大臣や国務大臣らが靖國神社に公式参拝することを問題視して提訴までする人もいるようですが、裁判所は、原告に訴える利益や権利の侵害の実損がないとして、原告の訴えをことごとく斥けており、内閣総理大臣の靖國神社参拝が憲法に違反するかどうかについても一切関知していません。このように、国を相手取って提訴するにしても、裁判所は提訴する者の自己の権利の侵害または利益の逸失がなければ受け付けてくれないのです。むしろこれらの参拝を非難するような人達は、内閣総理大臣らが公式訪問をしようとする際に、大韓民国などがこれらの訪問自体を行うべきでないなどとして強く非難する声明を出すこと自体を、内政干渉として逆非難した方が良いのではないでしょうか。

　因みに、昭和天皇は、靖國神社のご参拝を昭和50年8月まで続けてこられましたが、その後は、国会で日本社会党の議員が昭和天皇のご参拝、三木首相の参拝などについて質問をして、内閣法制局長官が、憲法第4条の国事・国政に関する機能に関連して「天皇の行動があらゆる行動を通じて国政に影響を及ぼすことがあってはならない」[9]と有権解釈して発言し、これが政府見解となっています。その後、それが要因[10]ではないようですが、昭和天皇のご参拝は行われなくなりました。大東亜戦争をはじめ日露戦争や日清戦争などで国のために命を懸けて戦った英霊の方たちはさぞや悲しんでおられると思うのは私だけではないはずです。

【判例16】小泉首相靖國神社参拝訴訟
（最判平成18年6月23日判時1940号122頁）

　平成13年8月13日に、当時の小泉純一郎首相が公用車で靖国神社を訪れて、「内閣総理大臣小泉純一郎」と記帳して、私費にて献

花代3万円を納めて参拝した。このことについて、「戦死した家族が靖國神社に祭神として祀られていた訳ではない」という自身の信条を害され、精神的苦痛を受けたとする複数人が原告となり、国を相手に国家賠償を求めて訴えた事案。

　最高裁は、「人が神社に参拝する行為自体は、他人の信仰生活等に対して圧迫、干渉を加えるような性質のものではないから、他人が特定の神社に参拝することによって、自己の信条ないし宗教上の感情が害されたとし、不快の念を抱いたとしても、これを被侵害利益として、直ちに損害賠償を求めることはできない。……本件参拝によって原告らに損害賠償の対象となり得るような法的利益の侵害があったとはいえない」と判示し、原告の訴えを斥け、首相の靖國神社参拝の憲法判断は行わなかった。

〈注〉

1 治安維持法は、思想運動の取り締まり、大衆運動の弾圧の根拠とされた法律。結社や大衆運動を禁止しており違反者には懲役 10 年以下を科した。その後、昭和 3 年には、田中義一内閣が緊急勅令で法改正を行い、「國体変革」の罪を設けて死刑の適用を可能とした。昭和 16 年には予防拘禁制の導入などの改正があり、当初 7 条だった条文も 65 条に膨れ上がった。

2 本事案は、東京都の市立中学校又は都立養護学校の教員が，各所属校の卒業式又は記念式典において国歌斉唱の際に国旗に向かって起立して斉唱することを命ずる旨の各校長の職務命令に従わず起立しなかった。これについて、東京都教育委員会から其々の教員を停職処分とした。しかし当該職務命令は違憲、違法であるとして、各処分の取消しおよび国家賠償法 1 条 1 項に基づく損害賠償を求めたもの。最高裁第 1 小法廷が判決している。

3 破壊活動防止法は、昭和 27 年 7 月に暴力主義的破壊活動を行った団体への規制措置と当該活動に対しての刑罰を定めている。公安調査庁が管掌。初めて適用されたのは昭和 36 年の三無事件。平成 7 年のオウム真理教が起こした地下鉄サリン事件など一連のテロ事件では同団体の解散を視野に同法処罰規定の適用を検討すべく、公安調査庁が処分請求を行ったが、公安審査委員会は今後の危険性という基準を満たさないと判断し適用を見送った。やむを得ず政府は新たな治安立法の「無差別大量殺人行為を行った団体の規制に関する法律」（通称はオウム新法）を制定して、オウム真理教を事実上の解散に追い込んだ。オウム新法の適用で観察処分を受けた団体（期間は最長 3 年更新可）は、処分時および処分後 3 カ月ごとに役職員、活動に供する土地建物、活動状況等につき公安調査庁長官に報告義務がある。また、公安調査官が施設内等への立入検査もできる。

4 オウム真理教解散命令事件（最決平成 8 年 1 月 30 日 民集 50 巻 1 号 199 頁）

5 宗教の法的定義は、津地鎮祭訴訟事件における名古屋高裁（昭和 46 年 5 月 14 日）において「超自然的、超人間的本質の存在を確信し、畏敬崇拝する信情と行為」と示されたが、これが最も適切に当てはまるものと考えている。

6 教育基本法 15 条 1 項「宗教に関する寛容の態度、宗教に関する一般的な教養及び宗教の社会生活における地位は、教育上尊重されなければならない。」2 項「国及び地方公共団体が設置する学校は、特定の宗教のための宗教教育その他宗教的活動をしてはならない。」

7 富永健・岸本正司『教養憲法 11 章』嵯峨野書院　2014 年　57 頁参照

8 西南の役ともいう。明治 10 年に起こった最後の内戦。西郷隆盛を盟主として、現在の熊本県・宮崎県・大分県・鹿児島県において起こった士族の反乱。

9 吉岡一郎内閣法制局長官の発言。昭和 50 年 11 月 20 日参議院内閣委員会での答弁議事録より。

10 連合国軍から見たいわゆるＡ級戦犯と呼ばれる人達が靖國神社に合祀されたからという理由が有力説。なお、Ａ級戦犯とは、勝者の連合軍側からの呼び方であって、我が国においては国家のために尽くした功労者である。

第**10**講　精神的自由権（Ⅱ）

10-1　表現の自由の意義

（1）表現の自由とは、内心における事実認識、思想、意見や芸術的直観などの心の内を外部に公表し、表明する自由を保障することで、**公権力**はその自由を規制してはならないということです。表現の自由は、民主主義にとっての不可欠な基本的人権であり、人権のいわば大黒柱的な存在です。表現の自由に係る表現活動とは、言論、出版、新聞報道は勿論のこと、絵画、彫刻、陶芸、写真、音楽、演劇などの直接的な表現、そしてこれらについて放送することなどや、近時のインターネット利用も含まれます。

　表現の自由には二つの重要な価値があります。自己実現の価値と自己統治の価値です。

　①**自己実現の価値**とは、個人が自己の思想や芸術的着想などの表現活動を外部に発表することで、他者と認識や感動等を共有することにより、自己の人格を形成し発展させることができることに価値を見出すということです。そして、②**自己統治の価値**とは、言論等の表現活動を通じて、国民が国の政治の在り方に影響力を行使し、または参加することで、民主主義を実現することの価値観を保っていくことです。国民は、表現の自由が保障されていてこそ、政府の批判や政権交代を可能とすることができるのです。このような価値の面からも、人権の大黒柱的な「表現の自由」をはじめ精神的活動の自由には、経済的活動の自由よりも優越的地位が認められており、それ故に制限する立法の憲法適合性の判断に際しては、より厳格な審査基準に基づき審査していくという**二重の基準論**

の考え方を適用していくことになります。

（2）このように**精神的活動の自由**は、経済的活動の自由に比べて優越的な地位を占めています。したがって、基本的人権の中でもとりわけ重要な権利とされている、表現の自由を規制する立法に関しては、次のような**違憲審査基準**が適用されます。

　先ずは、①**事前抑制の禁止**として、憲法第 21 条 2 項の検閲の禁止があります。②**明確性の原則**については、表現活動を規制する法律はその内容が一般的な通常の理解で事足りるように明確・明解でなければならないとする原則です。法律の文言が漠然としていて恣意的な規制を許すのでは、国民が委縮してしまうので、憲法第 21 条に違反して無効となります。そして、③**必要最小限の制限**として、表現活動を規制する法律で立法目的を達成する手段が複数存在する場合、より制限的でない他の選び得る手段がある場合には、表現の自由を制限する法律の内容は必要最小限とされることから、当該法律が憲法違反となります[1]。

10-2　表現の自由の限界

（1）表現の自由が民主主義の基底をなす重要な人権であっても、無制限に認められている訳でないのは、軽重の違いは兎も角としても他の人権と同様なことです。名誉毀損やわいせつな表現などで問題となることがありますが、本書では、**名誉毀損**といわゆる**ヘイトスピーチ**について説明します。

　憲法第 21 条 1 項の表現の自由の保障には、他人の名誉を傷つけるような表現まで認めてはいません。名誉毀損の「名誉」とは、法的保護を受け得る外部的名誉[2]のことで、「特定の人に対して社会が認める評判や世評などの評価」のことであって、世間が認める価値に該当することを

いいます。したがって、名誉感情と呼ばれる、本人の自己に対して有している価値意識や感情による、いわゆる自己評価は対象にはなりません。

　法的な名誉とは、第8講の包括的基本権のところでも述べましたが、憲法第13条の幸福追求権の一部として憲法上の「名誉権」（人格権）として保護されており、刑事では刑法の名誉棄損罪（刑法230条）の犯罪となり、民事でも名誉毀損として不法行為[3]が成立して損害賠償の責任が問われることになります。

　しかしながら、公共の福祉の観点から表現の自由（名誉権の保護）が制限されることもあります。刑法230条の2は、名誉毀損行為を「公共の利害に関する事実に関わり、その目的が専ら公益を図ることにあったと認められる場合であって、真実であることの証明があったときは、処罰しない」と名誉棄損罪の成立を限定する定めをしていますが、これは正にこのことです。

(2) 近年ヘイトスピーチが問題になっています。ヘイトスピーチは、人々に不安感や嫌悪感を与えるだけでなく、個人の尊厳を侵害し、差別意識を助長させかねません。ヘイトスピーチとは、邦訳では、憎悪表現や差別扇動などと訳されています。定義については様々な意見があり特定が困難ですが、内閣府の「人権擁護に関する世論調査」[4]によると、「特定の国の出身者であること又はその子孫であることのみを理由に、日本社会から追い出そうとしたり危害を加えようとしたりするなどの一方的な内容の言動」としています。

　表現の自由が保障されているからといって，ヘイトスピーチが許される訳がありません。表現の自由を保障している憲法第13条には「すべて国民は，個人として尊重される」として個人の尊重を確り定めています。このようなことからも、個人の尊重あっての表現の自由なのです。民族や国籍の異なる属性を以て排斥するような言動、扇動があるような社会であってはなりません。

社会問題化したのを機に、**ヘイトスピーチ解消法**[5] が成立し、平成 28 年（2016）6 月から施行されています。この法律では、「本邦外出身者に対する不当な差別的言動は許されない」と宣言しており、国や地方自治体の相談体制の整備・教育の充実・啓発活動などの規定もあります。なお、法案成立時の衆参両議院附帯決議で、「本邦外出身者に対するものであるか否かを問わず、国籍、人種、民族等を理由として，差別意識を助長し又は誘発する目的で行われる排他的言動はあってはならない」としています。ただ、法律本文に定められている訳ではありません。

10-3 公務員の政治活動の制限

（1）公務員は、国民全体の奉仕者であることから政治的中立性が求められています。したがって公務員については、**政治活動の自由**と**労働基本権**が制限されています。なお、労働基本権の制限は第 12 講で詳述します。

　政治活動の自由の制限について。公務員には、中立性を確保するためには合理的でやむを得ない限度においては、その政治活動を制限することが許されるとされています。これには、「政党政治の下では、行政の中立性が保たれることによって公務員関係の自律性が確保され、行政の継続性・安定性が維持されると考えられる」[6] からです。政治活動の自由の制限は最小限に留めるべきだとの見解も有力ですが、最高裁は「猿払事件」（最大判昭和 49 年 11 月 6 日）【**判例 17**】で、政治活動を一律に禁止する国家公務員法の規定を合憲と判断しています。このようなことに照らして思いを馳せていると、とりわけ国家公務員が、内閣の決定した政治方針に反する活動を行うようでは、国家のベクトルが整わず国民は困るわけです。当然のことと思いますが、公務員の方には、自己の政

治的思想は抑制してもらい、政治的に中立の立場で国民に尽くしてもらいたいものです。

【判例 17】猿払事件 (最大判昭和49年11月6日刑集28巻9号393頁)

　北海道宗谷郡猿払村の郵政事務官が、衆議院選挙に際して、日本社会党を支持する目的で同党公認候補者の選挙ポスターを掲示板に掲示し、また他者に掲示を依頼し配布した。この行為が国家公務員法第102条他に違反するとして起訴された。一審および二審は、本件に対する刑事罰の適用に関しては適用違憲との判断を示して無罪としたが、上告審となった。

　最高裁は、行政の中立性が確保され、国民との信頼が維持されることは、憲法の要請であり、国民全体の重要な利益に他ならない。したがって、公務員の政治的中立性を損なう恐れのあるような政治的行為を禁止することは、それが合理的やむを得ない限度に留まるものである限り、憲法上許される。国家公務員法等の公務員の政治的行為の禁止の目的は正当であり、禁止の目的と禁止される行為との間には合理的関連性がある。そして、禁止により得られる利益と失われる利益とを考量すると、禁止により得られる国民全体の共同利益の重要性に比べ、失われる利益は単に行動の禁止に伴う限度での間接的、付随的な制約に過ぎない。したがって、罰則規定の要否および法定刑についての立法機関の決定がその裁量を著しく逸脱しているものとはいえない。以上により、国家公務員による公務員の政治活動の制限は、合理的で必要やむを得ない程度に留まるもので、憲法第21条および第31条に違反しないと判示した。

　なお、上記の「猿払事件」では、最高裁は公務員の政治活動を一律に禁止している国家公務員法の規定を合憲としましたが、平成に入ってか

ら新傾向の最高裁判決がありました。

　これは、平成 17 年の衆議院選挙（いわゆる「郵政選挙」）に際して、厚生労働省課長補佐の職員と、当時の社会保険庁職員が、休日に共産党機関紙を配布した事件に関するものです。この二つは全く別々の事件であって、前者を「厚生労働省職員国家公務員法違反事件」（最判平成 24 年 12 月 7 日）、後者を「社会保険庁職員国家公務員法違反事件」（最判平成 24 年 12 月 7 日）[7] と呼んでいますが、判決は同じ日に最高裁第二小法廷でされました。

　最高裁は、前者の被告は課長補佐であったことから「管理職的地位」にあるとして、一審および二審の罰金 10 万円の有罪判決を維持しましたが、後者は管理職的地位にはなく、職務内容や権限に裁量の余地がない公務員によって、職務と無関係に行われた行為であることから罰則は適用できないとして無罪としました。これらは最高裁大法廷の判例変更の判断でもなく、「猿払事件」の考え方についても踏襲してはいますが、最高裁自らが一律規制に対して一石を投じた判断として注目できます。

(2)「厚生労働省職員国家公務員法違反事件」（最判平成 24 年 12 月 7 日）【判例 18】についてもう少し詳しく説明します。

　この事件では、厚生労働省課長補佐の被告が、平成 17 年の衆議院選挙の投票日の前日に、東京都世田谷区の警視庁職員官舎において、共産党の「しんぶん赤旗」の号外 32 枚を集合ポストに投函して、住居侵入の現行犯で逮捕され、後日に国家公務員法違反（政治的行為の制限）で追送検されました。なお、住居侵入罪については後に不起訴処分となっています。

　一審の東京地裁は「公務員の中立性に抵触する行為で、強い違法性を有している」として罰金刑となり、二審の東京高裁でも原判決が支持されています。何れの判決でも猿払事件の最高裁判例について、本事案と全ての見解を同じくし、社会情勢の変化を踏まえても、改めるべき点は

ないと言及して、踏襲しています。上告審の最高裁第二小法廷は、原判決を支持して被告人の上告を棄却しています。

【判例18】厚生労働省職員国家公務員法違反事件
（最判平成24年12月7日刑集66巻12号1722頁）

　厚生労働省事務官であったA課長補佐は、勤務時間外である休日に、自らが支持する政党の機関紙を世田谷区内の警視庁職員住宅に投函して配布した。これが国家公務員法に違反するとして起訴された。一審判決（東京地判平成20年9月19日）、二審判決（東京高判平成22年5月13日）のいずれもA課長補佐を有罪（罰金刑）とした。最高裁第二小法廷もA課長補佐の上告を棄却した。

　最高裁は、「国家公務員法第102条第1項にいう「政治的行為」とは「公務員の職務の遂行の政治的中立性を損なうおそれが、観念的なものにとどまらず、現実的に起こり得るものとして実質的に認められるものを指し、同項はそのような行為の類型の具体的な定めを人事院規則に委任したものと解するのが相当である。そして、その委任に基づいて定められた本規則も、このような同項の委任の範囲内において、公務員の職務の遂行の政治的中立性を損なうおそれが実質的に認められる行為の類型を規定したものと解すべきである。同項が懲戒処分の対象と刑罰の対象とで殊更に区別することなく規制の対象となる政治的行為の定めを人事院規則に委任しているからといって、憲法上禁止される白紙委任に当たらないことは明らかである」と判示した。

10-4 検閲の禁止

　検閲とは、公権力が外部に発表されようとしている思想などについての内容を予め審査し、不適当と判断した場合にはその発表を禁じる、事前抑制を意味します。憲法第21条2項で「検閲は、これをしてはならない」として禁じています。したがって、出版物の事前審査および発行禁止などはできない相談ということになります。

(1) 税関検査の事前チェックが検閲か否かについて、写真集等の輸入を巡って争われたことがありますが、最高裁は「検閲とは、行政権が主体となって、対象とされる表現物につき網羅的一般的に発表前にその内容を審査した上、不適当と認めるものの発表を禁止することを、その特質として備えるもの」と定義した上で、本件については、「輸入が禁止される表現物は、既に国外において発表済みであること、事前に発表そのものを一切禁止するものではないこと」を理由に、税関検査は検閲には当たらないと判示しています[8]。

(2) 学校教育法は、文部科学大臣が実施する検定に合格した教科用図書（検定教科書）[9] だけを教科書に使用できると定めていますが、この教科書検定[10] が検閲に当たるかが問われたことがあります。教科書検定は憲法違反だとする、東京教育大学の教授であった家永三郎氏[11] を原告とする32年間の長きに亘った訴訟[12] です。

　家永教科書検定訴訟と呼ばれており第1次訴訟から第3次訴訟まであります。そのうちの第1次訴訟において最高裁判決は、「(本件検定は)一般としての発行を何ら妨げるものではなく、発売禁止目的や発売前の審査などの特質がないから、検閲には当たらない」として、教科書検定は検閲ではないと判示し、「本件検定による表現の自由の制限は、合理的で必要やむを得ない程度のもの」として合憲としました[13]。

　家永教科書検定訴訟の概略を時系列的に辿ってみます。

第1次訴訟は、家永氏らの著書『新日本史』が昭和37年の教科書検定で戦争を暗く表現し過ぎるなどの理由で不合格となり、同措置によって精神的損害を被ったとして、東京地裁に昭和40年6月提訴された国家賠償請求訴訟。東京地裁は家永氏の請求を一部認容しましたが、東京高裁は国の主張を全面的に採用し裁量権濫用もないとして、家永氏は全面敗訴。平成5年3月16日に最高裁第三小法廷も上告を棄却して家永氏は全面敗訴となりました。

　第2次訴訟は、昭和41年にも著書『新日本史』が検定不合格となったことからその処分取消を求めた行政訴訟。東京地裁に昭和42年6月提訴。東京地裁は処分取消請求を認容して、家永氏の主張がほぼ認められて勝訴。東京高裁でも「検定判断が行政としての一貫性を欠くという理由」で国の控訴が棄却され、家永氏の勝訴。昭和57年4月8日に最高裁は、処分当時の学習指導要領が既に改訂されていたので家永氏に訴えの利益の有無の問題で差戻し判決。平成元年6月の差戻し審で東京高裁は、学習指導要領の改訂で原告は処分取消を請求する利益を失ったとして、第一審判決を破棄、訴えを却下しました。

　第3次訴訟は、昭和57年の教科書検定を不服とする国家賠償請求訴訟で昭和59年に東京地裁に提訴。東京地裁は検定制度自体は合憲としつつ、検定での裁量権の逸脱を一部認めて国側に10万円の賠償を命令。東京高裁でも、検定制度自体は合憲としながらも検定での裁量権逸脱を一部認めて国側に30万円の賠償を命令しました。平成9年8月29日に最高裁第三小法廷は、検定制度自体は合憲としながらも検定における裁量権逸脱を7件中4件に認めて国側に40万円の賠償を命令しています。

10-5　集会・結社の自由

　集会とは、特定または不特定多数の者が、共同目的を以て一定の場所に集まることで、結社とは、共同目的のために特定多数の者が作る団体のことです。これらに共通する自由とは、集団としての表現行為の自由のことです。集会・結社は、時の政権の批判をすることを目的に行われることが多いことから、時の権力者から度々抑圧を受けることがあり、我が国においても、戦前の治安維持法を根拠法とした言論封殺と並行して、集会・結社の自由が奪われていた頃もありました。民主主義の健全な発展のためにも、国民がマナーの守られている集会を通じて様々な意見に接して情報などを得て、自己の思想を形成し人格を発展させていくことは、民主主義社会における重要な基本的人権のひとつといえますし、そこは交流の場としても機能していくことになります。

　集会には、集団示威行動も含まれ、道路や公園、市民会館などの公共施設などが使用されることから、勢いで公共の秩序を乱してしまうことや、国民の権利を害することもあるので、許可制がとられるなどの一定の規制が掛けられることが認められています。公共の施設の管理に関する最高裁の判断（「皇居外苑事件」）[14] では、管理者の適切な管理権の行使のためにその使用を許可しないとしても、違憲とはならないとしています。「泉佐野市民会館事件」（最判平成 7 年 3 月 7 日）【判例 19】では、集会用の施設の制限については、人の生命・身体などが侵害され、公共の安全が損なわれる危険を回避・防止する必要性が優越する場合に限定されるべきだとしました。つまり単に問題が起こりそうだとの認識程度で公共施設を使用させないとするような場合には、集会の自由を侵すことになると示唆しているのです。類似の裁判には「上尾市福祉会館事件」（最判平成 8 年 3 月 15 日）【判例 20】があります。また最高裁は、「成田新法事件」（最大判平成 4 年 7 月 1 日）【判例 21】の判決では、集会の自

由を民主主義社会において重要で意義あるものとの認識を示しました。

【判例 19】泉佐野市民会館事件（最判平成7年3月7日民集49巻3号687頁）

　関西国際空港建設に反対する中核派系の組織の影響を受けた団体が、泉佐野市民会館で空港反対の集会を開催しようとしたところ、泉佐野市長が会館使用申請に対し不許可とした。当該団体は、会館使用不許可処分の取消しと国家賠償法に基づく損害賠償を請求した。

　最高裁は、「本件不許可処分は合憲適法である」として原告の請求を棄却した。「本件は、集会の自由と会館利用の使用の関係を判示するとともに、一定の条件のもとで、差し迫った危険がある場合が具体的に予想できる場合に、集会の使用不許可をすることができると判示したものである。たとえ主催者が集会を平穏に行おうとしていると主張しても、その集会の目的や主催者の思想、信条に反対する他のグループ等がこれを実力で阻止し、妨害しようとして紛争を起こすおそれがあることを理由に公の施設の利用を拒むことは憲法21条の趣旨には反しない」と判示した。

【判例 20】上尾市福祉会館事件（最判平成8年3月15日民集50巻3号549頁）

　JR関係の労働者で組織する労働組合が、何者かによって殺害された当該労組の総務部長を追悼する合同葬のため、上尾市の設置する公の施設である上尾市福祉会館の使用許可を申請した。ところが、館長は「内ゲバ殺人の可能性があるとの報道などに鑑みて、反対セクトの妨害の恐れ」があり、条例で定められている「会館の管理上支障があると認められるとき」に該当するとして、これを不許可とした。労働組合は、この不許可処分は違憲、違法なものであるとして、国家賠償法に基づく損害賠償請求訴訟を提起した。

最高裁は、「（地方自治法に基づき）地方公共団体の公の施設として、本件会館のような集会所の用に供する施設が設けられている場合、住民等は、その施設の設置目的に反しない限りその利用を原則的に認められることになるので、管理者が正当な理由もないのにその利用を拒否するときは、憲法の保障する集会の自由の不当な制限につながる恐れがある。したがって、集会の用に供される公の施設の管理者は、当該公の施設の種類に応じ、また、その規模、構造、設備等を勘案し、公の施設としての使命を十分達成せしめるよう適正にその管理権を行使すべきである。」「公の施設の利用を拒むことができるのは、前示のような公の施設の利用関係の性質に照らせば、警察の警備等によってもなお混乱を防止することができないなど特別な事情がある場合に限られるものというべきである」として、本件不許可処分はこうした特別の事情があったとはいえないので違法であるとした。そして、当該規制の合憲性の判断は、厳格に行わなければならないとしている。

【判例21】成田新法事件（最大判平成4年7月1日民集46巻5号437頁）

　新東京国際空港（現成田国際空港）の建設に反対する活動を行ってきた団体が使用してきた活動拠点に対して、政府がそれらに制限を加える法令（いわゆる成田新法）を適用して工作物使用禁止命令を出したことについてその取り消しと損害賠償を求めた事件。

　最高裁は、憲法第31条の法定手続の保障は直接には刑事手続のものだが、行政手続についても別のものとして判断してはならないとした上で、「しかしながら、同条による保障が及ぶと解すべき場合であっても、一般に行政手続は刑事手続とその性質において自ずから差異があり、また、行政目的に応じて多種多様であるから、行

政処分の相手方に事前の告知、弁解、防御の機会を与えるかどうかは、行政処分により制限を受ける権利利益の内容、性質、制限の程度、行政処分により達成しようとする公益の内容、程度、緊急性等を総合較量して決定されるべきものである」と判示した。行政手続の定め通りに、常に必ずこれらのような機会を与える必要はないとして、当該工作物使用禁止命令につき、総合較量して、相手方に対し事前に告知、弁解、防御の機会を与える旨の規定がなくても、憲法第31条の法意に反するものではなく、当該命令は憲法第21条に違反しないと判断した。

10-6 報道の自由

　報道の自由は、憲法に明文化されているわけではありませんが、当然に表現の自由に含まれているものとされています。報道の行為は事実の伝達を基本としていることから、そこには報道する者が事実をどのような表現内容で伝えていくかという意思が働いているからです。最高裁も、「博多駅テレビフィルム提出命令事件」（最大決昭和44年11月26日）【判例22】で、報道機関の報道は、民主主義社会において国民が国政に関与するにつき、重要な判断の資料を提供し、国民の知る権利に奉仕するものであることを理由に、「憲法第21条により保障されるものである」と判示し、報道の自由の重要性と表現の自由により保障されていることを示しました。

　報道は、取材をし、その取材内容を編集して、新聞や通信媒体等を通じての表現行為によって成立しています。そのうちの取材についてはどのような方法・程度であっても問題はないのでしょうか。前述の博多駅テレビフィルム提出命令事件の決定でも最高裁は、報道のための取材の

自由も、憲法第21条の精神からみて「十分尊重に値する」との表現に留まっており、報道の自由を「国民の知る権利に奉仕する」とまで言い切っているのとは程度に違いがあります。このように、最高裁は、報道の自由と取材の自由に関しての表現に差をつけて、保障の程度の軽重の差を示唆しています。取材の自由は、直接的に憲法第21条による保障は及ばず、尊重の程度が「公正な裁判の実現」や「適正迅速な捜査の遂行」[15]との利益と比較して変わってくるというものです。

　これに反対する学説もあります。取材は報道にとって必要不可欠の前提での行為であるから、取材の自由も報道の自由の一環として憲法第21条の保障を受けると解するべきだというものです。

【判例22】博多駅テレビフィルム提出命令事件
（最大決昭和44年11月26日刑集23巻11号1490頁）

　昭和43年1月、米国海軍の原子力空母エンタープライズの佐世保寄港に反対する活動に参加するため、博多駅で下車した学生を、機動隊と鉄道公安官が駅から排除して所持品検査を行った。その際に抵抗した学生4人が公務執行妨害罪で逮捕され内1人は起訴されたが、後に無罪となった。

　この学生たちを支援する団体らは、この際に警察らが特別公務員暴行陵虐罪や職権濫用罪に当たる行為があったとして告発したが、福岡地検は不起訴処分とした。これに対して付審判請求を行った。福岡地裁は、地元テレビ局4社に対して事件当日のフィルムの任意提出を求めたが拒否されたので提出を命じた。この命令に抗してテレビ局は、報道の自由の侵害で提出の必要性は少ないとの理由で通常抗告したが、福岡高裁は認めず抗告棄却の決定を行ったので、最高裁に特別抗告を行った。

　最高裁は、「報道の自由は、憲法第21条の保障にある取材の自由

といっても無制約ではない。報道機関の取材フィルムに対する提出命令が許容されるか否かは、対象犯罪の性質、軽重および取材内容の証拠としての価値、公正な刑事裁判を実現するための必要性の程度と、これによって取材の自由が妨げられる程度を比較衡量して決めるべきである。この件の場合、フィルムは裁判に重要な価値・必要性がある一方、報道機関がこうむる不利益は将来の取材の自由が妨げられる恐れがあるという程度にとどまるため、受忍されなければならない」として抗告棄却とした。

　また、報道の自由については、「思想の表明の自由とならんで、事実の報道の自由は、表現の自由を規定した憲法第 21 条の保障のもとにあることはいうまでもない。」とし、取材の自由については、「報道機関の報道が正しい内容をもつためには、報道の自由とともに、報道のための取材の自由も、憲法第 21 条の精神に照らし、十分尊重に値するものといわなければならない。」として、「取材の自由といっても、もとより何らの制約を受けないものではなく、たとえば公正な裁判の実現というような憲法上の要請があるときは、ある程度の制約を受けることのあることも否定することができない。」と判示し、当該命令は憲法第 21 条に違反していないしその趣旨にも抵触しないとした。

10-7　学問の自由

　学問の自由には、学問研究の自由、研究発表の自由、教授の自由があります。①**学問研究の自由**とは、真理の発見や探求に向けた知的活動である学問研究を、公権力によって学説や研究の対象・方法を、不当に抑制されることや禁圧されるような制限が加えられないことを保障するも

のです。②**研究発表の自由**とは、学問は研究発表することで研究の成果が広く知れ渡り学問の発展に寄与するものであって、いわば研究発表は学問と一対のものですので、学問の自由には、当然に研究発表の自由も含まれます。③**教授の自由**とは、研究の成果を教室などで講義する自由のことで、教育の自由ともいいます。この自由も研究発表の自由に繋がるものですが、こちらに関しては講義を受ける相手全てにそのまま適用されることはありません。大学における教授の自由は保障されていますが、小・中・高校の教師においての教授の自由については、議論があるところです。この点については、私の見解も含めて次項で詳しく述べます。

10-8 教職憲法の意義

　ここでは、教職に就く者は何故に日本国憲法を学ばなければならないのかについて、お話ししていきます。

(1) 教育は、私が長らく属していたビジネス界においても大変重要なものと認識されており、人材育成のための継続的な教育の施しが、職務上の有能な人材育成とその層の厚さの確保に繋がることから、企業の持続性のある発展に寄与するものとして、経営政策的にも力点が置かれる領域とされています。もっともビジネス界の繁栄とて国家あってこそ維持されるものであることに鑑みて、「国家百年の計は教育にあり」[16] といわれる所以の通り、ビジネス界などで国家の繁栄を支えていく優秀人材輩出の素地を作ることは「国の行く末を左右する」ことになるのです。

　教職に就く者は、幼児教育、初等教育などの領域を通じて、教育基本法１条に規定する「人格の完成を目指し、平和で民主的な国家及び社会の形成者として必要な資質を備えた心身ともに健康な国民の育成」を人間像の目標として志向していくことになります。したがって、教職者は、

学校教育を通じて**人格の完成**に寄与していくことになることからも、非常に重要且つ責任のある職業に就く者であるといえます。

　教育基本法は、日本国憲法の下で規制され法制定され運用されていることから、教職に就く者は、この人格の完成に寄与していくためにも、教育基本法の上位概念として根幹をなす日本国憲法を学び体得する必要があります。このことは、国政の最高決定する権利を有する主権者としての国民に対して、教育する立場にあるのと同義語的な理由になります。これらは日本国憲法が、教職免許状の授与のための必修科目として存在し続けていく根拠となっています。

(2) 大学教員は、当然のことながら、専門領域を持っており、基本的人権としての教授の自由（教育の自由）も有しています。これに関連した最高裁判例の「東大ポポロ事件」（後述）[17] について、京都大学名誉教授の佐藤幸治先生は、「大学が学術の中心として深く真理を探究することを本質とする」存在で、学校教育法 52 条（現行 83 条）[18] が「大学は、学術の中心として、広く知識を授けるとともに、深く専門の学芸を教授研究」するところとしていることに照らし、大学において教授その他の研究者がその専門の研究の結果を「教授する自由」として保障されているとの見解を示されています[19]。また、二松学舎大学の長谷川先生も、日本国憲法第 23 条の趣旨と学校教育法 83 条（現行）に基づき「大学において教授その他の研究者がその専門研究の成果を教授する自由」があるとする見解を著書で述べておられます[20]。

　私は、その後の最高裁の「旭川学力テスト事件」（最大判昭和 51 年 5 月 21 日）[21]【判例 23】の判決において、東大ポポロ事件では教授の自由が「学問の自由」に含まれているのかが曖昧でしたが、当該判決で改めて含まれるものと明確に判示された点に鑑みても、これらの見解に従うものであり、日々の日本国憲法の授業もこれらのように展開されていたとしても異論のないところです。

然るに、旭川学力テスト事件で判示された「普通教育における教師（教員）に完全な教授の自由を認めることは、とうてい許されない」としている点[22]と、その理由として、「①普通教育の生徒に教授内容を批判する能力はなく、教師が児童・生徒に対して強い影響力・支配力を有すること、②子どもの側に学校や教師を選択する余地が乏しく……」を挙げている点に留意すべきです。

（3）上記の最高裁の判示に副って**普通教育**に携わる教員の姿勢を考えてみると、普通教育の生徒は幼く判断能力も養成中であって意思表示が確りできる大人ではないため、国が**学習指導要領**などで教授内容を道標的に示し、教員が人間力全開で支援していくことにより、人としての自立性および自律的成長を願うということが趣旨であると考えています。それ故に、普通教育を担う教員に対しては、日本の歴史と文化を尊重しつつ、できるだけ中庸な思想を以て、且つ政府が示す学習指導要領に副っての対応を図っていくことが然るべき姿であるはずなのです。

　したがって、大学教職課程の授業を担当する大学教員は、教授の自由が保障されているといえども、そしてそれが専門的な研究成果であるとしても保守的または逆にリベラルな政治思想に基づく偏向的な教授方針は封印して、日本国憲法の中庸な授業を進めていくことが肝要です。もっとも大学の学問研究は真理を追究することにあるので、なかなか難しい面があることから、「**異なる意見を完全排除しないことが民主主義の基本**」であることに鑑みて、「自己の見解に留まることなく、他説の紹介にも努めること」を心がければ適切な授業を進めていくことができるのではと考えています。また、教職を目指していない学生に対しては**教授の自由**が全面的に適用され、むしろ無限の可能性を求めるべく心の豊かさに繋がることになり、より良き効果も期待できます。

【判例23】旭川学力テスト事件（最大判昭和51年5月21日刑集30巻5号615頁）

　昭和31年から昭和40年に亘って、文部省の指示で全国の中学生を対象に、全国中学校一斉学力調査が実施された。これに反対する旭川市立永山中学校の被告人教師が、校内に侵入し校長などに暴力を加えるなどして実力阻止を図り、建造物侵入罪および公務執行妨害罪で起訴された。一審の旭川地裁、二審の札幌高裁共に、建造物侵入罪で有罪としたが、公務執行妨害罪については、学力調査が違法であるとして無罪としたので、検察側、被告人教師側双方が上告した。ここでは、教授の自由に関する部分のみを記載する。なお、上告審は、学力調査は合憲であると結論付け、その実施を妨害した被告人教師に公務執行妨害罪の成立を認め、原判決（第二審）および第一審判決を破棄して執行猶予付き有罪判決を自判し、被告人側の上告は棄却した。

　最高裁は、「憲法第23条により、学校において現実に子供の教育の任にあたる教師は、教授の自由を有し、公権力による支配、介入をうけないで自由に子どもの教育内容を決定することができるとする見解も、採用することはできない。確かに、憲法の保障する学問の自由は、単に学問研究の自由ばかりでなく、その結果を教授する自由をも含むと解されるし、更にまた、専ら自由な学問的研究と勉学を旨とする大学教育に比してむしろ知識の伝達と能力の開発を主とする普通教育の場においても、……一定の範囲における教授の自由が保障されるべきことを肯定できないではない。しかし、大学教育の場合には、学生が一応教授内容を批判する能力を備えていると考えられるのに対し、普通教育においては、児童生徒にこのような能力がなく、教師が児童生徒に対して強い影響力、支配力を有することを考え、また、普通教育においては、子どもの側に学校や教師を選択する余地が乏しく、教育の機会均等を図る上からも、全国的

に一定の水準を確保すべき強い要請があること等に思いをいたすときは、普通教育における教師に完全な教授の自由を認めることは、到底許されないところといわねばならない。」と判示した。

(4) その結果として、教職課程を受講する学生諸君に広く情報を収集し自分の意思で考えてもらい、自己の考え方を固めてもらいたいとの期待を持つことができます。これによって、普通教育の教員になってからも、たとえ、学習指導要領に副った検定教科書に基づく授業を担任することになったとしても、特定の政治的立場に偏らず選択肢を狭めることもなく可能な範囲で情報を広く生徒に伝え、自由な発想を生み出す素地の構築を可能ならしめることができるのです。

このようなことから、学び中の学生に対して、とりわけ教職を目指す学生に対しては、大学教員の研究成果であるとはいえ、論争の多いテーマについて他の意見があったとしても、それを顧みることもなく教授することは考える選択肢を狭めてしまうことにも繋がり、選択肢の幅が狭いまま、次世代に教育してしまう憂いが残ってしまいます。

(5) 平成2年（1990）に、最高裁は、「伝習館高校事件」（最判平成2年1月18日）**【判例24】**で、当時の文部省教育課程の基準を示す学習指導要領の法的拘束力を認める判断を示しています。

【判例24】伝習館高校事件（最判平成2年1月18日民集44巻1号1頁）

福岡県立高校伝習館高校の教諭が、その行った授業の指導について、職務上の義務に違反するとして地方公務員法に基づき懲戒免職処分を受けた。学習指導要領がなんら法的拘束力を持たないので、当該処分は違法であるとして、その取消しを求める訴えを起こした。

最高裁は、「学校教育の内容及び方法について遵守すべき基準を定立する必要があり、特に法規によってそのような基準が定立され

ている事柄については、教育の具体的内容及び方法につき高等学校の教師に認められるべき裁量にもおのずから制約が存するのである」「日常の教育のあり方を律する学校教育法の規定や学習指導要領の定め等に明白に違反するものである」「したがって、本件各懲戒免職処分を、社会観念上著しく妥当を欠くものとまではいい難く、その裁量権の範囲を逸脱したものと判断することはできない」と判示した。

10-9　大学の自治

　大学の自治は、学問研究の中心である大学において学問の自由を守っていくには、大学に自立した組織が保障されていて、公権力を大学の内部問題に介入させてはならないとの、欧州に古くから根付く考え方の影響を受けています[23]。

　大学が学問研究と教育のための施設であることから、学問の自由を保障するにも大学の自治が尊重されていなければなりません。大学の自治とは、大学の研究や教育は学外からの干渉を受けずに自主的に決定されるというものです。大学の自治は、制度的保障[24]という考え方をバックボーンとしています。大学の自治には三つの要素があります。

　　①「教員人事の自治」について。大学の学長、副学長、学部長などの管理者や、教員の採用や教授等への承認は、大学当局の自らの決定に委ねられているというもので、国立大学は勿論のこと、私立大学も同様で、大学経営を行う理事会がこれに関与してはならないのですが、これは大学の自治が憲法の制度的保障と理解しての対応で私人としてもこれを侵すことはできないからです。

②「施設管理の自治」について。大学の施設管理は、大学当局の意思に委ねられています。これに関連する最高裁の判決は先述の「東大ポポロ事件」（最大判昭和38年5月22日）【判例25】が有名で、警察権との関係が問題となりました。

【判例25】東大ポポロ事件（最大判昭和38年5月22日刑集17巻4号370頁）

　東京大学の学生組織のポポロ劇団は、昭和27年2月に本郷キャンパスの教室で、大学当局の許可を得て、国鉄松川事件をテーマにした演劇『何時の日にか』を上演した。上演中に、観客の中に本富士警察署の私服警官4名がいるのを学生が発見。3名の身柄を拘束して警察手帳を奪い、謝罪文を書かせ、学生らが暴行を加えた。奪われた手帳は後に警察に返還されたが、警察手帳のメモから数年前から警察が東大内で尾行等により学生の思想動向等を調査していたことが判明した。暴行を加えた学生2人[25]が暴力行為等処罰ニ関スル法律により起訴された。

　最高裁は、「大学の学問の自由と自治は、大学が学術の中心として深く審理を探求し、専門の学芸を教授研究することを本質とすることに基づくから、直接には教授その他の研究者の研究、その結果の発表、研究結果の教授の自由とこれらを保障するための自治とを意味すると解される」とし、「大学の施設と学生は、これらの自由と自治の効果として、施設が大学当局によって自治的に管理され、学生も学問の自由と施設の利用を認められるのである……大学の学生としてそれ以上に学問の自由を享受し、また大学当局の自治的管理による施設を利用できるのは、大学の本質に基づき、大学の教授その他の研究者の有する特別な学問の自由と自治の効果」であって、大学の学生の集会もこれらの範囲においての自由と自治であるとしている。そして、「学生の集会が真に学問的な研究またはその結果の発

表のためのものでなく、実社会の政治的社会的活動に当たる行為を
する場合には、大学の有する特別の学問の自由と自治は享有しない」
として、集会が学生だけのものではなく、一般の公衆も入場を許す
場合には、公開の集会と看做される（準じる）ものと判示した[26]。

③「学生管理の自治」について。大学は、入学者や卒業者の決定に
　　ついて学外からの介入を受けることはありません。学生に対する
　　処分についても大学の判断が尊重されています。通説では、退学
　　処分については司法審査の対象となりますが、単位の認定につい
　　ては、司法審査は及ばないものとされています。また、学生は、
　　大学の自治の主体としては認められておらず、学生は公的性のあ
　　る営造物の利用者に過ぎないと解釈されています。もっとも最近
　　は趣が変わり始めて、学生は、大学における学問研究と教育の主
　　体であると理解するのが有力説となっています。もっとも、大学
　　の管理運営に学生を参画させることまで求めていないと認識され
　　ており、より具体的には、各大学が自主的に決定できるものと認
　　識されています。

　また、橋本基弘先生は、「各種助成金申請や私学助成金の配分を背景
にして、大学運営に介入すること、文部科学大臣が国立大学法人に対し
て入学式、卒業式での君が代斉唱を要請することは大学の自治を侵害す
るものであって、憲法第23条からは正当化されない」[27]と述べておられ
ます。

〈注〉

1 富永健・岸本正司『教養憲法11章』嵯峨野書院　2014年　59～60頁参照

2 外部的名誉とは社会的名誉や事実的名誉のこと。

3 不法行為とは、特定者が他人の権利ないし利益を違法に侵害する行為のこと。債務不履行とは、債務者が、正当な事由がないのに債務の本旨に従った給付をしないこと。なお、債務の本旨とは債務の本来の目的という意味。

4 法務省ホームページ https://www.moj.go.jp/JINKEN/jinken04_00108.html。平成29年（2017）10月調査。

5 法律の正式名称は、「本邦外出身者に対する不当な差別的言動の解消に向けた取組の推進に関する法律」。

6 富永健・岸本正司『教養憲法11章』嵯峨野書院　2014年　43頁引用

7 堀越訴訟ともいう。

8 税関輸入物事件（最判昭和59年12月12日民集38巻12号1308頁）

9 検定教科書とは、学校教育法34条の規定とその準用により、小学校、中学校および高等学校に対して使用義務を課すもので、文部科学大臣の検定を経た教科書のこと。

10 教科書検定制度について、文部科学省は、「学校教育法により、小・中・高等学校等の教科書について教科書検定制度を採用している。教科書検定とは、民間で著作・編集された図書について、文部科学大臣が教科書として適切か否かを審査し、これに合格したものを教科書として使用することを認める」ことで、併せて、「教科書の著作・編集を民間に委ねることで、著作者の創意工夫に期待すると共に、検定を行うことにより、適切な教科書を確保することを目的」と説明している。
文部科学省ホームページを参照

11 家永三郎（1913～2002）東京教育大学名誉教授、文学博士、歴史家。

12 高校用の日本史教科書『新日本史』（三省堂）の執筆者である家永三郎が、教科書検定制度に関して、国を相手どって提訴した一連の裁判のこと。昭和40年提訴の第1次訴訟から昭和59年提訴の第3次訴訟まであり、平成9年の第3次訴訟の最高裁判決で終わる。

13 第1次家永教科書検定訴訟（最判平成5年3月16日民集47巻5号3483頁）

14 「皇居外苑事件」（最大判昭和 28 年 12 月 23 日民集 7 巻 13 号 1561 頁）。昭和 27 年 5 月 1 日メーデーの際に行った、労働組合の連合団体である総評による皇居外苑使用許可申請が不許可とされたことについて、この不許可処分は「表現の自由及びそれから派生する集会の自由を保障する憲法第 21 条に照らして解釈されるべきだ」として、国民公園等管理規則の「国民公園内で集会を催し又は示威行進を行おうとする者は厚生大臣の許可を受ける」の趣旨を誤解し、団体行動権を保障する憲法第 28 条に違反する違憲、且つ違法な処分の取り消しを求めて提訴された。最高裁は、「総評の本訴請求は昭和 27 年 5 月 1 日の経過で判決を求める法律上の利益を喪失した」と上告を棄却。また、「なお、念のため」として「もし本件申請を許可すれば立入禁止区域をも含めた外苑全域に約 50 万人が長期間充満することになり、膨大な人数、長い使用時間からいって、当然公園自体が著しい損壊を受けることを予想しなければならず、かくて公園の管理保存に著しい支障を蒙るのみならず、長時間に亘り一般国民の公園としての本来の利用が全く阻害されることになる等を考慮してなされたことが認められる」と本件不許可処分が違法ではないことも付言した。

15 日本テレビビデオテープ押収事件（最決平成元年 1 月 30 日刑集 43 巻 1 号 19 頁）。この事件は、「リクルート疑惑事件を捜査していた東京地検特捜部が同事件に関する贈賄の現場を収録した日本テレビのビデオテープを押収したことが取材の自由との関係で問題となったもの。」最高裁は、「捜査機関である検察官や警察官による報道機関の取材テープの差押え、押収までを公正な裁判の実現という目的」で認めると判示した。

16 「教育は国家百年の大計」ともいわれる。元々の出典は、中国戦国時代から漢代に書かれた法家の書籍「管子」の記載となるが、これが歴史上様々なケースで使用されてきて言い回しに諸言が生じることになった。

17 最大判昭和 38 年 5 月 22 日刑集 17 巻 4 号 370 頁。東大構内の教室で行われた、東京大学公認の学生団体（ポポロ劇団）主宰の演劇発表会に観客として入場していた警察官に暴力をふるった学生が、暴力行為等処罰ニ関スル法律 1 条 1 項違反で起訴された事件。

18 現行の学校教育法 83 条 1 項「大学は、学術の中心として、広く知識を授けるとともに、深く専門の学芸を教授研究し、知的、道徳的及び応用的能力を展開させることを目的とする。」2 項「大学は、その目的を実現するための教育研究を行い、その成果を広く社会に提供することにより、社会の発展に寄与するものとする。」

19 佐藤幸治『日本国憲法論』成文堂　2011 年　242 頁参照

20 長谷川日出世『基礎日本国憲法 改訂版』成文堂　2017 年　131 〜 132 頁参照

21 最大判昭和 51 年 5 月 21 日刑集 30 巻 5 号 615 頁。1963 年に文部省が全国一斉に実施した学力テストの際に、それに反対する教員が学力テスト阻止の為の実力を行使し、公務執行妨害で起訴された事件。

22 長谷川日出世『基礎日本国憲法 改訂版』成文堂　2017 年　132 頁参照

23 「19 世紀のドイツにおいて、大学は自らの力で遠泳していく慣行が確立した。」とされている。橋本基弘『日本国憲法を学ぶ 第 2 版』中央経済社　2019 年　252 頁

24 制度的保障とは、憲法が制度として要請するもので、特定の制度が直接保障されていること。その制度の核心は法律によって変更できないものとされており、自由としての権利をより強く保障するために設けられている制度。日本国憲法では、学問の自由と大学の自治や、財産権の保障と私有財産制度の関係などが該当する。

25 暴行を加えた学生のうちひとりは後に秋田県横手市市長を務めた千田謙蔵（1931 ～）（東京大学経済学部卒、日本社会党所属）である。

26 この裁判は、東京地裁（昭和 40 年 6 月 26 日判決）で有罪とされ、控訴も上告も棄却され、被告人らは其々が懲役 6 カ月と 4 カ月（執行猶予 2 年付）の刑が確定した。

27 橋本基弘『日本国憲法を学ぶ 第 2 版』中央経済社　2019 年　253 ～ 254 頁引用

第**11**講 経済的自由権

11-1 居住・移転の自由

　憲法第22条1項が定める居住・移転の自由とは、住所や居所[1]を自由に決めることができその変更もまた自由にできるということです。そして自己の意思に反して居住地を変更させられることも、国内外の移動も制限されることはありません。

　このように述べると、こんな自由は認められていて当たり前と思われるかも知れませんが、そんなことはありません。例えば、江戸幕政下では、農民は耕す土地から逃げ出すことはご法度となっており、そのようなことをすると死罪に、そして五人組制度の監視下で関係者も村八分にされてきました。武士にしても勝手に属する藩から脱することは、脱藩行為として許されず、裏切り者の誹りを免れませんでした。近代においても戦時下、防空法[2]という法律によって人の移動が制限されることがありました。例えば、当時の東京市（今の東京都）の多くの市民は、消火活動義務などが課されるなどして、米国のB29戦略爆撃機の空襲に晒されながらも地方に避難することができなかったのです。江戸時代のような封建制社会は兎も角としても、戦時中とはいえ近代においても居住・移転の自由が制限されることがあったのです。どこに家を建てて住もうが、定年後は田舎暮らしをしてみたかったので地方に住もうが、自転車で全国一周旅行に出ようが、また、海外に住もうが海外に気ままに旅行に行こうが、これらは全てこの憲法第22条1項がその自由を保障しているから可能なのです。

　居住・移転の自由は、後述する職業選択の自由と共に資本主義経済の

発展と共に歩んできた経済的自由権のひとつということになります。なお、破産者に対する居住制限や犯罪者の拘置など合理的な理由に基づく範囲内での制限が法律で定められています。

11-2　外国移住・国籍離脱の自由

　憲法第22条2項は、外国に移住する自由を侵されないと定めており、外国に住む自由を保障しています。もっとも、外国に住むには相手国から住む許可をもらえないと実現しないことですから、結局のところ憲法は「出国」の自由を保障していることになります。なお、旅券法によって海外渡航に旅券（パスポート）の所持が義務付けられています。

　また、国籍を離脱する自由も保障されていますが、離脱が自由といっても無国籍を認めている訳ではありません。国籍法[3]によって無国籍者になることを回避する要件が定められています。

11-3　職業選択の自由の意義

　憲法第22条1項に定める職業選択の自由は、**自己の職業を選択・決定する自由**が保障されるもので、この中には職業を遂行していく**職業遂行の自由**（営業活動の自由ともいう。以下「営業活動の自由」という。）も含まれています。職業とは、「人が自己の生計を維持するための継続的な活動」と定義づけられています。

　職業選択の自由は、人は、公権力から干渉を受けることなく、職業を自由に選択できることが保障されるものですが、職業は選べばそれで終わりという訳にはいきません。職業は生活の糧になり、人々との交流の

場となり、或いはワークキャリアの形成などにも深く繋がってくるもの
です。職業に従事することは社会経済活動に参加することであって、人
の人格を作っていくことにもなるのです。したがって、自分自身の職業
を選択するだけではなく、それを継続し、遂行していくことも同時に保
障されていなくては、職業選択の自由の意義が見出せません。このよう
なことから、前述したように憲法第 22 条 1 項には、明文規定となって
いる職業選択の自由に加えて、営業活動の自由も含まれるものと考えら
れています。

11-4　職業選択の自由と労働問題

　職業選択の自由は、当然のことながら個人の生活を支える「働くこと」
（労働）にも深く繋がっていくものです。労働者の立場は、企業活動を
通じた労働力を提供して自らの経済基盤を構築・維持していく必要があ
るので、企業（事業主）に対して相対的に弱い立場にあります。そこで
これらの関係を労働法という領域の法令によって対等の立場を維持でき
るようにしています。これは社会権という比較的新しい権利なのですが、
詳しくは第 12 講で説明していきます。

　労働法が絡む人的トラブルを総じて**労働問題**と呼んでいます。ここで
は労働問題の一例として、職業選択の自由が相当に制限されることとな
り、昨今話題に上ることも多い**副業・兼業**（以下「副業」という。）に
関する法的見解[4]について、次に説明していきます。

(1) 政府による働き方改革[5]の推進により、これまで禁止的ニュアンス
が強かった副業の解禁が拡大される傾向にあります。平成 31 年 1 月に
は厚生労働省が公表しているモデル就業規則から副業禁止のモデル条文
が削除されています。

副業禁止の法的効果について。大阪市立大学名誉教授の西谷敏先生[6]は、「多くの就業規則には、労働者の兼職[7]を禁止し、あるいは使用者の許可に係らしめる規定がある。しかし、労働者が就労時間以外の私生活時間において何をなすかは本来自由でなければならないから、労働契約から当然に兼職を控える義務が生じるものではない。また、就業規則や労働契約に兼職を禁止する明文の規定があっても、直ちにそれを有効と認めることができない。」「兼職が、職務内容や労働時間の長さなどからして、本来の労務提供に悪影響を及ぼす蓋然性が高いなどの特段の事情がある場合に限り、それを制限する合理的根拠があるというべきである。就業規則などにおける一般的な兼職禁止規定は、このような限定的に解釈される限り有効である。さらに、兼業禁止規定が有効であるとしても、労働者が解雇され就労が拒否されている期間中の労働義務は消滅するので、禁止規定が適用されないのは当然である」[8]と説明されている。

　また、東京大学法学部教授の荒木尚志先生[9]も、「労働時間以外の時間をどのように過ごすかは基本的に労働者の自由であるべきこと、職業選択の自由の保障、就業形態の多様化等を考慮すると、使用者は当然には兼業規制[10]をなし得ないと解すべきであろう。」とし、「例外的に兼業・兼職禁止が可能となるのは、兼業が競業に当たる場合、本務に支障を生じさせるような態様の兼業に当たる場合等その規制に客観的合理的理由がある場合に限定されるべきである」[11]と述べておられます。そして、就業規則で許可制を規定していてそれに反して懲戒事由に該当したとしても、職場秩序に影響せず、労務提供に支障が生じない程度ならば憲法（職業選択の自由）の視点からも就業規則の懲戒事由には該当しないとする裁判例[12]も支持されています。

(2) そもそも労働時間外にどのように過ごすのかは労働者の自由なのです。勿論副業についても、それが労働時間外で行われるものであれば、一定の制限事項を考慮さえすれば原則自由ということです。もっとも、

企業にとっての副業リスクとして、①競業・情報漏えいリスク、②本業の社会的信用失墜リスク、③労務提供の質の低下リスクが想定されているので、多くの企業では副業を「許可」か「届出」[13] としています。なお、就業規則などで、どのような副業としての業務についても全面的に一律禁止としている場合には、過度の規制として憲法第 22 条の職業選択の自由に抵触する可能性があります。

11-5　営業活動の自由の規制

(1) 営業活動の自由とは、社会経済的な生産活動のことであって、セールス的な営業のこととは全然意味が違うことを先ずは指摘しておきます。**営業活動の自由の保障**は、自由な経済活動ができるということであり、経済の発展を促して社会公共の利益の増大に資することとなります。しかしながら、この自由を野放しにしておくようなことがあると、無制限な生産活動を許してしまうこととなり、無節操な工場進出による公害や緑地の破壊、或いは能力担保がされていない低品質の公共的サービスの提供などがまかり通ってしまい、社会公共の安全と秩序の維持が困難な事態に陥ることにも成り兼ねません。そこで**積極的な規制**を政策として行うことが必要となってくるのです。

　営業活動の自由の規制手段として、①届出制（理容業、クリーニング店等）、②許可制（パチンコ屋、飲食店等）、③資格制（医師、薬剤師、弁護士、社会保険労務士等）などの規制が図られており、④過去には国家独占とされる、旧郵政事業や旧たばこ専売事業などもありました。

　また視点を変えて、営業活動の自由に対する法的規制についてみてみると、消極目的規制と積極目的規制とで、目的に応じた区分がされています。これを**規制目的二分論**と呼んでいます。

消極目的規制とは、国民の生命・健康・安全や社会公共の秩序に対する危険を防止・除去または緩和することを目的としており、届出制、許可制や資格制などによって規制されています。

　積極目的規制とは、国民生活の福祉の発展・向上、社会経済の均衡的な発展や経済的弱者の保護などの社会・経済政策の一環としての規制のことです。大型スーパーから商店街の中小の小売店を保護するための独占禁止法に基づく大規模小売業告示による規制や、不正競争防止法による過当競争を防止するための規制、下請代金法[14] による公正確保の視点から下請け業者の保護を目的とした規制、そしてガス事業や電力事業などの公益事業にも見られる特許制などがこちらに属します。

(2) 営業活動の自由に対する法令規制の合憲性は、その立法目的および制限の手段について、一般人を基準にして合理性があるか否かを審査する**合理性の基準**を通じて判断されます。

　消極目的規制の場合には、社会公共に対する害悪を防止・除去するのが目的なので、その規制は害悪の防止・除去に必要な最小限度のものでなければなりません。したがって、規制目的を達成するためのより制限的でない手段の有無が審査される「**厳格な合理性の基準**」が用いられています。

　積極目的規制の場合には、法的規制措置の必要性と規制手段の合理性については、立法府の広い裁量が認められており、当該規制措置が著しく不合理であることの明白な場合に限って違憲にするという「**明白性の原則**」[15] が適用されています。

　この二つの基準・原則を明らかにした最高裁の判決は、昭和50年の「薬局距離制限事件」（最大判昭和50年4月30日）**【判例26】**です。最高裁は、不良医薬品から国民を守るという目的は、距離制限規則より緩やかな規制でも達成できるとして、厳格な合理性の基準を用いて違憲としました。また、昭和47年の「小売市場距離制限事件」（最大判昭和47

年 11 月 22 日）【判例 27】においては、小売市場の開設に関する許可制は、経済的基盤の弱い小売商を保護するための積極目的規制であることから、立法府が裁量権を逸脱して、著しく不合理であることがはっきりしている場合にのみ違法性があるとして、明白性の原則を適用して合憲と判断しています。

【判例 26】薬局距離制限事件（最大判昭和 50 年 4 月 30 日民集 29 巻 4 号 572 頁）

　　自由な薬局の新規開設を制限する薬事法 [16] の距離規制が争われた事案。広島県福山市に本店を置く原告会社は、スーパー・化粧品販売・薬品販売を営む会社であった。原告会社は、福山市で薬局の設置申請を管轄保健所に行ったが、その回答前に薬事法改正で「薬局距離制限規定」が導入されていたことから、許可権者の広島県は、改正後の薬事法および県条例の配置基準（距離制限）に適合しないとして不許可とした。不許可の背景には、「既存薬局から水平距離55 m、半径約 100 m 圏内に 5 軒、半径約 200 m 圏内に 13 軒の薬局がある」状況があげられる。

　　この決定に対して、申請受理後に法律改正があったのに、改正法令を適用したこと、申請地は繁華街なので過当競争の可能性は低いこと、そして薬事法の改正自体が、憲法第 22 条が保障する営業活動の自由を侵害しており違憲であるとして、原告会社が不許可決定の取消訴訟を広島地裁に提訴した。

　　最高裁は、「一般に許可制は……狭義の職業選択の自由そのものに制約を課するもので、職業の自由に対する強力な制限であるから、その合憲性を肯定し得るためには、原則として重要な公共のために必要且つ合理的な措置であることを要する」、「適正配置規制は、主として国民の生命及び健康に対する危険の防止という消極的、警察的目的のための規制措置であり、そこで考えられている薬局等の過

当競争及びその経営の不安定化の防止も、それ自体が目的ではなく、あくまでも不良医薬品の供給の防止のための手段であるにすぎないものと認められる。即ち、小企業の多い薬局等の経営の保護というような社会政策的ないし経済政策的目的は右の適正配置規制の意図するところではない」とし、「本件適正配置規制は、……全体としてその必要性と合理性を肯定し得るにはなお遠いものであり、この点に関する立法府の判断は、その合理的裁量の範囲を超えるものであるといわねばならない」と判示し、憲法第22条に違反するとした上で、不許可処分を取り消した。

【判例 27】小売市場距離制限事件
（最大判昭和47年11月22日刑集26巻9号586頁）

　大阪府茨木市に本店のあるA社は、市場経営を業としていた。A社の社長は、大阪府知事の許可を受けないで、東大阪市に新しく建屋を建設し、小売市場を開設して野菜商や生鮮魚介商ら47名に貸し付けた。この行為が、小売商業調整特別措置法に違反するとして、A社と社長が起訴された。なお、小売商業調整特別措置法は、政令指定都市での小売市場の開設の際には、知事の許可を受けなければならないと定めていた。大阪府の場合、同法の内規において小売市場間に700mの距離制限を設けていた。

　昭和43年9月に東大阪簡易裁判所で罰金15万円を言い渡されたが不服として控訴した。昭和44年11月に大阪高裁で、許可規制および距離制限が、自由競争を基調とする日本の経済体制に背反し、既存業者の独占的利潤を追求するもので、憲法第22条第1項に違反することを主張したが、控訴棄却となったので、最高裁に上告した。最高裁は、「国は、積極的に国民経済の健全な発達と国民生活の安

定に期し、もって社会経済活動の均衡のとれた調和的発展を図るために、立法により、個人の経済活動に対し、一定の規制措置を講ずることも、それが右目的達成のために必要且つ合理的な範囲にとどまる限り、許されるべきであって、決して憲法の禁ずるところではないと解すべきである。」として、憲法第22条1項に違反するものではなく、合憲であるとした。その上で、「個人の経済活動に対する法的規制措置については、立法府の改革技術的な裁量にゆだねるほかはなく、裁判所は、立法府の右裁量的判断を尊重するのを建前とし、ただ、立法府がその裁量を逸脱し、当該法的規制措置が著しく不合理であることの明白な場合に限って、これを違憲として、その効力を否定することができるものと解するのが相当である。」とした。「本法所定の小売市場の許可規制は、国が社会経済の調和的発展を企図するという観点から中小企業保護政策の一方策としてとった措置ということができ、その目的において、一応の合理性を認めることができないわけではなく、また、その規制の手段・対応においても、それが著しく不合理であることが明白であるとは認められない。」と判示して、上告を棄却し、有罪を確定させた。

〈注〉

1 　住所とは生活の本拠として住んでいる場所のことであり、居所とは、生活の本拠ではないが、現に住んでいる場所のことで、単身赴任先や大学生の下宿などがこれに当たる。

2 　防空法は、昭和 12 年（1937）10 月 1 日施行。戦時下の空襲による危害防止、被害軽減を目的に制定。 終戦後の昭和 21 年（1946）1 月 31 日に廃止。防空上の必要により、内務大臣は勅命で居住者が区域外に退去することが禁止できるとされ、昭和 16 年（1941）12 月には「空襲時における退去および事前避難に関する件」が通達されて、国民は全面的に居住区域外への退去が禁止された。また、昭和 18 年 10 月の第二次改正で、疎開政策として、工場疎開、建物疎開や児童等の疎開などが定められ、防空空地の確保として、既存の建築物の解体を命じ防空空地の造成ができるようになった。因みに、これらにより、終戦時の東京都の人口は、戦前と比べて 38% まで減少した。 また、同法に定める応急消火義務は、貧弱な消火設備で、米軍の無差別焼夷弾攻撃に向かったことから多くの市民が亡くなった。

3 　国籍法 11 条は、①「日本国民は、自己の志望によって外国の国籍を取得したときは、日本の国籍を失う。」②「外国の国籍を有する日本国民は、その外国の法令によりその国の国籍を選択したときは、日本の国籍を失う。」と規定する。

4 　併せて、競業避止義務や職務専念義務、秘密保持義務の履行が問題となることにもなる。

5 　政府が推進する「働き方改革」の原動力となっているのが、働き方改革法。平成 31 年（2019）4 月から順次施行された。働き方改革関連法とも呼ばれており、労働基準法、労働安全衛生法、労働時間等設定改善法、労働者派遣法、パート労働法、労働契約法、じん肺法、雇用対策法の八つの法律で構成されている。

6 　西谷敏（1943 〜）大阪市立大学名誉教授、法学博士。

7 　副業のことを意味する（著者注釈）。

8 　西谷敏『労働法 第 2 版』日本評論社　2013 年　187 〜 188 頁引用

9 　荒木尚志（1959 〜）東京大学大学院法学政治学研究科教授、博士（法学）。

10 　副業のことを意味する（著者注釈）。

11 　荒木尚志『労働法 第 3 版』有斐閣　2016 年　463 頁引用

12 　学校法人上智学院事件（東京地判平成 20 年 12 月 5 日）。大学教授が無許可で通訳などの業務に従事し、講義を休講・代講したことなどを理由とする当該者に対する懲戒解雇を、就業規則の懲戒事由には実質的に該当しないとして無効とした。

13 許可制は、副業を希望する労働者に当該内容を申請させ、使用者が一定の判断基準に副って認めるか否かを判断するもの。届出制は、副業の内容を届出るもので、届出さえすれば自由に副業することができ、使用者の判断余地はなく手続が整ってさえいれば受理され、事実上の全面認容に近いもの。副業の事実や仕事内容等の情報入手が可能でもある。

14 正式名称は下請代金支払遅延等防止法。

15 富永健・岸本正司『教養憲法 11 章』嵯峨野書院　2014 年　69 頁参照

16 現在は、医薬品医療機器等法に法律名称が変更されている。

第**12**講　　社会権

12-1　社会権の歴史

（1） 人はそもそも平等な存在であるようであって、残念ながらそうではありません。いくら法の下の平等の原則に基づき平等に扱われていても、個人の資質、努力、能力そして生まれ育った家庭の環境、更には思わぬ病気や怪我などで、そうではなくなってしまいます。自由な意思が満喫できて思い通りの人生を謳歌できる人もいれば、自己の意思は通らず束縛され続け仕事に就くこともままならない人生を歩む人もいるでしょう。この境遇の差が、人から夢と希望を奪い、社会への不満だけを存在させることにしてしまうのです。

　極貧な生活、過酷な労働による身体の不健康と心の不健全は、夢も希望もない絶望的な生活を招き、そして教育を受けることもままならず、このような事態は子孫代々まで続くことにも成り兼ねません。こうなると、人生のスタート時から、或いは何らかの理由により人生の途中から、このような不平等に巻き込まれた状態に陥ってしまうと、そこからの脱出は、才知ある者でもなかなか難しいものになってしまいます。

　そして歴史的には、**資本主義経済**の発展で、これらはより拡大する傾向となり、益々大きな矛盾が作り出されてきたのです。資本を持ち得る者には、益々多くの富が集中しました。資本を持ち得ない者には、劣悪な労働条件であっても、契約自由の原則に基づき自己の労働力を資本家に値切られて提供せざるを得なくなりました。その結果として、経済格差は格段に大きなものとなり、個人の努力の範疇では如何ともし難い状況が生み出されてきたのです。

（2）**社会権**は、資本主義経済の発展と共に増大する、これらの社会の歪みとなっている貧富の差の拡大や劣悪な労働条件を是正し、**社会不安を解消**していこうという考え方の下で登場したもので、全ての国民が人間に値する生活ができるように国民に保障する様々な権利のことです。社会権の考え方は、既述の 1919 年のワイマール憲法において、経済生活の秩序は、全ての者に人たるに値する生活を保障することを目的とすると規定[1]されたのが最初です。その後各国の憲法においても社会権の規定が創設されるに至り、これらの憲法規定の下で、国による労働の機会の提供や契約自由の原則の修正が行われるようになりました[2]。

　このようなことを踏まえて、18 世紀に成立した近代憲法では自由権が権利保障の中心であったことから、自由権が「18 世紀的人権」と呼ばれているのに対して、社会権は 20 世紀に入ってから新しく登場した権利であるが故に、「20 世紀的人権」と呼ばれています[3]。

（3）我が国においては、日本国憲法で社会権が導入され、第 25 条（生存権）、第 26 条（教育権）、第 27 条（勤労権）および第 28 条（労働基本権）において規定されています。そのうち生存権規定といわれているのが、憲法第 25 条 1 項の「すべて国民は、健康で文化的な最低限度の生活を営む権利を有する」と、2 項の「国は、すべての生活部面について、社会福祉、社会保障及び公衆衛生の向上及び増進に努めなければならない」との規定です。実は、この 1 項は、GHQ の草案にも政府原案にもなかったもので、衆議院での審議中に、社会党代議士の森戸辰男[4]と鈴木義男[5]が、ワイマール憲法第 151 条を参考にして加筆提案を行い挿入されたものです。

12-2 生存権

(1) 憲法第 25 条 1 項は「すべて国民は、健康で文化的な最低限度の生活を営む権利を有する」と定めており、最低生活の保護を意図した**救貧的政策**[6]の実施が想定されています。こちらは漫画[7]にもなった文言で、知っておられる方もかなり多いのではないかと思います。また、2 項では「国は、すべての生活部面について、社会福祉、社会保障及び公衆衛生の向上及び増進に努めなければならない」と規定しており、生活水準の向上を図るべき**防貧的政策**[8]を企図していると思われます。何れにしても、これら合わせて第 25 条が一体として「生存権」と呼ばれている権利を明文で保障しているのです。国が生存権の実現を果たしていくべく、後述する**社会保障制度**を中心とした制度の確立とその運用についての責務を負うことを明確にしているのです。

　社会権としての生存権には、従来的な考え方では、国民が自らの自助努力を以て、「健康で文化的な最低限度の生活」を確保・維持していく自由を有していて、国（公権力）による妨害はご法度との自由権的な視点で捉えていく場合と、国に対してそのような生活の実現を求めていく、または働き掛けていくとする社会権的な視点で捉える場合があります。私は、日本国憲法においては、条項に「権利」との文言が入っていることから、生存権は、国民が「健康で文化的な最低限度の生活」の保障を、国に求めていくことができる権利であると考えています。

　とはいうものの、**健康で文化的な最低限度の生活**という生活状態がどの程度のものなのかについては、その時代の文化水準や時々の国家の財政状況によって変化するものだと思います。例えば、国の財政が苦しい中での積極的な財政出動を伴う政策は、無謀なこととなり国の将来に禍根を残し、下手をすると国家財政の崩壊を招き兼ねません。もっとも、生活状態の水準は、文化水準や財政状況に照らして、行政や立法の機関

が都度判断するものでもなく、特定の時点において経済統計や世論の動向などから客観的に司法が行政や立法による作為の結果を判断していくべきもので、それらが不十分な場合には、その不作為の是正を求めていくことになるものと考えています。

（2） このようなことに鑑みて、生存権の法的性格を説明する学説には、「憲法に定められているから、直ちに権利として実現されるか否か」についての対立を主眼に、①プログラム規定説、②抽象的権利説、③具体的権利説があります。其々の説については、次に説明していきます。

①プログラム規定説

　　この考え方は、ワイマール憲法下で主張されていたもので、生存権を含む社会権は国に要求できるものではなく、国の政策目標または政治道徳的義務を定めているに過ぎず、国民に個別具体的な請求権（権利性）を認めるものではないとするものです。1項の定める所定の生活を営むことのできない国民がいても、当該者が訴訟によって救済を求めることはできないということです。

②抽象的権利説

　　1項の定める権利には法的権利性が認められるものの、抽象的な条項なので、実際に保障していくためには、生存権を具体化する法律が必要となり、憲法と法律が一体となることではじめて生存権が保障されるというものです。したがって、法律によって具体的な権利が定められていれば、裁判所に救済を求めることができるとされています。

③具体的権利説

　　1項の定めにより、国民には具体的に法的権利性が「生存権」として認められており、法律がある場合は勿論、法律がない場合であっても、裁判所に救済を求めることができるとされています[9]。

通説は、**抽象的権利説**とされています。最高裁の当初の判断は、「食糧管理法違反事件」（最大判昭和 23 年 9 月 29 日刑集 2 巻 10 号 1235 頁）で**プログラム規定説**に立ったものでしたが、これは我が国が未だ独立国家としての主権を回復していない頃のもので、その後は明確な判断を下していません。

(3) 我が国は、大東亜戦争の終結後も国民の不断の努力と英知によっておよそ十年余りで戦前の経済水準まで回復することができ、昭和 31 年の経済白書では「もはや戦後ではない」[10] との記述も登場しその言葉が流行語となる中で、昭和 35 年に池田勇人首相が所得倍増計画を提唱し、昭和 39 年には東京オリンピックが開催され、東海道新幹線も新大阪駅まで開通しました。丁度この昭和 30 年代の高度経済成長期に入っていく頃に、生存権をめぐる「朝日訴訟」（最大判昭和 42 年 5 月 24 日）**【判例 28】**が起こりました。これは「人間裁判」ともいわれています。朝日訴訟における最高裁の解釈は、食糧管理法違反事件の最高裁判決が踏襲されており、憲法第 25 条 1 項の規定は、全ての国民が健康で文化的な最低限度の生活ができるように国政を運営していくことが国の責務とすることを宣言したもので、直接に個々の国民に具体的権利を付与したものではなく、具体的権利とするには生活保護法の制定を以て付与されるものであるとしています[11]。

　また、「堀木訴訟」（最大判昭和 57 年 7 月 7 日）**【判例 29】**は、社会保障と憲法第 25 条に関する最高裁判決のリーディングケースとなる判決ですが、朝日訴訟での傍論を踏襲した解釈で判断されています。最高裁は、憲法第 25 条の規定の趣旨に相応して具体的にどのような立法措置を講ずるかの選択決定は、「立法府の広い裁量に委ねられており、それが著しく合理性を欠き明らかに裁量の逸脱・濫用とされるような場合には、裁判所の審査判断が違憲とされる可能性がある」[12] とする、いわゆる明白性の原則を示して、生存権の違憲審査基準を明らかにしています。

このように、生存権に関わる最高裁の判断は、朝日訴訟や堀木訴訟の判決でもわかるように、憲法第25条1項の規定は、具体的な権利を保障したものではないとの考えに立脚した、プログラム規定説に近い立場で判断を示す傾向にあります。

なお、平成に入ってからの最高裁の判決には「中嶋学資保険訴訟」（最判平成16年3月16日）【判例30】があります。学資保険の満期保険金について収入認定した保護変更決定処分について憲法論には踏み込まなかったものの、その違法性を認めた点が注目できます[13]。

> **【判例28】朝日訴訟**（最大判昭和42年5月24日民集21巻5号1043頁）
>
> 　朝日茂さんは、結核患者として国立岡山療養所に入所し、厚生大臣（当時）が定めている生活扶助基準の最高月額600円[14]の日用品費の生活扶助と、現物給付の給食付医療扶助とを受けていたが、実兄から扶養料として毎月1500円の送金を受けるようになったため、津山市社会福祉事務所長は、生活扶助の打ち切り、送金額から日用品費を控除した残額900円を医療費の一部として、朝日さんに負担させる旨の保護変更の決定を行った。
>
> 　当該決定は、行政不服審査の申し立てでも是認されたことから、朝日さんは、厚生大臣を被告として、基準額600円は生活保護法の規定する健康で文化的な最低限度の生活水準を維持するに足りない違法なものであると主張し、不服申し立て却下の裁決取消しを求めて提訴した。一審の東京地裁は請求認容、二審の東京高裁は請求棄却となり、朝日さんは最高裁に上告した。しかしながら、上告中に朝日さんは死亡したため、相続人が後を継いだ。
>
> 　最高裁は、生活保護処分に関する裁決の取消訴訟は、被保護者の死亡により当然終了するとした上で、「なお、念のために」とする傍論で、次のように判示した。「（憲法第25条1項の）規定は、す

べて国民が健康で文化的な最低限度の生活を営み得るように国政を運営すべきことを国の責務として宣言したに留まり、直接個々の国民に対して具体的権利を賦与したものではない。」「もとより、厚生大臣の定める保護基準は、生活保護法第8条2項所定の事項を遵守したものであることを要し、結局には憲法の定める健康で文化的な最低限度の生活を維持するに足りるものでなければならない。しかし、健康で文化的な最低限度の生活なるものは、抽象的な相対的概念であり、その具体的内容は、文化の発達、国民経済の進展に伴って向上するのはもとより、多数の不確定的要素を総合考慮してはじめて決定できるものである。したがって、何が健康で文化的な最低限度の生活であるかの認定判断は、一応、厚生大臣の合目的的な裁量に委されており、その判断は、当不当の問題として政府の政治責任が問われることはあっても、直ちに違法の問題を生ずることはない。ただ、現実の生活条件を無視して著しく低い基準を設定する等憲法および生活保護法の趣旨・目的に反し、法律によって与えられた裁量権の限界を超えた場合または裁量権を濫用した場合には、違法な行為として司法審査の対象となることをまぬがれない。」

【判例29】堀木訴訟（最大判昭和57年7月7日民集36巻7号1235頁）

　堀木フミ子さんは、全盲の視力障害者として、国民年金法（昭和45年当時）に基づく障害福祉年金を受給していた。夫と離婚した後、自らが次男を養育していたので、生別母子世帯として児童扶養手当も受給できるものと思い兵庫県知事に請求した。しかしながら、当時の児童扶養手当法には公的年金との併給禁止の規定があったことから、知事は児童扶養手当の請求を退けた。そこで、堀木さんは、この却下処分を不服とし、憲法第25条および第14条等に違反する

措置であるとして、却下処分の取消しを求めて提訴した。一審の神戸地裁は一部認容、二審の大阪高裁は一審判決を取り消し、憲法違反もないとしたので、堀木さんは最高裁に上告した。

　最高裁は、「（憲法第25条1項は）いわゆる福祉国家の理念に基づき、すべての国民が健康で文化的な最低限度の生活を営み得るよう国政を運営すべきことを国の責務として宣言したものであること、また、（同条2項は）同じく福祉国家の理念に基づき、社会的立法及び社会的施設の創造拡充に努力すべきこと、そして、同条1項は、国が個々の国民に対して具体的・現実的に右のような義務を有することを規定したものではなく、同条2項によって国の責務であるとされている社会的立法及び社会的施設の創造拡充により、個々の国民の具体的・現実的な生活権が設定充実されてゆくものである。」「憲法第25条の規定は、国権の作用に対し、一定の目的を設定しその実現のための積極的な発動を期待するという性質のものである。しかも、右規定にいう、『健康で文化的な最低限度の生活』なるものは、きわめて抽象的・相対的な概念であって、その具体的内容は、その時々における文化の発達の程度、経済的・社会的条件、一般的な国民生活の状況等との相関関係において判断されるべきものであるとともに、右規定を現実の立法として具体化するに当たっては、国の財政事情を無視することはできず、また、多方面にわたる複雑多様な、しかも高度の専門技術的な考察とそれに基づいた政策的判断を必要とするものである。したがって、憲法第25条の規定の趣旨にこたえて具体的にどのような立法措置を講ずるかの選択決定は、立法府の広い裁量にゆだねられており、それが著しく合理性を欠き明らかに裁量の逸脱・濫用と見ざるを得ないような場合を除き、裁判所が審査判断するのに適しない事柄であるといわなければならない」と判示し、上告人の堀木さんの請求を認めなかった。

12-3　社会保障制度

　生存権は、憲法第25条2項の社会福祉、社会保障および公衆衛生の向上・増進に努めるとしている規定に基づく社会保障制度によって、具体的に確立されています。**社会保障**とは、社会福祉、社会保険および公衆衛生を包含したものとされていますが、それを具体的に示したのが、昭和25年の「**社会保障制度審議会報告**」[15] です。この報告書によって、**日本の社会保障制度**の体系化と社会保障の定義が固められました。社会保険、公的扶助、公衆衛生および医療、社会福祉を以て狭義の社会保障とされ、これに恩給と戦争犠牲者援護を加えて広義の社会保障と定義しています。

①社会保険

　　社会保障制度の中核をなす保険方式による制度。企業勤務の者などを対象とした、雇用保険、労災保険、健康保険および厚生年金保険などがあり、これらは被用者保険と呼ばれることもあります。またこれを補完するものとして、国民健康保険、介護保険、国民年金の制度もあります。

　　社会保険は、事業主と被保険者が拠出する保険料に国の拠出金も加えて財源とし、対象者の、失業・労働災害・傷病・老齢等の人生上のリスクが顕在化した際に、法令に基づく定型給付によって生活の困窮状態を防いでいく制度です。

　　雇用保険法、労働者災害補償保険法、健康保険法、介護保険法、国民健康保険法、厚生年金保険法、国民年金法、船員保険法、私学教職員共済法などの法律がこれらの制度を支えています。なお、平成18年（2006）に老人保健法が高齢者医療確保法に改められ，平成20年（2008）には後期高齢者医療制度が発足し新制度に移

行しています。

②公的扶助

　様々な事情により継続的な仕事に就けない者であって、収入が無いことなどから保険料が支払えないなどの理由により、社会保険の仕組みに乗り切れないような場合に、いわゆるセーフティネットから抜け落ちないようにしていく救貧対策です。国が定める最低水準以下の貧困状態に陥った者に公的扶助を行っていく生活保護制度が設けられています。貧困等の事情を考慮した個別給付によって生活保障するもので、生活扶助・住宅扶助・教育扶助等[16]の扶助があり、財源は国と地方自治体の税金によって負担しています。また、生活保護に至る前に自立に向けた適切な支援を行うための制度として、平成27年4月からは生活困窮者自立支援制度が、第二のセーフティネットとして実施されています。

　生活保護法や生活困窮者自立支援法がこの制度を支えています。なお、平成14年に25年間の時限立法として成立した、いわゆるホームレス自立支援法もこの分野に属します。

③社会福祉

　社会福祉は、国家扶助の適用者、身体障害者、児童、母子家庭等の援護育成を必要とする者が、自立して自己の能力が発揮できるように、生活指導、更生指導その他の援護育成を図っていく分野です。子供、女性、高齢者および障害者に対する公的サービスが中心となります。

　社会福祉法[17]、児童福祉法、児童手当法、母子父子寡婦福祉法、老人福祉法、障害者基本法、身体障害者福祉法、精神保健福祉法、障害者総合支援法などがこれらの制度を支えています。

【判例 30】中嶋学資保険訴訟（最判平成 16 年 3 月 16 日民集 58 巻 3 号 647 頁）

　生活保護を受給していた福岡県に在住の中嶋豊治さんと妻の紀子さんの夫婦は、子供の高校就学の費用に充てるために郵便局の学資保険に加入して、生活を切り詰めながら月 3 千円の保険金を捻出して 14 年間払い続けていた。平成 2 年 6 月に学資保険の満期保険金の一部返戻金 45 万円を受領した。これを福岡東福祉事務所長は収入として認定し、生活保護法第 4 条等に基づき、同年 7 月分から 12 月分までの金銭給付を同年 6 月の金銭給付（約 18 万円）の半額に減額する旨の処分を決定した。これに対して、中嶋夫妻の子供が原告となって、本件減額処分の取り消しを求めて提訴した。（提訴時に中嶋豊治さんは死去していた）

　最高裁は、「生活保護法は、保護金品または被保護者の金銭若しくは物品の貯蓄等に充てることは本来同法の予定するところではない。」しかし、「被保護者が保護金品等によって生活していく中で、支出の節約の努力等によって貯蓄等に回すことの可能な金員が生ずることも考えられないではなく、同法も、保護金品等を一定の期間内に従い使い切ることまでは要求していない。」「このように考えると、生活保護法の趣旨目的に適った目的と態様で保護金品等を原資としてされた貯蓄等は、収入認定の対象とすべき資産に当たらない」。「生活保護上、非保護世帯の子弟の義務教育に伴う費用は、教育扶助として保護の対象とされているが、高等学校就学に要する費用は保護の対象とはされていない。しかし、近時においては、ほとんどの者が高等学校に進学する状況であり、高等学校に進学することが自立のために有用であるとも考えられる。」ので、「被保護世帯において、最低限度の生活を維持しつつ、子弟の高等学校就学のための費用を蓄える努力をすることは、同法の趣旨目的に反するものではない。」

とした上で、学資保険に加入し、給付金等を原資として保険料を支払っていたことは、生活保護法の趣旨目的に適うものであるからという理由で、「生活保護法第4条1項にいう資産等または同法第8条1項にいう金銭等には当たらず、収入認定すべき資産に当たらない」として、「本件返戻金の一部について収入認定をし、保護の額を減じた本件処分は、同法の解釈適用を誤ったものというべきである」と判示した。

12-4　教育権

憲法第26条の1項は「教育を受ける権利」を、2項では「教育を受ける義務」を定めています。①教育を受ける権利は、国民が公権力から干渉されることなく教育を受けることを保障される権利です。そして、②国に対して、教育施設や教育設備などの教育条件の整備を請求できる権利でもあります。この権利における国民の主体となるのは、児童・生徒らの子供たちですが、学生[18]や成人も含まれています。

教育を受ける義務（教育を受けさせる義務）の主体は、児童等の保護者であり、義務の内容は義務教育であって職業教育や専門教育ではありません。なお、義務教育は無償とされていますが、これは授業料を無償とすることであって、教科書代[19]の無償までを含むものではありません。義務教育の無償については、その範囲について、次の三つの学説があります。②の授業料無償説が多数説で、最高裁もこの立場で判断しています。

①無償範囲法定説
　　憲法第26条2項後段は、義務教育費を無償とすべきことを国

の責務として宣言したに過ぎず、無償の範囲は国家財政の事情等に応じて、別に法律で具体化させるとの考え方。

②授業料無償説

　国は、全ての義務教育費を無償とするのが国の政治的義務と位置づけ積極的に努力すべきであるが、義務教育費の無償の範囲は授業料だけに限るとの考え方。

③就学必需品無償説

　憲法第 26 条を生存権的基本権として捉えて積極的に評価する立場から、無償の範囲は義務教育の授業料・教科書代・教材費・学用品費その他就学に必要な一切の金品とすべきとの考え方。

　また、教育内容の決定の権能は、国家とする国家教育説と国民のみが有するとの国民教育説で対立していましたが、最高裁は両説共に極論だとして折衷説を採用しています。

12-5　勤労の権利

(1) 憲法第 27 条 1 項は、「すべて国民は、勤労の権利を有し、義務を負ふ。」として、勤労の権利を保障しています。第 25 条で生存権が保障され「健康で文化的な最低限度の生活」を送る権利が認められていますが、それを具体的にしていくには、実際に「働く」ということが担保され、労働の機会が与えられていなければなりません。したがって、本条での権利保障とは、**労働の意思と能力を有する者**で、しかも労働の機会を得られていない者が、国に対して勤労の機会を与えるよう求めることのできる権利であって、その機会が与えられない場合には適切な措置を講ずることを求める権利でもあるのです。これらは**勤労権の保障**と呼

ばれています。

　しかしながら、この規定は具体的な請求権までも保障するものではありません。資本主義経済体制の下では、国民の全てに労働の機会を提供することは、個人の意思を無視するような強制労働的な発想（勿論憲法違反です）でもない限り、実際上は不可能なことだからです。したがって、「国には労働政策を策定し、失業対策を講じ、雇用を創出するような施策を実現すること」[20] が求められています。これらを具体化した法律が、職業紹介を主たる目的とした職業安定法や、いわゆるキャリア形成の教育を推進していく職業能力開発促進法、そして雇用確保の支援や失業者の生活確保を目的とする雇用保険法、そして、国の雇用政策を推進していく労働施策総合推進法などです。

(2) 憲法第 27 条 2 項は、「賃金、就業時間、休息その他の勤労条件に関する基準は、法律でこれを定める」としています。こちらは労働条件の法定主義を定めています。

　労働者は使用者（企業など）に対して雇用されるという点からして、どうしても弱い立場に置かれています。使用者が自らの有利な立場を利用して、昔は劣悪な労働条件で、現代でも職場環境や法令違反の厳しい雇用状況で、労働者を働かせている不届き者がいるのもこれまた事実です。2 項は、雇用関係の私的自治の原則（＝契約自由の原則）を修正すること、そして社会経済状況に合わせた修正を加えることを容認するものであって、重大な意義を有する条項なのです。したがって、使用者は、これらの規制を、経済活動の自由や私的自治の原則を盾にしても拒むことはできず、国が定めた労働に関するルールに従わなければならないのです。**労働基準法**はその最たる典型的な法律です。

　また、3 項の児童の酷使禁止規定についても同様で、具体的には児童の労働に関するルールを労働基準法 56 条等 [21] の規定や児童福祉法で定めています。これは、「産業革命期から、児童が過酷な条件で鉱山労働

等に従事し、健康を害したり、命を失う事態にまでなっていることが各国で社会問題となっていた。」[22] ことに起因しています。

（3）　労働法という名称の法律はありません。労働法とは、先述の労働基準法をはじめ、労働者災害補償保険法、雇用保険法、男女雇用機会均等法など、労働関係の法律の総称です[23]。労働基準法、労働組合法に労働関係調整法を加えたものは、**労働三法**ともいわれています。

　労働法をその機能によって分類すると、集団的労働関係法、個別的労働関係法、そして労働市場関係法の３つに分類することができ[24]、労働法を勉強している方にはこの機能別の区分は馴染みのあるところだと思います。

　集団的労働関係法は、労働組合と会社の関係を定める法律群のことで労働組合法や労働関係調整法がありますが、更に労働組合法については後述します。**個別的労働関係法**は、労働者と使用者の関係を定める法律群のことで、労働基準法をはじめ、労働安全衛生法、労働者災害補償保険法、最低賃金法、男女雇用機会均等法などがあります。**労働市場関係法**は、労働市場の活性化や労働需要の調整など、雇用政策的な側面をもつ法律群のことで、労働施策総合推進法がこれらの基本法であり職業安定法や雇用保険法などがあります。

【労働法体系図】

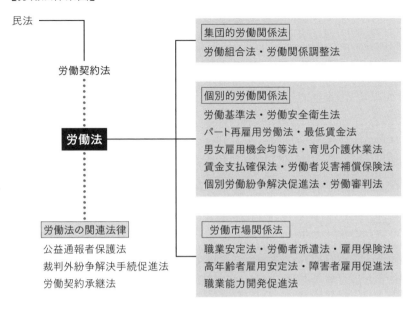

（主な法律の例示であり、全てを挙げている訳ではありません。）
中川直毅編著『要説キャリアとワークルール 第3版』三惠社　2021年　91頁の図引用

12-6　労働基本権

（1） 憲法第28条は、労働者の団結権、団体交渉権、団体行動権を保障しています。これらの権利を**労働基本権**（労働三権）と呼んでいます。労働基本権は、労働者は、使用者に対して相対的に弱い立場にあり対等な交渉が厳しく、労働条件などの維持・改善等の要求の実現が難しいので、労働者の団結を以て実質上の対等性を確保して交渉できるようにして、その実現を図っていくことを保障するものです。民間企業の労働者には、団結権、団体交渉権、団体行動権の全てが認められていますが、公務員としての労働者には、一定の範囲で法律を以て制限されています。

　①**団結権**とは、労働者が労働条件の維持・改善のために使用者と対等

に交渉ができる団体を結成する権利のことで、具体的には労働組合がこれに当たります。②**団体交渉権**とは、労働者が労働条件の維持・改善のために団結して使用者と交渉し、その交渉に基づいて労働協約[25]を締結する権利のことです。③**団体行動権**[26]とは、団体として行動する権利のことで、具体的にはストライキ（同盟罷業）などの争議を行う権利のことです。

　労働基本権の法的性格としては、「自由権的側面と社会的側面を有しており、社会的側面としては、国家に対して労働者の労働基本権を保障する措置を要求することができて、国家にその施策の実現の義務を負わせられる」[27]という捉え方が一般的で、その代表的な立法が労働組合法ということになります。

　なお、労働者とは、使用者に対して労働を提供して、使用者から労働の対価として賃金を得る者をいい、使用者とは企業や社団法人などの経営組織が該当し労働者と対をなす概念です。

【労働基本権】

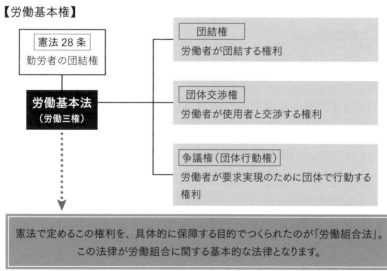

出典：中川直毅編著『要説キャリアとワークルール 第3版』（三恵社、2021年）129頁

(2) 公務員の労働基本権について。公務員の労働基本権は、職種によって異なりますが、一定の範囲で法律を以て制限されています。もっとも、争議行為については、何れの職種に就いても共通に禁止されています。これらの一覧は次表のとおりです。

【公務員労働者の労働基本権】

法律名	対象	団結権	団交権	争議権
国家公務員法	警察、海上保安庁職員	×	×	×
	非現業一般職員	○	△	×
特定独立行政法人法	林野事業及び国立印刷局、造幣局等	○	○	×
地方公務員法	警察、消防職員	×	×	×
	非現業一般職員	○	△	×
地方公営企業等労働関係法	非現業職員、単純労務職員	○	○	×
自衛隊法	防衛省職員	×	×	×

△＝労働協約の締結権はなし　　　　　　　　　　　　　　著者作成

(3) 公務員は、国民全体への奉仕者であり、「国民に奉仕し、営利を目的としない」ということを理由に制限されているのです。この考え方については、過去には幾度となく裁判で争われていました。最高裁は、そもそも公務員は全体の奉仕者であるので公共の福祉の見地から、労働基本権の制限を認める判断をしていましたが、「全逓東京中郵事件」（最大判昭和41年10月26日）[28] では、公務員の労働基本権の制限は必要最小限に留めるべきとの判断をし、「都教組事件」（最大判昭和44年4月2日）[29] においては、「公務員の労働基本権の制限は、国民生活全体の利益保障という見地から可能」として、公務員の業務の停滞が国民生活に重大な支障をもたらすか否かで判断するものだとして、やや緩和的な判断をする経緯をたどりつつ、終局的には「全農林警職法事件」（最大判昭

和48年4月25日)【判例31】で、「勤務条件の法定主義、市場抑制力の欠如、代償措置の整備、職務の公共性」と「国民全体の共同利益の見地からするやむを得ない制約というべき」との理由で、国家公務員の争議権の一律禁止を合憲としました。これ以後は、公務員の労働基本権の制限を合憲とする方向性が固まり、この判断が踏襲されています。

【判例31】全農林警職法事件（最大判昭和48年4月25日刑集27巻4号547頁）

　昭和33年に、警察官職務執行法改正案の国会上程に反対する全農林労働組合の幹部である被告A氏らが、所属の労働組合員に対して、正午出勤を命じて職場内大会への参加も求めて、抗議行為を行うことをそそのかし、煽ったとして、国家公務員法違反の罪に問われた事案。第一審は無罪、第二審は有罪となり上告されたが、最高裁は上告棄却とした。

　最高裁は、次の理由により、国家公務員法により公務員の争議行為およびあおり行為等を禁止しても、「国民全体の共同利益の見地からするとやむを得ない制約というべきであって、憲法第28条に違反するものではない」と判断している。

　公務員は、私企業の労働者と異なり、政府により任命されたものであるから、実質的にはその使用者は国民全体であり、公務員の労務提供義務は国民全体に対して負うものである。これを根拠として公務員の労働基本権に対し必要やむを得ない程度の制限を加えることは十分合理的な理由がある。公務員が争議行為に及ぶことは、その地位の特殊性および職務の公共性と相容れないばかりでなく、多かれ少なかれ公務の停滞をもたらし、その停滞は勤労を含めた国民全体の共同利益に重大な影響を及ぼすか、またはその虞があるからである。①公務員の勤労条件は、労使間の交渉によって定められるものではなく、国会の制定する法律、予算によって定められる。し

たがって、公務員が政府に対し争議行為を行うことは、公務員の勤務条件決定の手続過程を歪曲するものである。②争議行為に対しても私企業には市場の抑制力が働くことを必然とするのに反し、公務員の場合には、そのような市場の機能が作用する余地はない。③公務員は、労働基本権に対する制限の代償として、準司法機関的性格を持つ人事院の設置など制度上整備された生存権擁護のための関連措置による保障を受けている。④公務員の従事する職務には公共性がある一方、法律によりその主要な勤務条件が定められ、身分が保証されているほか、適切な代替措置が講じられているのであるから、国家公務員法が公務員の争議行為等を禁止するのは、国民全体の共同利益の見地からするやむを得ない制約であり、憲法第28条に違反しない。

(4) 民間企業の労働者を対象とし、**労働組合法が適用される労働組合**について説明します。労働組合法はその第2条で労働組合を、「労働者が主体となって自主的に労働条件の維持改善その他経済的地位の向上を図ることを主たる目的として組織する団体またはその連合体」と定義しています。繰り返しとなりますが、労働基準法や労働契約法では、労働者と使用者（経営者）は対等であるとされていますが、実態としては、使用者たる経営組織に対して一人ひとりの労働者の力は極めて弱いので、労働組合を結成して労働者が団結して対応しようとするものです。

　また、労働組合法は[30]、法の目的を達成するために同法が適用される労働組合を対象として、刑事免責[31]および民事免責[32]を具体化する規定を設けています。とりわけ、**不当労働行為**[33] の救済制度を充実させています。これは労働基本権を侵害する使用者の禁止行為であり、**労働委員会**[34] による救済制度も設けられています。因みに、労働組合法に定める労働組合でなくても、憲法第28条による保護として当然に生じる、刑

事免責、民事免責、および不利益取り扱いの民事訴訟による救済を受けることができるのはいうまでもありません。

〈注〉

1 ワイマール憲法第 151 条 1 項は、「経済生活の秩序は、すべての人に、人たるに値する生存を保障することを目指す正義の諸原則に適合するものでなければならない。各人の経済的自由は、この限度内においてこれを保障するものとする。」と定めている。

2 石田榮仁郎編著『日本国憲法講義』啓成社　1997 年　190 〜 191 頁参照

3 下條芳明・東裕編著『新・テキストブック日本国憲法』嵯峨野書院　2015 年　211 頁を参考にしてまとめた。

4 森戸辰男（1888 〜 1984）社会政策学者、衆議院議員、文部大臣（片山内閣・芦田内閣）、初代の広島大学学長。広島大学名誉教授。

5 鈴木義男（1894 〜 1963）法学者、東北帝国大学教授などを歴任し、弁護士。衆議院議員、司法大臣（片山内閣・芦田内閣）。

6 救貧的政策とは生活困窮者等を事後的に救済する施策。日本では生活保護法などがある。

7 漫画『健康で文化的な最低限度の生活』は柏木ハルコの作品で、小学館から刊行。生活保護を扱う区役所の生活課で働くケースワーカーの人達の姿を描いている。フジテレビでドラマ化された。

8 防貧的政策とは国が事前に困窮等の発生を防ぐ施策。日本では、年金保険、健康保険、雇用保険、労災保険がこれに当たる。

9 具体的権利説における訴訟形態は、行政や立法は何らかの必要な措置を講ずべきなのにサボってまたは気づかずに何もしてこなかったので、その必要な措置の実行を求める訴訟としての「不作為の違法確認の訴え」と、こうして下さいなどと具体的な対応を求める訴訟としての「具体的給付を求める訴え」とで意見が分かれている。

10 当時の経済企画庁が、昭和 31 年の経済白書で、「日本経済の成長と近代化」の結びに「もはや戦後ではない」と記述して、流行語となった。この根拠は、経済水準を示す最適指標の 1 人当たりの実質国民総生産（GNP）が、昭和 30 年に戦前の水準を超えたからである。また、昭和 30 年は高度経済成長の始まりとなった神武景気の幕開けの年でもあり、翌年には家電を中心とする耐久消費財ブームが始まり、冷蔵庫・洗濯機・白黒テレビが、皇室の三種の神器にちなんで「三種の神器」と呼ばれた。

11 小林昭三監修　憲法政治学研究会編『日本国憲法講義』成文堂　2009 年　159 〜 160 頁参照

12 小林昭三監修　憲法政治学研究会編『日本国憲法講義』成文堂　2009 年　161 頁引用

13 佐藤幸治『日本国憲法論』成文堂　2011 年　366 頁参照

14 当時の経済価値では、大卒初任給は概ね 15,000 円〜 20,000 円ぐらい。平成 30 年の大卒初任給は、212,304 円。因みに、院修は 229,951 円、短大卒 182,184 円、高卒 170,505 円。出典：労務行政研究所調べ。

15 社会保障制度審議会設置法に基づき，内閣総理大臣の所轄下にあって，社会保障制度の調査，審議，勧告に当たる審議会。昭和 23 年 7 月に連合国軍最高司令官から日本政府へ手交された米国社会保障制度調査団報告書の勧告に基づいて作成された。社会保障制度審議会は，社会保険に関する立法等につき政府に勧告する権能をもち，また社会保障関係の法律案や企画，運営について総理大臣並びに関係大臣は予めこの会の意見をきかなければならない。出典：『平凡社　世界大百科事典 第 2 版』

16 生活保護法 11 条は、保護の種類を、生活扶助、住宅扶助、教育扶助、介護扶助、医療扶助、出産扶助、生業扶助、および葬祭扶助の 8 種類と定めている。

17 制定時は社会福祉事業法という。平成 12 年に法律名が改正された。

18 学校教育法では、小学生を「児童」、中学生・高校生および専門学校生を「生徒」、大学生・短大生を「学生」とする呼称を定めている。

19 教科書は、昭和 38 年制定の教科書無償措置法で無償とされている。

20 富永健・岸本正司『教養憲法 11 章』嵯峨野書院　2014 年　91 頁引用

21 労働基準法 56 条 1 項「使用者は、児童が満 15 歳に達した日以後の最初の 3 月 31 日が終了するまで、これを使用してはならない。」

22 小畑史子・緒方桂子他『労働法 第 3 版』有斐閣　2019 年　4 頁〜 5 頁引用

23 他にも例えば、独占禁止法・景品表示法や下請代金支払遅延等防止法などは経済法と総称し、行政手続法・行政事件訴訟法や行政不服審査法などを行政法と総称する。

24 労使関係法、雇用関係法、労働市場法などの呼び方で分類する場合もある。

25 労働協約とは、労働組合法に基づいて労働組合と使用者の間で取り決める、労働条件その他に関する書面による同意書。労働協約の法的効力には、①労働組合員の労働契約を規律する「規範的効力」と、②当事者の労働組合と使用者との契約としての効力である「債務的効力」の二つの効力がある。

26 団体行動権には、労働組合の「争議行為」と「組合活動」が含まれる。争議権が中核をなすことから、本書では団体行動権を単に「争議権」と呼んでいる場合がある。

27 下條芳明・東裕編著『新・テキストブック日本国憲法』嵯峨野書院　2015 年　225 頁引用

28 最大判昭和 41 年 10 月 26 日刑集 20 巻 8 号 901 頁。最高裁は、「国家公務員や地方公務員も、憲法第 28 条にいう勤労者に他ならない以上、原則的には、その保障を受けるべきものと解される」と判示した。

29 最大判昭和 44 年 4 月 2 日刑集 23 巻 5 号 305 頁。

30 労働組合法 1 条 1 項「この法律は、労働者が使用者との交渉において対等の立場に立つことを促進することにより労働者の地位を向上させること、労働者がその労働条件について交渉するために自ら代表者を選出することその他の団体行動を行うために自主的に労働組合を組織し、団結することを擁護すること並びに使用者と労働者との関係を規制する労働協約を締結するための団体交渉をすること及びその手続きを助成することを目的とする。」

31 刑法 35 条の適用および労働組合法 1 条 2 項に拠る。

32 労働組合法 8 条で「正当な争議行為に関する損害賠償責任の否定」として規定化されていて、一定の要件を満たせば民事免責となる。

33 不当労働行為として、不利益取り扱い、団体交渉拒否、支配介入などがこれに当たる。

34 労働委員会は、労働組合法によって設置された独立行政委員会（労働組合法 19 条以下）。不当労働行為の審査や労働争議のあっせん、調停および仲裁をする権限を有している。厚生労働大臣の下に置かれる中央労働委員会と、都道府県知事の下に置かれる都道府県労働委員会がある。

第 **4** 章

統治機構

13-1　国会の機能

　我が国は三権分立に基づき、立法権を国会、行政権を内閣、そして司法権は裁判所と其々に属しています。今までお話ししてきた国民に保障された数々の権利を基本的人権と呼んでいましたが、本講義からお話しするこれらの機関は、総称して**統治機構**と呼んでいます。

(1) 憲法第41条で、「国会は、国権の最高機関であって、国の唯一の立法機関である。」と定めています。ここで国会を最高機関といっているのは、三権のうちでの上下関係を意味するようなものではなく、国政は国民の代表機関である国会を中心にして運営されるべきであるとの重要性を強調した程度の意味合いです。このことは、裁判所が国会により制定される法律に対しての憲法適合性の決定権限を有しており（違憲審査権）、国会が有している憲法改正の発議権（各議院の総議員の3分の2以上）も国民投票の結果で承認されない可能性があることからも窺えることであり、これらが最高機関の文言が政治的美称説の通説的見解の根拠となっています。

　立法とは、成文の法規を定めることで、これらは全てが国会を通じて行われ（**国会中心の原則**）、国会の議決だけで成立するものとされており（**国会単独立法の原則**）、明治憲法のような緊急勅令などは認められていません。もっとも、憲法自らが例外規定を設けており、両議院の規則制定権（第58条）、内閣の政令制定権（第73条）、最高裁の規則制定権（第77条）や、地方自治体の条例制定権（第94条）がこれに該当します。なお、地方自治特別法で住民投票が、憲法改正では国民投票

が必要となりますが、こちらも国会を通さない例外措置ということになります。

また、国会の機能には立法以外にも、行政の監督機関としての機能があります。内閣総理大臣の指名（第67条）や内閣が締結した条約の承認（第73条）などです。詳細は後述します。

(2) 国会の構成員たる国会議員には、国民の代表者としての自由な活動が可能となるように、歳費特権（第49条）[1]、不逮捕特権（第50条）[2]および発言免責特権（第51条）[3] の三つの特権が憲法で保障されています。そして、国会議員の権能には、議案を提案する発議権や動議提出権、更には質問権もあります。これらは国会法によってその詳細[4]が定められていますが、議案提出権の詳細については後述します。

なお、国会議員の不逮捕特権の趣旨は行政権の恣意的な運用による逮捕や議員活動の妨害を行うことを排除することにあります。したがって、このような事態を招かないような場合で、逮捕を認めることは本条違反ではありません。実際に、国会法では、国会の会期外や院外における現行犯罪の場合の逮捕を認めています（国会法33条）。

13-2 国会の構成

(1) 国会は、衆議院と参議院の二院制です。衆議院議員の任期は4年ですが、解散があります。参議院議員の任期は6年で、3年ごとに半数が改選されますが、こちらには解散はありません。

参議院はGHQの作成した憲法改正草案にはなく、元々は一院制だったのですが、政府の作成した憲法改正原案では二院制とされました。一院制では、政党政治の弊害、即ち多数党の横暴、腐敗、党利党略の優先等が起こり得る[5] というもので、戦前の立憲政友会と立憲民政党が政争

に明け暮れた挙句に軍部の政治介入を招いた反省なのか、それとも貴族院の後継的な意識が働いたのか、帝国議会での審議中に参議院が登場し二院制となりました。もっとも、二院制採用の正確な理由は、慎重な審議を行うことで衆議院の暴走を防ぎ、選挙制度が異なることから、「良識の府」として、多様な民意を多元的に国政に反映させることができ、そして議員任期が長いことから長期的視点で政策等を考えていくことができるからだとされています。また、衆議院の解散中には、参議院が緊急集会で緊急案件にも対応できるからだとされています。

　しかし参議院も、現在では衆議院と同じように政党化が進んでしまい、仮に衆議院と同一意見であるとしてもカーボンコピーなどと揶揄され、反対意見であるならばいわゆる「ねじれ現象」[6]だとして国政の停滞を招くと批判されるなど、その機能の特徴を出し切れていないようです。参議院が、本来の衆議院を抑制し補完して、健全な考えに基づき行動のできる「良識の府」や「理性の府」と呼ばれていた憲法制定時の機能が蘇り、その力が発揮されることに期待したいところです。

（2）国会は、通常国会（常会）、臨時国会（臨時会）、そして特別国会（特別会）があり、国会が開かれている期間のことを**会期**といいます。通常国会は、会期が150日で毎年1月に必ず召集されます。臨時国会は、内閣が必要と認めた場合に、または何れかの議院の総議員の4分の1以上の要求があった場合に召集されます。また、特別国会は衆議院の解散に伴う総選挙の日から30日以内に召集され、内閣総理大臣を指名します。また、衆議院の解散中に緊急案件が生じた時は、内閣は参議院に緊急集会を求めることができます。もっとも、緊急集会は、昭和27年と昭和28年の僅かに2回開催[7]されただけです。

　国会での議決は、**本会議**[8]が総議員（出席議員ではない）の3分の1で開催され、議案は原則として出席議員の過半数の賛成で可決されます。但し、例外として、秘密会の開催、議員の除名議決などや衆議院での法

律案の再可決の場合には出席議員の３分の２以上の賛成という特別多数決が必要となります。なお、憲法改正の発議は、総議員の３分の２以上の賛成を得なければなりません（第 96 条 1 項）。

(3) 国会の活動は会期ごとに独立しており、意思決定も会期ごとに完結する、**会期独立の原則**を採用しています。複数の会期にまたがるような審議は認められていません（会期不継続の原則）。法案の審議が一会期中で議決できなかった場合には、原則として廃案になります。但し、国会法は、各議院の議決で委員会に付託され開会中に審査した案件は継続審議として、後会に継続できるとされています（国会法 68 条但書）。

　会期制の採用は、明治憲法以来の慣行が強く影響していますが、時間と労力を掛けて審議した議案が会期の終了によって白紙に戻ってしまうのは不効率の極みだと思います。なお、議会制民主主義の採用国の多くは、議員の任期を単位とする立法期という制度を採用していて、議案はその期間中は継続して審議されています。

13-3　衆議院の解散

　衆議院の解散は、国政上の重要施策について、主権者たる国民の審判を仰ぐという民主的な目的達成のために設けられています。解散には、二通りあり憲法第 7 条と第 69 条に基づいて内閣が実施するものです。ひとつ目は憲法第 69 条の内閣不信任案が可決された際に民意を問うべく解散する、いわゆる **69 条解散** と呼ばれているものです。もうひとつは少々理屈を捏ねたものになりますが、憲法第 7 条 3 号が天皇の国事行為として「衆議院を解散する」と定めており、これは内閣の助言と承認により行われることから、内閣に解散権が存置するものとして内閣の判断を以て行われるものです。こちらは **7 条解散** と呼ばれています。

このように、憲法上で直接的な解散権の主体が明文化されていないことから、7条根拠説、69条根拠説、そして制度説と様々な意見が存在することになり[9]、議論されていましたが、今日では解散権は内閣にあるということで決着しています。衆議院の解散に関して裁判で争われたのが、「苫米地事件」（最大判昭和35年6月8日）【判例32】です。

なお、天皇の解散詔書は、昭和23年12月23日の戦後最初の解散の際には、「衆議院において内閣不信任の決議案が可決した。よって内閣の助言と承認により、日本国憲法第69条および第7条により、衆議院を解散する」という文言でしたが、第2回目の解散以降は、内閣不信任案が可決された場合の解散であっても、「日本国憲法第7条により、衆議院を解散する」という文言で統一されています[10]。

【判例32】苫米地事件（最大判昭和35年6月8日民集14巻7号1206頁）

　第3次吉田内閣は、昭和27年8月に憲法第7条に基づいて衆議院を解散した。いわゆる「抜き打ち解散」と呼ばれるもの。この衆議院解散で当時国民民主党所属の衆議院議員だった苫米地義三は失職した。憲法第7条を根拠とする初めての解散だったことから、苫米地氏は「憲法第69条によらない解散」であり、「解散詔書の公布に必要な全閣僚一致による助言と承認の2つの閣議も経ていない」ことから憲法違反であると主張して提訴した。第一審は解散の違憲無効、第二審は原審の取消しで上告審となった。

　最高裁は、「直接国家統治の基本に関する高度な政治性のある行為のごときは、たとえそれが法律上の争訟となり、これに対する有効無効の判断が法律上可能である場合であっても、かかる国家行為は裁判所の審査権の外にあり、その判断は主権者たる国民に対して政治的責任を負うところの政府、国会等の政治部門に任され、最終的に国民の政治判断に委ねられているものと解すべきである。」「し

たがって、現実に行われた衆議院の解散が、その依拠する憲法の条章について適用を誤ったがゆえに、法律上無効であるかどうか、これを行うにつき憲法上必要とせられる内閣の助言と承認に瑕疵があったがゆえに無効であるかどうかのごときは裁判所の審査権に服しない。」と判示して、上告を棄却した。

　このように本事案において、最高裁は、「衆議院の解散は、極めて政治性の高い国家統治の基本行為」で、「法律上の有効無効の審査は司法の権限外」であり、「政府の見解を否定して、本件解散を憲法上無効なもの」とするようなことはできないとして、統治行為論に立った判断で、解散権の所在やその行使手続に関する判断は何もしていない。

13-4　国会の権限

　国会には、法律の制定（第41条）、予算の議決（第60条）、条約の承認（第61条）、内閣総理大臣の指名（第67条）、そして憲法改正の発議（第96条）など、国政の重要な権限が幾つもあります。また、衆議院の内閣不信任決議権（第69条）や、司法権の監視のために、罷免訴追を受けた裁判官を裁判する弾劾裁判所も設けることができます（第64条）。そして、衆議院および参議院は各議院の自立権として、議院規則制定権や議院運営役員選任権などの権限を独自に行使することができます。

　両議院の権限は原則として対等ですが、予算の議決、条約の承認、内閣総理大臣の指名および法律案の議決（第59条）については、**衆議院の優越**が認められています。また、衆議院だけに与えられている、予算の先議権（第60条）と内閣不信任決議権についても優越されたものと

考えられています。

　国会の議決となるには、両議院における意見の一致が必要です。両議院の意見が異なる場合には「両院協議会」[11]で意見の一致に努めることになります。予算の議決と条約の承認は、両院協議会でも意見の一致がない場合、または衆議院の可決後に参議院が休会中の期間を除いて30日以内に議決しない場合には、衆議院の議決が国会の議決となります。内閣総理大臣の指名も両院協議会の対応は同じですが、参議院が休会中の期間を除いて10日以内に議決しない場合には衆議院の議決が国会の議決になります。法律案の議決についても、衆議院で可決後、参議院が否決または60日以内に議決しない場合には、衆議院が出席議員の3分の2以上で可決すれば法律となります。これを、「60日ルール」や「みなし否決」と呼んでいます。

　また、憲法第62条は、いわゆる「国政調査権」を各議院に与えています。国政全般についての調査、証人の出頭や証言・記録の提出を求めることができます。但し、現に係争中の事案については、司法権の独立を侵害するということから調査できません。

13-5　法律の制定

（1）法律議案の提出

　法律は誰が提出しどのように審議され制定されているのでしょうか。法律議案を提出する**発議権**は、一般的には**議案提出権**（法案提出権ともいう。）と呼んでいますが、憲法では、提出権者についての定めはありません。しかし国会が唯一の立法機関（第41条）としていることから国会議員が議案提出権を有しているとするのに反対意見は生じていません。

　国会法では、一定数以上の支持を得た国会議員や委員会に議案提出権

を認めています。衆議院から提出されたものを「衆法」と呼び、参議院で提出されたものは「参法」と呼ばれることがあります。議員が法律案を提出したものは議員立法と呼ばれています。

　内閣からの法案提出されたものは「閣法」と呼ばれており、詳細は内閣法に明記されています。

　議案提出権を行使できる者の要件は、次表の通りです。

議案提出権者（法案提出権者）		
議員	衆議院では議員20人以上、参議院では議員10人以上で議案を提案できる。 但し、予算を伴う議案の場合には、衆議院では議員50人以上、参議院では議員20人以上とハードルが高くなる。	国会法56条
委員会	所管事項に限り、委員長が議案を提出できる。	国会法50条の2
内閣	閣議決定、内閣総理大臣が代表して議案を提出できる。	内閣法5条

（2）議案の審議

　議案審議の詳細についても国会法[12]で定めています。議案が提出されると、所管の委員会に付託されます。委員会には常任委員会と特別委員会があります。**常任委員会**は、予算委員会、厚生労働委員会や文部科学委員会など両院共に17の専門領域に分かれた常設委員会です。**特別委員会**は、必要な案件に応じて設置されるもので、災害対策特別委員会などがあります。

　法律案を含む全ての議案は、委員会で審議されます（委員会中心主義）。審議の専門性および効率性を重視した運営方式で、採決されると、委員長が委員会審査の経過および結果を所属議院に報告します。その後に本会議で採決が行われます。表決は出席議員の過半数によります。委員会の委員は各会派の所属議員の比率に応じて選任されることから、委員会で可決された議案が本会議で否決されることは、平成17年（2005）の郵政民営化法案など極僅かであり、実際には殆どありません。一方の議

院で可決された議案は、他方の議院に送付されて同様の手続で審議・採決が行われます。

13-6　参政権

(1) 参政権とは、国民が国政に参加する権利であり、国民主権の原理に直接繋がる特徴を持っています。

　衆議院議員は、小選挙区と地域ブロック別の比例代表選出で選ばれ、参議院議員は、原則として都道府県単位の選挙区と全国エリアからの比例代表選出で選ばれており、其々に**定数**が決められています。しかしながら、経済の一極集中化が益々進むなど、都市部人口の過密化の中で、都市部と過疎地域において議員一人当たりの有権者に不均衡が生じて「一票の重み」に違いが出てくると、法の下の平等に反するとして、司法による憲法判断が頻繁に求められています。

　したがって、現在では衆議院議員選挙においては定数の削減と、国勢調査に基づく選挙区割の変更を伴う改正が行われ、参議院議員選挙においても、合同選挙区[13]を創設して一票の重みに違いが出ないように対応の努力が図られています。

(2) 我が国では、普通選挙制度[14]に基づいて選挙が行われています。選挙権は、日本国籍を有する満 18 歳以上の者です[15]。禁固以上の刑に服している者や、選挙違反で公民権が停止されている者には、選挙権が認められていません。被選挙権は、選挙当日の年齢が、衆議院議員・都道府県議会議員・市町村議会議員や市町村長については満 25 歳以上、参議院議員と都道府県知事は満 30 歳以上です。そして都道府県議会議員や市町村議会議員については、当該議員の選挙権も有していなければなりません。選挙権と被選挙権を合わせて**参政権**といい、選挙の実際は公職

選挙法に定めるルールに従って行われています。

(3) 外国人の参政権について。参政権は自然権的な権利ではなく、国民が自らの国の政治に参加していくとする権利なので、国政について外国人に選挙権を与えることは、国民主権の原理に反する禁止行為であって憲法違反となります。しかしながら、地方議員の選挙については、最高裁が、憲法第93条2項の住民を、これまた日本国民として捉えて、在留外国人に選挙権は付与されないとしつつも、定住外国人については法律を以て地方参政権を認めることは可能であると判断しています[16]。なお、定住外国人とは、「国内に在留する外国人のうち、短期滞在者、旅行者および難民条約上の難民などを除き、一定の長期間在留する外国人の総称」[17] です。

〈注〉

1 歳費特権。国会議員は、法律の定めるところにより、国庫から歳費を受け取ることができる。

2 不逮捕特権。国会議員は、国会の会期中は院外（国会外）における現行犯逮捕を除いて、所属議院の許諾がなければ逮捕されない。会期前に逮捕されていても、所属議院の要求があれば国会の会期中に限って釈放しなければならない。

3 発言免責特権。議院で行った演説、討論、表決について国会外ではその責任は不問とされ、刑罰を科されることや、損害賠償請求の対象とはならない。

4 発議権は、後述本文を参照。質問権は、議員は質問主意書を作成して質問することができ、それを受けた内閣は受領後 7 日以内に答弁しなければならない。緊急を要する質問は議院の議決があれば口頭でもできる。

5 「憲法改正案に対する想定問答」昭和 21 年 4 月内閣法制局に拠る。

6 与党が衆議院で過半数を制していても参議院ではそうではない場合に、法案審議に時間が極端に掛かり過ぎることや、衆議院で可決された議案が参議院で否決されると、国会の意思決定が遅れてしまう状態のこと。

7 昭和 27 年 8 月 31 日に「中央選挙管理会の委員および予備委員の任命」のための開催と、昭和 28 年 3 月 18 日から 20 日までに「昭和 28 年度一般会計暫定予算等」のための開催の二例。

8 明治憲法下の帝国議会における審議方式は本会議主義であったが、日本国憲法下の国会においては、米国議会に倣って委員会中心主義が採用されている。委員会には、予算、厚生労働、環境などの常任委員会と、必要な案件の審議の為に会期ごとに設置される特別委員会がある。なお、委員会は必要に応じて公聴会を開催して、学識経験者などから意見を聴くことができる。

9 ① 7 条根拠説は、「天皇による国事行為による衆議院の解散は、内閣の助言と承認によって行われることから、内閣に実質的な解散決定権がある」というもの。② 69 条根拠説は、「衆議院で内閣不信任決議案が可決された場合にのみ、内閣が解散を決定できる」というもの。③制度説は、「三権分立制や議院内閣制が採用されている憲法の全体的構造から、内閣に解散決定権がある」とするもの。

10 下條芳明・東裕編著『新・テキストブック日本国憲法』嵯峨野書院　2015 年　266 頁参照

11 両院協議会は、両議院から各 10 名ずつ選出された委員 20 名で構成され、衆議院と参議院の意見不一致の場合に開催される。予算の議決、条約の承認、内閣総理大臣の指名については必ず開催しなければならない。法律案の議決については任意開催となる。

12 国会法 40 条、46 条、53 条、56 条など

13 参議院合同選挙区。参議院議員通常選挙における、議員一人当たりの有権者数の不均衡による一票の格差について、平成 24 年に最高裁は都道府県単位の選挙区制度に否定的な見解を出した。平成 27 年に公職選挙法が改正されて人口の少ない県の選挙区を合わせることとして、鳥取県と島根県、徳島県と高知県の選挙区を其々合区とした。

14 大正 14 年に 25 歳以上の男子に選挙権が認められ、昭和 20 年には 20 歳以上の国民全てに選挙権が認められた。

15 市町村または特別区に引き続き 3 カ月以上住所があり居住実績があって、選挙人名簿に登録されていることが要件。

16 「定住外国人地方参政権事件」（最判平成 7 年 2 月 28 日民集 49 巻 2 号 639 頁）

17 下條芳明・東裕編著『新・テキストブック日本国憲法』嵯峨野書院　2015 年　93 頁参照

第14講　内閣

14-1　議院内閣制

　日本国憲法は議院内閣制を採用しています[1]。**議院内閣制**とは、議会制民主主義の発祥国である英国で誕生した政治制度です。権力分立の要請から行政権と立法権を厳密な区分とはせずに、程よく均衡を保って相互抑制できる仕組みであり、主権者たる国民により選出された議会の意思を内閣に反映させていく制度です。我が国においても、国会と内閣の垣根は低いものとなっており、ドイツやイタリアなどでも議院内閣制を敷いています。議院内閣制においては、内閣総理大臣は国民が選挙で選ぶ国会議員の中から選出されますが、一般的には議会の多数党から選ばれることから、**政党内閣制**と呼ばれています。なお、米国の場合のような大統領制では、三権分立が厳密化されていることから、米国大統領は事実上の直接選挙制で選ばれています。

14-2　内閣の組織

(1) 憲法第65条の「行政権は、内閣に属する。」とは、内閣が最高行政機関であることを定めています。これに基づき、内閣府設置法、国家行政組織法、各省設置法が制定されていて、其々の組織が設けられ権限などの配分が行われています。但し、人事院は内閣直轄で、国家公務員法を法的根拠としています。もっとも、全ての行政権を独占している訳ではなく、例外的に第90条に規定する、国の収入支出の決算を検査し

国会に報告する憲法上の機関として**会計検査院**があります。

　それでは、憲法に明文化されていない人事院や公正取引委員会、中央労働委員会など、内閣から独立した態様をとっている行政委員会[2]はどのように考えればよいのでしょうか。

　行政委員会は、特定分野[3]の行政権を有し、準立法的および準司法的な機能を兼ね備えて、任期付き委員[4]による合議制であって、内閣の指揮監督に服さずに独立して職務を行う機関のことです。戦後に米国に倣って導入されました。過去にはその合憲性につき色々議論されてきましたが、現在では合憲とするのが通説となっています。その理由は、憲法第65条が全ての行政権の帰属を明記している訳ではなく、またその範囲も、「政治的中立性を必要とする専門的で公正な判断」を必要とする分野に限られており、内閣に委員任命権や予算編成権も担保されており、実質的な管理下に置かれているからです。

　なお、国の行政事務遂行の一部機関として、国立病院機構、国立公文書館などの独立行政法人[5]や、日本放送協会、日本郵政株式会社などの特殊法人[6]があります。

（2） 内閣は、首長たる内閣総理大臣とその他の国務大臣で組織されます。これらの内閣の構成員は、法務省や財務省、防衛省、環境省などの省庁[7]の大臣でもあります。行政事務を分担管理しない無任所大臣の存在も認められています。内閣総理大臣は、明治憲法下のように内閣構成員の「同輩中の首席」に過ぎず他の大臣と対等の地位というような弱い立場ではなく、**内閣の首長**としての地位が認められており、内閣の代表です。法律・政令の署名や主任大臣と共に副署もでき、構成員たる大臣の任免・罷免もできます。そして、国会の承認を得て、自衛隊の防衛出動を命じる権能なども認められています。

14-3　内閣の構成員と意思決定

　内閣の構成員の資格については憲法で、①内閣総理大臣とその他の国務大臣は文民であること、②内閣総理大臣は国会議員であること、③国務大臣の過半数は国会議員であるとの三要件が定められています。

　内閣は、内閣総理大臣および国務大臣によって構成される合議体です。職務は、憲法第73条などの規定に掲げられるものの他、内閣法などの個別法によります。

　内閣の意思決定は、内閣総理大臣が主宰する閣議です。この閣議に基づいて、内閣総理大臣が職権を行使し、行政各部を指揮監督していきます。なお、閣議における意思決定は全会一致によるとするのが慣行であり、通説もこれを支持しています。

　国務大臣の人数は、内閣法2条により、**原則14人以内**ですが、同条但書で「特別に必要がある場合においては」として、17人以内とすることが認められています。更に内閣法附則で、**最大で20人**とすることが認められています[8]。

14-4　文民条項

(1) 憲法第66条2項は、「内閣総理大臣その他の国務大臣は、文民でなければならない」と定めています。この文民たる「civilians」について説明します。**文民条項**と呼ばれていますが、文民の解釈には色々意見が分かれています。そもそもは軍人たる武官でない者を指す言葉でしたが、現実的には文民とは、「①過去において職業軍人としての経歴を持たない者、②職業軍人の経歴を持っていても軍国主義的思想を有していない者、そして③現職の自衛官（いわゆる自衛隊の制服組）でない者や、

過去に自衛官の地位にあり退職した者」が該当するとの見解が多数説となっています[9]。

　もっとも、令和時代の我が国では、旧帝国陸海軍に在籍していた方は超高齢な方なので、最早①と②は考えにくい状況です。また、自衛隊の規模と役割の拡大に伴い、③の退職自衛官を文民と見る向きに反対の意見も根強く存在しており、退職自衛官についても、一定以上の幹部自衛官には退官後何年かを経過すれば文民と容認するようなルールを作るべきだとの現状を否定するような改革意見などもあります。

　私は、民主主義教育を十分に受けて、憲法尊重擁護義務の遵守を宣誓した自衛官をこのように疑うことについて大きな違和感を持つ次第であり、これらの意見こそが、職業選択の自由を極端に狭める違憲的な考えであって容認できません。

(2) そもそも文民条項は、GHQ の憲法改正草案にも、政府の憲法改正草案要綱にもなかったものですが、衆議院の憲法改正小委員会において、芦田均委員長が、第9条2項の冒頭に「前項の目的を達するため」を新しく挿入することを提案し、その直後に極東委員会がGHQ に命令して、政府に文民条項を挿入させたという経緯があります。極東委員会において、日本の報復を極端に恐れるソ連が、日本側の再軍備の意図を察知して挿入を働き掛けたともいわれていますが真意は定かではありません。

　何れにしても、明治憲法が軍部大臣現役武官制によって軍部が台頭し政治に介入して、せっかくの政党政治による民主主義的傾向にあった社会を一挙に崩壊させるに至った戦前の苦い経験による反省から、当時の国民というよりも内務官僚が中心となって、米国的な**文民統制**[10]（シビリアン・コントロール）[11] の実現を望んでいたのです。

14-5　内閣総理大臣の権能

　内閣総理大臣には、次の三つの地位、特権が認められています。根拠法は、憲法第 66 条、第 68 条の他、内閣法、内閣府設置法や国家行政組織法です[12]。

① 内閣の首長としての地位。閣議を主宰、重要政策に関する基本方針などの案件の発議権、国務大臣の任免権、国会への議案提出権、一般国務・外交関係の国会への報告権、行政各部の指揮監督権、権限疑義の裁定権、中止権を有する。

② 内閣府の長としての地位。内閣府に関しては他の国務大臣と同じように主任大臣の権限を有する。

③ 内閣に直属する部局（内閣官房、内閣法制局、安全保障会議）の行政事務についての主任大臣の地位にある。

　なお、内閣総理大臣が各省の大臣を兼任することも可能です。第 1 次、第 2 次および第 3 次吉田内閣において、吉田茂首相が外相を兼任していたことは有名です。第 1 次小泉内閣（小泉純一郎首相が外相を 3 日間兼任）など沢山の例があります。

【判例 33】ロッキード事件丸紅ルート訴訟
（最大判平成 7 年 2 月 22 日刑集 49 巻 2 号 1 頁）

　米国航空機会社であるロッキード社の意向を受け、丸紅社長は、田中角栄総理大臣（当時）に対して、ロッキード社製航空機購入を全日空に勧奨するように依頼し、成功報酬として 5 億円の資金提供がなされた。田中総理大臣は受託収賄罪容疑で起訴された。同罪成立の要件となる当該公務員が請託案件についての職務権限を有して

いるか否かが争点となった。

　最高裁は、「内閣総理大臣は、少なくとも、内閣の明示の意思に反しない限り、行政各部に対し、随時、その所掌事務について一定の方向で処理するよう指導、助言などの指示を与える権限を有するものと解するのが相当である」、「したがって、内閣総理大臣は、運輸大臣に対して民間航空会社の機種選定に対する行政指導を行わせるよう働きかけることもできるので職務権限を有する」と判示した。

14-6　内閣の権能

(1) 内閣の権能は、憲法第73条に次のように明記されています。

　　①国会の制定した法律を誠実に執行する。
　　②行政に必要な政令を制定できる。
　　③外交関係に対応、処理し、条約を締結する。

　政令とは、国の行政機関が制定する成文の法の命令のこと、つまり内閣が制定する命令のことです。なお、政令で罰則を設けるには、法律の委任が必要です（憲法第73条）。

　条約の締結は、事前または事後に国会の承認があってはじめて批准できます。他にも、天皇の国事行為についての助言と承認、最高裁長官の指名やその他の裁判官の任命などがあります。

　内閣は、任意に総辞職することもできますが、次の場合は、憲法の定めるところにより総辞職をしなければなりません。なお、内閣による衆議院の解散権については、前述の第13講で説明しています。

①衆議院で内閣不信任案が決議された場合（第69条）
②衆議院総選挙の後に新国会が召集された場合（第70条）
③内閣総理大臣が欠けた場合（第70条）

(2) 前述の**閣議**について。内閣法4条は、「内閣がその職権を行うのは、閣議による」と定めています。しかしながら、憲法上は閣議については触れておらず、その議事進行の手続についての法律も存在していません。閣議についての、様々なことについては、明治憲法時代（内閣官制）からの憲法習律が成立しているとの考え方もありますが、何れにしても全てが慣習によって行われているのです。これらに鑑みると、閣議とは、招集権者である「内閣総理大臣がこれを主宰し」（内閣法4条）、原則として全閣僚が出席して開催される、内閣の意思決定を行う合議制の会議ということになります。なお、**閣議決定**とは、法律上規定された内閣の権限事項の決定のことです。

〈注〉

1 議院内閣制が採用されている根拠に、憲法第 63 条（議院での発言権等）、憲法第 69 条（衆議院の解散権）、憲法第 66 条（国会に対しての責任）も挙げられる。

2 独立行政委員会ともいう。国家公務員法による人事院、内閣府設置法に拠る公正取引委員会（委員長は認証官）、国家公安委員会（大臣委員会）、個人情報保護委員会、カジノ管理委員会、国家行政組織法による中央労働委員会（厚生労働省管轄）、運輸安全委員会（国土交通省管轄）、原子力規制委員会（環境省管轄）などがある。

3 特定分野とは、「政治的中立性を必要とされる分野、多元的利害の調整を必要とされる分野、専門的知識が必要とされる分野、公正迅速な判断が必要とされる分野」など。

4 委員は、原則として内閣が国会の承認を得て任命し、任期中に内閣から罷免されない。

5 独立行政法人とは、独立行政法人通則法 2 条。独立行政法人制度とは、各府省の行政活動から政策の実施部門のうち一定の事務・事業を分離し、これを担当する機関で独立の法人格を有する。業務の質の向上や効率性の向上、自律的な運営、透明性の向上を図ることを目的とする制度。理化学研究所、国際協力機構、造幣局、国立印刷局、産業技術総合研究所、公立大学法人、日本貿易振興機構など。

6 特殊法人とは、政府が必要な事業を行おうとする場合、その業務の性質が各種の制度上の制約から企業的経営に馴染むことができない場合などに、特別の法律により設けられた法人。国家的責任を担保するに足る特別の監督も行われる。日本郵便株式会社、日本電信電話株式会社、日本たばこ産業株式会社、株式会社日本政策金融公庫、放送大学学園、日本私立学校振興・共済事業団、日本年金機構、日本中央競馬会など。令和 4 年（2022）4 月 1 日現在 33 法人ある。

7 法務省、総務省、外務省、財務省、経済産業省、国土交通省、農林水産省、環境省、厚生労働省、文部科学省、防衛省、そして内閣府の 1 府 11 省。他に各省の外局として、公安調査庁、国税庁、中小企業庁、特許庁、文化庁、観光庁などがある。

8 附則 2 項は、「国際博覧会推進本部が置かれている間」は、国務大臣は原則 15 人以内、更に「特別に必要がある場合」においては 18 人以内。附則 3 項は、「東京オリンピック競技大会・東京パラリンピック競技大会推進本部が置かれている間」は、国務大臣は原則 16 人以内、「特別に必要がある場合」においては 19 人以内。附則 4 項は、「復興庁が廃止されるまでの間」は、国務大臣は原則 17 人以内、「特別に必要がある場合」においては 20 人以内。

9 富永健・岸本正司『教養憲法 11 章』嵯峨野書院　2014 年　133 頁参照

10　文民統制と文官統制は機能的意味が異なる。「文民統制」はシビリアン・コントロールの訳語で、政治家が軍隊を統制することを指す。自衛隊法では、自衛隊は文民である内閣総理大臣や防衛大臣が指揮監督すると規定されている。「文官統制」は、防衛大臣を政策の専門家である文官（背広組）が支え、自衛官（制服組）を統制する仕組み。戦前、戦中に軍部が暴走した反省から生まれ、文民統制を強化する制度として位置づけられてきた。朝日新聞平成 27 年 3 月 7 日朝刊参照

11　いわゆる文官統制は、平成 27 年（2015）の防衛省設置法 12 条の改正で、防衛参事官制度が廃止されたことにより消滅したとの意見がある。これまではいわゆる背広組と呼ばれている各内部部局の局長が兼務する防衛参事官によって防衛大臣を補佐し、防衛基本政策や警備方針の策定、自衛隊の行動、陸海空の組織・編成・装備および配置などの施策に関与し、事実上制服組の自衛官より優位な立場で業務を行ってきた。

12　内閣法 4 条や 8 条、内閣府設置法 6 条、国家行政組織法 5 条など。

第15講 司法

15-1 司法権と裁判所

(1) 憲法第76条1項に、司法権は、最高裁及び明文で法律の定めるところにより設置する下級裁判所に属するとあります。下級裁判所とは、高等裁判所、地方裁判所、家庭裁判所、そして簡易裁判所のことです。

　最高裁判所は東京にあり、高等裁判所は東京、大阪、名古屋、広島、福岡、仙台、札幌、高松の8カ所に設けられています。地方裁判所と家庭裁判所は全国に各50カ所、簡易裁判所は438カ所あります。なお、平成17年には知的財産関係の専門性に対応し裁判の迅速化を図るため、特別支部の「知的財産高等裁判所」が設置されています。

　司法権とは、具体的な争いが生じているときに、法を適用してその解決を図っていくことです。これを裁判所法では「法律上の争訟」と呼んでいます。法律上の争訟の要件は、①当事者間の具体的な権利義務または法律関係の存否に関する争いであること。②法律を適用することにより終局的に解決することができることです。したがって、具体的事件性がなければ原則として司法権はおよびません[1]。

　また、通常の裁判所の系列から外れる特別裁判所の設置は禁止されています（憲法第76条）。もっとも、第64条に定める裁判官の弾劾裁判所は、憲法が認めた例外となります。

　最高裁は、内閣が指名し天皇が任命する長官の他、内閣が任命し天皇が認証[2]する14名の裁判官で構成されています[3]。下級裁判所の裁判官は、最高裁が指名した名簿の中から内閣が任命します。下級裁判所の裁判官の任期は10年で再任を妨げないとされています（憲法第79条2項）。

（2）裁判の進め方は、慎重な審理を行って誤審を防ぐために**審級制度**が採用されています。判決に不服がある場合は同一事件について異なる階級の裁判所で3回まで裁判が受けられます。最初の裁判の原審以降、控訴審、上告審の順に進む審級で、**三審制**とされています。また、刑事裁判では、「疑わしきは被告人の利益に」との考えの下で、誤審で有罪が確定してしまった無実の人を救済するための再審制度も設けられており、確定判決後であっても再審理の道が開けています。なお、海難審判所や労働保険審査会などの行政機関が裁判所の裁判の前審として審判、裁決、決定を下すことも裁判所法で認めています。これは**裁判前置主義**と呼ばれています。

　また、憲法第82条の定めるところにより、裁判は原則として公開で行うとされていますが、裁判官が全員一致で「公の秩序または善良の風俗を害する」と判断した場合は非公開も認められています。もっともこのようなときであっても、政治犯罪・出版犯罪・国民の権利問題に関する対審[4]は、常に公開としなければなりません。

　最高裁には、訴訟手続、弁護士や裁判所の内部規律、そして司法事務処理などの規則制定権や、裁判所職員を監督する司法行政の監督権などの権能もあります。

15-2　司法権の独立

　憲法第76条は、公正に裁判が行われ且つ人権が確保されるように、裁判官が不当な圧力や干渉を受けない、独立した職権行使を保障しています。これを**司法権の独立**と呼んでいます。裁判所は他の行政機関から独立しており、裁判官の職権についても独立性が確保されています。

　司法権の独立に対する干渉事件をふたつ紹介します。

①明治憲法下の大津事件（明治24年）

　　来日中のロシア帝国ニコライ皇太子が、滋賀県滋賀郡大津町（現大津市）で警備の巡査に突然斬られて負傷した事件。

　　当時の日本は未だ発展途上国であった。この事件は、列強ロシア帝国の艦隊が神戸港にいる中で発生したことから、武力報復や領土割譲要求なども予想される国家的な危機事態であった。松方正義内閣は、このような外交上の配慮から、天皇や皇族に危害を加えた際に適用される大逆罪（量刑は死刑のみ）の類推適用を強く求めて、巡査の死刑判決を下すように大審院に圧力を掛けた。しかしながら、大審院長児島惟謙[5]は、「大逆罪には当たらない」としてこれを拒否し、裁判で巡査は死刑を免れ無期徒刑となった。司法権の独立が維持され、その後児島は「護法の神様」と呼ばれるに至った。本件は、日本法制史において三権分立の意識を高めた重要事件とされている。

②浦和事件（昭和24年）

　　夫が妻子を顧みず賭博に没頭して全財産を失ったため、子供の将来を悲観した妻が親子心中を図り3人の子供達を絞殺した事件。

　　浦和地裁は「犯行動機に情状酌量すべき点がある」として執行猶予付きの判決を下した。この判決を巡って、国会と最高裁が対立した。当時は未だ連合国軍の占領下にあったため、GHQが介入して「量刑が軽く不当な判決」だと指摘した。これを忖度したのか、参議院法務委員会は国政調査権を行使して担当検事を証人に呼ぶなどして調査し、量刑が軽く不当だと評価した。これに対して、最高裁は、「国政調査権は、国会の立法権、予算審議権等の適法な権限行使に際しての資料収集調査等の補充的権限に過ぎないのに、個別裁判の量刑等の当否を評価し、指摘し、是正を勧告するような行動は、賦与権限の領域を超えている」との理由で、

司法権の独立を侵害する行為であると強く抗議した。

15-3　司法権の限界

　法律上の争訟が認められても、司法権が及ばない例外事項があります。明文では、憲法第64条の裁判官の弾劾裁判がありますが、それ以外にも、判例において、自律権事項、自由裁量行為、および統治行為がこれらに該当するとされています。

　①国会または議院の自律権事項

　　　自律権とは、特定の機関の内部事項については、他の機関の干渉を受けずに自主的に決定できる権能のことです。最高裁は、国会内での議事手続の混乱があったことで無効を求めた事案において、「裁判所は両院の自主性を尊重して議事手続の適法について判断すべきでない」と述べています。

　②自由裁量行為

　　　政治の領域については、その裁量の範囲で自由に政策決定されることが、そもそも期待されていることから、裁量の範囲を逸脱するか、濫用した場合でないと、裁判所は判断できないとされています。生活保護法の保護基準の設定で争われた朝日訴訟や堀木訴訟で示されており、**裁量行為論**と呼ばれているものです。

　③統治行為

　　　統治行為とは、「直接国家統治の基本に関する高度に政治性のある国家行為」のことです。このような行為の判断は、主権者たる国民に対して政治的責任を負う政府、国会の判断に委ねられるもので、最終的には国民の政治判断に委ねられることになります。

したがって裁判所の判断は及ばないとされています。苫米地事件の最高裁判決で示されており、**統治行為論**と呼ばれているものです。

15-4　国民の司法参加

　一般国民が裁判に関わっていくことを、「国民の司法参加」と呼んでいます。陪審制や参審制といわれる制度があります。**陪審制**は、法律の専門家でもない一般国民を直接裁判に参加させることで、健全で日常的な常識に期待して審議をする制度です。米国ではその歴史は長く、憲法上の制度として行われており、その態様は映画などでも知ることができます。我が国では、意外にも明治憲法下の大正12年に陪審法が制定されて、刑事事件に限って実施されていました。もっとも殆ど機能せず、法律は廃止こそされていませんが、昭和18年以降その運用は長きに亘って停止されています。一方の**参審制**は、ドイツやフランスなどの欧州で広まっており、職業裁判官と一般国民が共同して裁判を行っていくものです。陪審制がマスコミ報道や個人感情に左右されるなどによって、その判断がぶれるなどの欠点が指摘されることもあることから、この点を改善したような制度です。

　我が国ではその後も陪審制は復活しませんでしたが、平成15年頃に司法改革[6]の一環として、参審制に近い裁判員制度の導入が決定され、平成21年からスタートしています。一般国民が裁判に公平な環境で参加できて、職業裁判官の視点だけではなく市民感覚も取り入れ、より積極的に開かれた裁判の実現を目指したものです。

　裁判員制度は、原則として、一般国民から選ばれた6名の裁判員[7]と、職業裁判官3名で構成されており、共同して重大な刑事事件の有罪決定などの量刑を行っていきます[8]。しかしながら、一般国民の裁判員の積極

度に濃淡があり職業裁判官との合議の際に欠席するなど、或いは裁判員制度で市民感覚的な判決がなされても、結局は職業裁判官だけで構成されている高等裁判所がこれらを覆す判決を度々していることから、時間の無駄であるなどとの批判的な意見もあります[9]。

15-5　違憲審査権

(1) 違憲審査権は、最高裁が「憲法の番人」といわれる所以です。下級審も含めた裁判所にも違憲審査権はあります。**違憲審査権**は、憲法第81条を根拠に、①最高法規としての憲法の効力を担保するために、②国民の基本権を擁護する「憲法の番人」として、③三権分立の抑止力として憲法解釈によって司法の独立性を保っていくために認められている権限です。

　我が国の違憲審査権は、通常の裁判所において**具体的係争事案**を解決すべき際に限って行使されています。したがって、次のような場合には留意する必要があります。

> ①刑事事件や民事事件が具体的に提訴されない場合は、違憲審査は行われない。
> ②係争事案に関係がない場合についても、違憲審査は行われない。
> ③違憲判決の効力も、その事案の解決に限った法律適用の排除に留まる。したがって、国会がその該当条文を削除しない限り、法律そのものの適用は失効しない。

　なお、最高裁において新たに憲法判断がなされる場合には大法廷で審議[10]されます。

（2）違憲審査権は、もともと米国で定着、発展してきたもので、戦後は、ドイツやオーストリア、アジア諸国などにもその考え方が普及しています。我が国においても、米国に倣って導入したというか、強制されたというか、兎にも角にも違憲審査制度が設けられて、国民に馴染み定着しています。

　もっとも、違憲審査権も各国の制度によって内容に違いがあります。米国方式では、具体的紛争事案の裁判でその解決に必要な範囲で法令がどのように適用されていくのかを前提として、通常の裁判所が違憲・合憲を判断しています。これを**付随的違憲審査制**と呼んでいます。一方のドイツ方式では、具体的な紛争事案に関係なく、特別に設置された憲法裁判所が、当該法令の違憲・合憲を抽象的に判断します。こちらは**抽象的違憲審査制**と呼んでいます。

　もっとも、付随的違憲審査制を前提としても、最高裁判例では「先例としての事実上の拘束力が認められる」[11]とされています。

　なお、我が国の違憲審査制度は、何れに属しているのかと議論のあるところですが、そもそも憲法改正草案は米国により作られたものですから、当然に米国方式に属するものと考えるところであり、なぜ議論の余地があるのかが不思議に思えます。

（3）過去に違憲とされた訴訟は、**法令違憲**については、次の11事案です。法令違憲とは、法令の全部または一部に対して憲法違反とされるものです。

　①尊属殺重罰規定事件（昭和48年4月4日判決）、②薬局距離制限事件（昭和50年4月30日判決）、③衆議院議員定数訴訟（昭和51年4月14日判決）、④衆議院議員定数訴訟（昭和60年7月17日判決）、⑤森林法共有林分割制限訴訟（昭和62年4月22日判決）、⑥郵便法賠償責任制限規定訴訟（平成14年9月11日判決）、⑦在外日本人選挙権制限規定訴訟（平成17年9月14日判決）、⑧国籍法婚外子差別事件（平

成 20 年 6 月 4 日判決)、⑨非嫡出子相続分規定訴訟(平成 25 年 9 月 4
日決定)、⑩女性再婚禁止期間訴訟(平成 27 年 12 月 16 日判決)、⑪在
外邦人国民審査権制限訴訟(令和 4 年 5 月 25 日判決)。

　このように日本国憲法が成立して以後、最高裁が法令そのものを違憲
とした判決は、令和 4 年 12 月時点では、11 事案だけしかありません。

　また、**適用違憲**とされた事案には、愛媛玉串料訴訟(平成 9 年 4 月 2
日判決)、空知太神社事件(平成 22 年 1 月 20 日判決)、孔子廟訴訟(令
和 3 年 2 月 24 日判決)などがあります。適用違憲とは、法令自体は合
憲とされ、その法令を当該事案の当事者に適用する限りにおいては憲法
違反とされることです。

〈注〉

1 公職選挙法に定める選挙訴訟や、地方自治法に定める住民訴訟のような、いわゆる民衆訴訟において、具体的事件性が無くても出訴できる制度もある。

2 法律用語としての認証は、「ある行為または文書が正当な手続・方式でなされたことを公の機関が証明すること」とされる。本文の説明は、憲法第7条5号に定める天皇の国事行為の、「国務大臣及び法律の定めるその他の官吏の任免並びに全権委任状及び大使及び公使の信任状を認証すること。」に該当する。天皇の認証を受ける官職を認証官と呼ぶ。

3 最高裁の裁判官は、裁判所法で「識見が高く法律の素養がある40歳以上の者から任命される」と定められている。定年は70歳。必ずしも法曹資格は必要なく、内閣法制局長官や外務省国際法局長らが選ばれることがある。

4 対審とは、係争当事者が法廷に出頭し、裁判官の面前で其々が主張し審議を進めていくこと。民事訴訟や行政訴訟では口頭弁論期日、刑事訴訟では公判期日がこれに該当する。

5 児島惟謙（1837 ～ 1908）。裁判官、貴族院議員、衆議院議員。

6 法科大学院制度もこの司法改革の一つとして誕生した。

7 地方裁判所が有権者の中からくじで選定する。

8 富永健・岸本正司『教養憲法11章』嵯峨野書院　2014年　152頁参照

9 社説朝日新聞平成31年5月20日朝刊

10 最高裁の判例変更を審議する場合も大法廷で行う。

11 工藤達郎編『憲法判例インデックス』商事法務　2014年　102頁引用

第16講   地方自治

16-1 憲法と地方自治

　地方自治は、憲法第92条で「地方自治の本旨」を、第93条と第94条で、前者は地方公共団体（地方自治体ともいう。以下「地方自治体」という。）の組織・機関に関して、後者は、地方自治体の広範な権限の付与について定めています。第95条ではいわゆる地方特別法を定めています。

　地方自治は、地域の住民が自らの意思でその地域社会の政治を行う制度です。「民主主義の学校」などとも呼ばれているように、**民主主義的**な意義を有しており、他方では、中央集権体制に対する権力の分散を図り、国家権力の専制的な行使の抑止にもなるという、**自由主義的**な意義も有しています。

　第92条の**地方自治の本旨**とは、「地方における行政の本来の在り方或いは地方自治を認めるべき本来の目的」[1]を意味しており、団体自治と住民自治のことです。本条を受けて地方自治法が制定されています。**団体自治**とは、国から独立した地域団体が設けられ、この団体が自らの事務を自らの機関により、自らの責任において行うことです。国家からの独立した意思形成に着目しています。**住民自治**とは、地域の住民が、地域的な行政需要を、自らの意思に基づいて自らの責任において行うことを意味します。住民が地域における意思形成に政治的に参加する点に着目しています。

16-2　地方自治法

（1）地方自治法の法体系

　憲法の定めを受けて地方自治法が存在しています。そして、地方自治法の規定を受けて、地方税法、地方交付税法、地方公務員法や地方公営企業法などが制定されています。その他にも、関連個別法として警察法などがあります。

　地方自治法によって、地方自治体と認められるには、国家の三要素（領土・国民・統治権）のように、地方自治体においても、住民、区域、法人格の三つの要素を備えていなければなりません（地方自治法 2 条）。

　また、国の法令より下位に位置づけられるのが、地方自治体による立法たる**条例**です。条例は地方自治体の議会が制定する法です。

（2）地方自治体の要件

　地方自治体は、普通地方自治体と特別地方自治体とに区別されています。普通地方自治体とは、都道府県および市町村のことで憲法上の自治権が保障される公法人です。特別地方自治体とは、東京都の特別区や、複数の地方自治体が事務を共同で処理するための事務組合（法人格を有する）などのことで、地方自治法によって創設されたもので、憲法上の自治権は保障されていません。

　①市町村

　　市制要件は、原則として、人口が**5 万人以上**です[2]。また、地方自治法は、市を 3 種類に分けています。人口 50 万人以上の都市で、政令で指定された**指定都市**（「政令指定都市」と呼ばれています。）[3]、人口 20 万人以上の**中核市**[4] そして一般市です。

　　指定都市、中核市の何れも、程度の差こそあれ、都道府県から権限を移譲するために設けられた制度で、本来は都道府県の担当

すべき事務を担当することになっています。

②都道府県

　　市町村を包括する広域の地方自治体です。広域に亘る事務、市町村の連絡調整に関する事務などを行います。なお、本来的には、都道府県と市町村との間に上下関係はありません。

③特別区

　　東京都の区です（地方自治法281条）。現在は基礎的地方自治体として位置づけられており、基本的に市の規定が適用されます。現在は、東京都の23区だけに存在します。

（3）地方自治体の事務

　地方分権一括法による地方自治法の改正前には、団体事務（固有事務）、団体委任事務および機関委任事務に分類されていました。このうち、団体事務は地方自治体の事務でした。団体委任事務は、地方自治体そのものに委任された事務という意味ですが、やはり地方自治体の事務でした。

　当時問題とされたのは、機関委任事務でした。これは地方自治体の長に委任された事務（地方自治体への委任ではない）で、国の事務を地方自治体が代行するような形になっていました。また、数も多くて必ずしも法律によって委任されているものとは限りませんでした。

　地方分権一括法による改正後の現在では、地方自治法2条により、自治事務と法定受託事務[5]とに分類、整理されました。自治事務は、地方自治体の事務のうち、法定受託事務以外の事務のことです。

　具体的な事務としては、自治事務には、印鑑登録、公共施設の管理などがあり、法定受託事務には、選挙、旅券交付、生活保護、補助国道の管理、戸籍事務、廃棄物処理法に基づく事務などがあります。

16-3 地方自治体の機関

　普通地方自治体は、長と議会の二元主義です。いわば大統領制的な要素を基本とするものの、議院内閣制的な要素も含んだ構成です。詳細は、地方自治法によって次のように定められています。

　①首長
　　知事、市町村長の「**長**」として、これ以下を**執行機関**としています（地方自治法138条）。
　　地方自治法の定めを受けて、長は、自治立法権限、条例案の提出権を有しています。他方、議会は、長に対する議会の不信任決議ができて、長は議会を解散する権限を行使できます。
　②議会
　　議会の最も重要な権限は議決権（条例制定権）で、法定受託事務の条例制定権も有しています。また、地方自治法100条により調査権（百条委員会）も認められています。

　なお、長も議会議員も選挙により選出される公選制が採用されています。選挙権は日本国民たる住民のみに認められています。

16-4 住民の自治

　憲法は、住民の自治の原則を具体化するために、地方自治体の住民による直接請求の制度を設けています。これは、地方自治体において、住民は必要不可欠の存在であり、「地方自治の本旨」を充足するためには十分な権利および権限が与えられていなければならないとの趣旨です。

具体的には、憲法第 93 条 2 項を受けた、地方自治法が、住民に次のような権利・権限を認めています。

①直接請求
　条例制定改廃請求権、事務監査請求権、リコールとしての議会解散請求権、長など特定職員についての解職請求権（同法 12 条・13 条）が認められています。
②住民監査請求および住民訴訟
　地方自治体の職員が行った不当または違法な財務会計上の行為を正すことを目的とする制度。差止請求、違法な処分の取消または無効確認の請求、違法に怠る事実の違法確認請求、損害賠償または不当利得返還の請求について定めています。

なお住民には、公の施設の利用権も認められています。公の施設は、道路、公園、文化会館、学校、病院などで、その設置は条例主義とされています。

16-5　地方自治特別法

地方自治特別法とは、特定の地方自治体のみに適用される法律のことで、国会が制定する法律であって地方自治体の条例ではありません。当該地方自治体の住民投票においてその過半数の同意を得なければ国会はこれを制定することはできません（憲法第 95 条）。

広島平和記念都市建設法（昭和 24 年制定）や京都国際文化観光都市建設法（昭和 25 年制定）などがありますが、昭和 27 年 9 月の伊東国際観光温泉文化都市建設法の一部を改正する法律が制定されて以来 70 年位制定されていません。

〈注〉

1 　富永健・岸本正司『教養憲法 11 章』嵯峨野書院　2014 年　169 頁引用

2 　市街地の形成区域内の戸数が全戸数の 6 割以上を占めていること、商工業その他の都市的業態の従事者およびその者と同一世帯に属する者の数が、全人口の 6 割以上であることなども要件となっている。

3 　人口 50 万人以上の都市で、政令で指定されたもの（実際には 70 万人以上）。平成 29 年（2017）1 月 1 日現在の指定都市。
大阪市、名古屋市、京都市、横浜市、神戸市、北九州市、札幌市、川崎市、福岡市、広島市、仙台市、千葉市、さいたま市、静岡市、堺市、新潟市、浜松市、岡山市、相模原市および熊本市。

4 　平成 12 年（2000）に施行の特例市は中核市の制定と共に廃止された。

5 　第 1 号法定受託事務と第 2 号法定受託事務があるが、第 1 号法定受託事務は、法令で都道府県、市町村・特別区が処理するとされる事務のうち、国が本来担うべき役割のもの。

第17講 最高法規

17-1 憲法改正

　憲法第96条は憲法改正の手続を定めています。国会の発議は、各議院の総議員の3分の2以上の賛成とされており、法律の制定と比べて過重な要件となっています。最近の憲法改正機運の高まりから、マスコミの報道などでこの3分の2がよく話題になるのは、この発議権の要件に他ならないからです。この発議によって国民に提案され国民投票の運びとなり、そこで過半数を得られれば憲法が改正されることになります。このように日本国憲法の改正は、相当難度の高い要件を超えなければならず、これが硬性憲法[1]の所以となっています。

　国民投票については、平成19年制定の「日本国憲法の改正手続に関する法律」によって、憲法第96条の改正手続を具体化しています。この法律は通称を**国民投票法**と呼ばれており、国民投票を行う際の手続を定めています。18歳以上（当面は20歳以上）の国民に投票権が与えられ、国民投票での有効投票数の過半数の賛成を必要としています。また、同時に改正された国会法ではその第68条の3で、改正原案の提案は、「内容において関連する事項ごとに区分して行う」とされ、個別発議を原則としています。

17-2 最高法規

　憲法第98条1項で、「この憲法は、国の最高法規であって、その条

項に反する法律、命令、詔勅及び国務に関するその他の行為の全部又は一部は、その効力を有しない」と定めて最高法規を確認し、国内法体系の最高の地位にあるとしています。また、最高法規性を担保するために憲法第81条で前述の違憲審査制度を設けています。

　憲法第99条では、天皇または摂政および国務大臣、国会議員、裁判官その他の公務員に対して、憲法を尊重し擁護する義務を課しています。**憲法尊重擁護義務**と呼んでいますが、この義務は、倫理的なものとされており、法律に定めて初めて法的効果としての義務が生じるものです。例えば、公務員が憲法遵守の宣誓を拒否するような場合には、国家公務員法に基づき、公務員の欠格事由となることがあります[2]。また、憲法と国際条約のどちらが上位であるのかについては議論のあるところですが、憲法優位が多数説となっています。最高裁も砂川事件の判決で、条約も違憲審査権の対象となり得るとしています。

〈注〉

1 憲法の特質として、憲法改正の難度の具合で、軟性憲法と硬性憲法に区分されている。軟性憲法は、通常の法律と同様の手続で改正できるもので、硬性憲法は、法律の改正手続よりも相当に難しいものをいう。

2 国家公務員法 82 条、地方公務員法 29 条。

第 **5** 章

憲法制定
前後史

民主体制崩壊の政治史

18-1　歴史は繰り返される

　大東亜戦争が終了し、連合国軍に占領され、その占領下において日本国憲法が誕生しました。この誕生までの歴史的経緯を知ることは、日本国憲法の本質を理解する上で、不可欠なことであると考えています。

　歴史を知ること、国の基本姿勢を定める憲法の制定史を振り返っていくことは、「時間の物差し」の尺度を知ることでもあり、この物差しで、世の中を測ると、今が見えて、将来が見えてくるものです。将来の予測を立て、リスクを回避、拘りを捨てて発想をかえて、進路転換を図っていくのです。この国の主権者として、基本的人権を尊び、平和を保って、将来の日本国の行き先を考えていくためにも、大切なことです。

　本講から第21講までにおいては、日本国憲法の誕生の素地となった、昭和戦前史ともいえる戦前デモクラシー期から終戦、そして独立回復までの間を、ポツダム宣言が発しているところの戦前日本の「**民主主義的傾向**」の存在を意識して概観してみることにします。

18-2　大正デモクラシーと民本主義の時代

(1) 大正2年（1913）に、第3次桂内閣による陸軍2個師団増設問題に端を発して、国民世論の批判が高まり、議会でも尾崎行雄[1]らが藩閥政治に対する批判を強め、立憲主義による政治体制の構築を目指す第一次憲政擁護運動が生じました。これらによって藩閥政権の第3次桂内閣

は僅か53日で内閣総辞職するに至りました[2]。

(2) 大正3年（1914）に欧州大戦が始まり、英国がドイツに宣戦すると、日本（第2次大隈内閣）は、欧米諸国が行ってきたのと同じように、ドイツが有する中国や太平洋における権益を狙って、日英同盟を根拠に参戦しました。併せて、日露戦争後にロシアから継承した大陸権益の期限が迫る中、その延長を狙って中国の袁世凱政権に強気の「対華21箇条」の要求を行いましたが、逆に、返り討ち的に国際問題化されてしまい、国際的な信用を落とす愚策となり、既に中国に権益を有する**欧米列強の不興**を買うことになってしまいました。正に、遅れてやって来た大陸参上国家として国際的に迷走し始めて行くことになります。この間に社会生活では、**スペイン風邪**が世界的に大流行して、日本でも3年間に亘って、感染者数2380万人、死亡者約39万人と記録されています。

(3) 欧州大戦終了後の大正8年（1919）1月に、パリ講和会議が行われ、ベルサイユ講和条約が調印されました。その後に大戦好景気の反動としての戦後恐慌が思わぬ大きな傷を国民生活に与えています。また、この頃は、吉野作造が提唱した民本主義[3]の考え方の下、社会運動が広まり、労働問題も頻発しています。**民本主義**は、美濃部達吉博士[4]の**天皇機関説**と共に、立憲的思想（政党政治）を支える、自由主義的な政治思想を基底とした考え方です。この頃から、憲政の常道と呼ばれる**立憲主義に基づく政党政治**が行われ、国民も自由な生活ができ、進取な芸術文化も栄える、大正デモクラシーと呼ばれる時代が始まりました[5]。政治面では、普通選挙制度を求める普選運動が活発になり、言論・集会などの自由も緩やかにされ、軍事面でも協調外交の下、陸軍軍人の定数削減が図られています。社会面でも、男女平等の意識が広まり、労働組合の団結権やストライキ権などを理解していこうとする動きも起こり、文化面においても大学の自治権の獲得などの運動が展開されていました。この時期は、長年の懸案でもあった不平等条約の改正が実現し、政党政治が花開くな

ど、正に明治憲法下における最高の政治経済・社会文化の興隆期であったのです。

18-3　政党内閣の勃興と原敬首相

　このような社会変化の顕在化は藩閥勢力の人材では対応できる限界を超えていたことから、政党人から人材を求めることとなり、衆議院第一党の立憲政友会の党首で衆議院議員の**原敬**が首相となり、大正７年（1918）に結果としての**政党内閣**が誕生しました。

　原内閣は、政治と行政の協働を目指して、各省次官を政治任用職として、政党政治家の影響力を高めることにし、長らく行政経験を積んできた官僚の中から、政党政治家である大臣が、意中の者を勅任参事官（後の参与官）に任用できることとして、政策立案とその実行を可能としました。外政では、国際連盟の発足に合わせて常任理事国となっています。しかし、国際会議で唯一頼りの英国から、日英同盟の自然消滅を通告されてしまい、米国でも**排日移民法**が成立して日米間がぎくしゃくしていきます。

　また、国民が望む普通選挙制度の導入については消極的でしたが、教育政策の改革には熱心で、大学令[6]を改正して私立大学を大学とし、国内産業の生産性向上の観点で、中等教育、高等教育の進学率を高める取り組みも行い、内務省社会局を新設して、職業紹介制度、健康保険制度[7]の素地を整え、労働政策も専門組織を組成させました。これらは、その後の政党内閣の基本政策に据えられていくものです。しかし、国民からの選出代表と、政策立案能力という専門性を有する原内閣も、大正10年（1921）11月、原首相が東京駅で暗殺され、終焉してしまいます。

18-4　憲政の常道と政党政治の時代

(1) 大戦後の戦後恐慌は、国民生活に想定外の経済混乱を与えることとなり、世相は騒然となっていました。このような社会経済情勢において、大正 12 年（1923）9 月 1 日午前 11 時 58 分に**関東大震災**が発生し、自然災害が追い打ちを掛ける形となってしまいます。未曽有の直下型大地震により帝都東京を中心に大混乱する中で、第二次山本権兵衛内閣が成立し、震災復興が進められました。

その頃、憲政の神様とされた尾崎行雄や犬養毅らによって、男子普通選挙制度の導入が叫ばれ、二度目の憲政擁護運動が盛り上がります。

もっとも、原敬亡き後の立憲政友会は人を得ることができず、国民の支持の流れは変わり、憲政会（後の立憲民政党）に取って代わられました。
(2) 大正 13 年（1924）にいわゆる護憲三派連立の加藤高明内閣が成立します。**加藤高明首相**は、経済低迷が続く中、労働運動が大衆化する過程で社会構造改革の実現の上で、より世論の国政反映が肝要と考え、大正 14 年（1925）に**衆議院議員選挙法（普通選挙制度）**を成立させ、併せて、**治安維持法**[8] も同時に成立させています。その後にも、労働組合法や労働争議調整法の成立を目指しての議会提案の準備をし、知事公選制などの地方自治再編も企図しましたが、議会開会中に体調を崩して、急死。日本の民主主義の発展には、原敬の暗殺といい、不運な出来事でした。

加藤高明の次は、**憲政の常道**に則って、与党憲政会の**若槻禮次郎**が、前内閣の閣僚を全員留任させて内閣を組織しています。労働立法では、労働組合法は、財界と立憲政友会の反対で廃案となりましたが、労働争議調停法は成立させています。しかしその他は政争への対応に追われるままで滞ってしまいます。そのような中で、台湾銀行の震災手形の不良債権化の手続問題で、片岡直温蔵相の失言[9] による銀行取り付け騒ぎに

端を発する金融恐慌が起こった。ここで若槻内閣は、緊急勅令を以て対応しようとしたが、国民世論からの激しい批判と枢密院の反対で行き詰まり総辞職。

（3）憲政の常道に則って、立憲政友会の田中義一内閣が成立。大蔵大臣に首相経験のある高橋是清を迎え、支払猶予措置（モラトリアム）を実施しています。野党の憲政会も、総裁の若槻前首相が大蔵官僚の出身でもあったことから、国難に対応するとの姿勢で協力を行い、恐慌状態は沈静化に向かいます。ようやく一息というところで、いわゆる**満洲某重大事件**が発生してしまいます[10]。その再発防止と真相究明の対応で、田中義一首相は、その対応の杜撰さを、昭和天皇から直接に叱責[11]を受けるに至り総辞職します。

（4）その後も、憲政の常道に基づいて政党内閣は続き、憲政会が政友本党を吸収する形で誕生した立憲民政党が再び政権を担うことになりました。昭和4年（1929）7月に**濱口雄幸**による濱口内閣が成立。元日銀総裁の井上準之助蔵相の指揮の下、金融の国際的信用の維持のため金本位制の復帰を図るべく金解禁を実施。しかしながら、昭和4年（1929）10月に、ニューヨーク市場の株式大暴落に端を発した**世界恐慌**と時を同じくすることになり、経済的な大ダメージを受けました。失政は、農村の疲弊を始めとして、失業者は巷に溢れ「大学はでたけれど」などと学卒者も適職どころか仕事に就くことも困難な状況を招いてしまい、日本経済は再び危機的状況に至るのです。もっとも、このような中でも、濱口内閣は、女子教育に立憲政治教育を導入し、貴族院の反対で廃案となったものの**婦人公民権法案**や**労働組合法案**を衆議院で通過させています。外交では、親英米派の幣原喜重郎が引き続いて外務大臣となって協調外交を展開しました。

　昭和5年（1930）には、国際協調の考え方の下で、海軍力の削減、とりわけ多数の建艦が必要な補助艦の制限は、経済大恐慌下で財政の逼

迫度が増す中において、大いに助かる話でもあるので、**ロンドン軍縮条約**を締結しました。ところが、事前に了解していた対米英との補助艦削減比率が微妙[12]に違っていたのに政府が調印したことから、海軍軍令部は**統帥権の干犯**であるとして、野党の立憲政友会と組んで、憲政上の越権行為として問題視していきます。条約批准の審査をする枢密院も憲法上の疑義有りとして反対し、濱口内閣は調印したものの批准ができず、国際的信用の失墜も避けられない窮地に陥入ってしまいました。しかしながら、昭和天皇は条約批准を求めておられたことから、その意を強くした濱口首相は元老西園寺公望と組んで何とか批准を実行しました。濱口首相は、一連の事件で不興を買い、右翼に東京駅で狙撃され重傷を負い、それが原因で翌年死去しました。その後に第二次若槻内閣が成立しています。

　また、時代は下って、ポツダム宣言が「日本国の民主主義的傾向の復活を強化」[13]するとして民主主義の復活を求めたのも、この時期について国際的にも一定の評価がなされていた上での言及であったことが窺われます。

18-5　政党政治の凋落と軍部の台頭

(1) 昭和6年（1931）9月に、日本が経営する南満洲鉄道[14]の線路が柳条湖付近で爆破され、現地日本軍は、中国軍の仕業として、関東軍と中国軍との間で激しい戦闘が交わされて、**満洲事変**が勃発しました。若槻内閣は、早速に事態不拡大の方針を閣議決定したのですが、統帥権の存在で軍令は別物として、関東軍は政府の意向に構わず事態は拡大。朝鮮軍までもが独断で満朝国境を越えて進軍する有様で、政府も渋々の事後了解で予算措置を講じて容認してしまいます。

中華民国の蒋介石政権は、国際連盟に侵略として提訴します。もっとも、欧米諸国でもとりわけ米国の国務長官などは、ロンドン軍縮条約の交渉団として心を通わせている、若槻首相や幣原外相を信頼して動こうとはしませんでした。しかし事態の改善はみられず、常任理事国を務める国際連盟との関係も揺らいでいきます。昭和7年（1932）1月には、上海租界地にも戦火がおよび、欧米諸国の権益が直接侵害されると、国際的な信頼の失墜から批判の的となっていくのです。しかし政府には、外務省にすら逐一の情報も入らず、事が起こってから知るような始末だったのです。

　相次いで陸軍青年将校によるクーデター未遂事件[15]が起こり、昭和7年（1932）2月には財界人を狙ったテロ、**血盟団事件**[16]も起こり、井上前蔵相らが暗殺されます。同年5月には、**五・一五事件**が起こって、海軍青年将校が犬養毅首相を自宅で襲撃して暗殺します。首相の奉請権を有する元老西園寺公望は、世相が騒然とする中であっても、憲政の常道に則り政党総裁を首班とする内閣を考えていましたが、政治家達の不安な気持ちは最高潮に達しており、このような異常な状況では、政党政治家では人を得られないと判断。したがって一時的な措置として、穏健な予備役軍人の首相の下で、政党から送り出す大臣が国務を遂行していく挙国一致内閣を目指すことにして、いわゆる中間内閣と呼ばれている、斎藤内閣、岡田内閣が続くことになります。

(2) 穏健な退役軍人の斎藤首相に軍部の抑え込みを期待したのですが、昭和7年（1932）9月に、関東軍の意向を踏まえて、「王道楽土」「五族協和」を国是とする**満洲国**が建国宣言すると同時に承認します。このタイミングでは、満洲の状態を調査に来た国際連盟の**リットン調査団**を無視する形となってしまい、中国に諸権益を持ち、日本の満洲での権益確保にも一定の理解を示していた欧米諸国を、決定的に敵に回すことになってしまったのです。これを機に、昭和8年（1933）2月に国際連盟を

脱退します。

　もっとも、内政については、買収罪・連座制などの選挙運動規制の強化や、選挙公報の利用など選挙費用の軽減など選挙公営の幅を拡大させていきます。また、高等文官分限令や巡査分限令を制定して、「政権交代時の人事異動が末端の警察官までに及んでいた」ことを改めて、大きな権限を有していた内務省の力も弱めます。したがって、この内閣の内政については概ね評価されているのですが、その後、デッチ上げの帝人事件[17]で政府批判が高まり総辞職するに至ります。

　再び挙国一致内閣として、退役海軍大将の**岡田啓介**[18]に大命降下し、昭和9年（1934）7月に岡田内閣が成立。今回も閣僚の過半を政党政治家が占める**政民連立内閣**の様相を擁していました。政務次官、参与官の殆ども衆議院の代議士で占めていました。岡田内閣の誕生の際は、国外では満洲問題、内政は経済恐慌のダメージから十分回復しておらず、農村の疲弊にも有効打がなく深刻度は益々増しており、内憂外患の状態で社会環境は猛烈に悪かったのです。

(3) このような中で、北一輝らの社会革命家は急進的な社会変革を唱えて、それに共感した陸軍の一部青年将校の間に過激な思想が拡大し、帝国議会でも右翼が台頭して来ます。昭和10年（1935）に、**天皇機関説問題**が起こります。政党間の政争に巻き込まれる形で、貴族院において菊池貴族院議員から、勅選議員であった美濃部達吉博士は自身の学説の天皇機関説を批判され、議場で弁明に立ったものの不敬罪の疑いがかけられ議員辞職となり、著書も発禁処分となってしまったのです。

　天皇機関説[19]は、政党政治の理論的支柱にもなっていて、明治憲法下の通説であったにもかかわらず、右翼の激しい非難に会い、屈服した岡田内閣は、同年8月にやむを得ず、「天皇が統治権執行機関だという思想は、国体の間違った捉え方」であるとする、**国体明徴声明**[20]を出さざるを得なくなります。そして、天皇機関説は公式に排除され大学での教

授も禁じられてしまいます。その後は言論封殺の圧力傾向が高まり、日本は軍国主義の傾向を益々増していくことになります。

　昭和11年（1936）2月には、遂に陸軍青年将校が国家改造を旗印に、下士官兵1483名を率いて、政府転覆を企図した軍事クーデター、**二・二六事件**を起こし、多数の重臣や政府高官が殺害します。軍部指導による政治の刷新、昭和維新を標榜する青年将校らは、彼らに同情する陸軍大臣を通じて、昭和天皇に昭和維新の決行の「決起趣意書」を読み上げて状況説明することで訴えようとしました。しかし意に反して、昭和天皇はその陸軍大臣に向かって、「何故そのようなものを読み聞かせるのか、速やかに事件を鎮圧せよ」と命じて、「為さぬならば、朕自らが近衛師団を以て鎮圧する」とまでも発言され、同調などはもっての外として完全拒否の意思を示されました。その後陸軍および海軍と政府は彼らを「叛乱軍」として武力鎮圧を決意し事件は収束します。

　事件後に、政党政治の中心をなす政党政治家は、クーデターを恐れて委縮していく中、軍部の発言力はいよいよ強まり、内閣は短期間で度々変わることとなり、官僚の政治任用も裏目に出てしまい政治の一貫性がなくなっていきます。外交についても、外務省による政府外交と統帥権を盾にとっての軍部外交の二頭立ての様相を呈するようになります。このような中で、昭和11年（1936）にロンドン軍縮条約からも脱退し、国際社会での孤立を益々深めながら、外交は制御不能の状態に陥ってしまい「決められない国家」の烙印を押され、国際的信用を失墜させることになってしまったのです。

大臣ほかの出身・所属の分類

齋藤内閣 (1932年5月～1934年7月)

内閣総理大臣　齋藤 實　退役海軍大将

	大臣	政務次官	参与官
外務大臣	官僚	衆院議員・無所属	衆院議員・民政党
内務大臣	貴族議員・民政党	衆院議員・民政党	貴族議員
大蔵大臣	民間・政友会	衆院議員・政友会	衆院議員・政友会
陸軍大臣	現役軍人	貴族議員	衆院議員・無所属
海軍大臣	現役軍人	貴族議員	衆院議員・政友会
司法大臣	官僚	衆院議員・政友会	衆院議員・政友会
文部大臣	衆院議員・政友会	衆院議員・政友会	衆院議員・民政党
農林大臣	貴族議員	貴族議員	衆院議員・政友会
商工大臣	貴族議員	衆院議員・民政党	衆院議員・民政党
逓信大臣	貴族議員	衆院議員・政友会	貴族議員
鉄道大臣	衆院議員・政友会	衆院議員・政友会	衆院議員・政友会
拓務大臣	衆院議員・民政党	衆院議員・民政党	衆院議員・民政党

内閣書記官長　官僚　　法制局長官　官僚

岡田内閣 (1934年7月～1936年3月)

内閣総理大臣　岡田 啓介　退役海軍大将

	大臣	政務次官	参与官
外務大臣	官僚	衆院議員・無所属	衆院議員・民政党
内務大臣	貴族議員	貴族議員	貴族議員
大蔵大臣	民間・政友会	貴族議員	衆院議員・政友会
陸軍大臣	現役軍人	貴族議員	衆院議員・無所属
海軍大臣	現役軍人	貴族議員	衆院議員・政友会
司法大臣	官僚	衆院議員・政友会	貴族議員
文部大臣	衆院議員・民政党	衆院議員・民政党	衆院議員・民政党
農林大臣	衆院議員・政友会	衆院議員・政友会	衆院議員・政友会
商工大臣	衆院議員・民政党	衆院議員・民政党	衆院議員・民政党
逓信大臣	衆院議員・政友会	衆院議員・政友会	衆院議員・民政党
鉄道大臣	衆院議員・政友会	衆院議員・政友会	衆院議員・政友会
拓務大臣	貴族議員	衆院議員・民政党	衆院議員・民政党

内閣書記官長　官僚　　法制局長官　官僚

・陸軍大臣及び海軍大臣は、現役、予備役又は後備役の大将・中将がその任に就く。
・政務次官は、明治憲法下の勅任官で、大臣を補佐し、政務に参画して議会交渉を担当する。
1999年1月に廃止された現憲法下の政務次官とほぼ同様の職務。参与官は、政務次官の下で、勅任官として大臣の補佐及び議会との交渉などを担当する。現在の制度では、大臣政務官のような職務。政務次官も参与官も、貴族院・衆議院議員から政治任用される。序列は、「大臣→政務次官→各省次官→参与官」である。
・内閣書記官長は、現在の制度では内閣官房長官に該当するが、国務大臣ではない。内閣書記官長も法制局長官も政治任用のため、政治家がその任に就くこともあった。
※「衆院議員」は衆議院議員、「貴族議員」は貴族院議員の其々の略としている。また、政友会は立憲政友会、民政党は立憲民政党のこと。
※大臣等の所属は、内閣の途中で交代する者もいたが、当該内閣の期間内で一番在任が長い者の所属を記載している。

また、その後に成立した広田弘毅内閣は、軍部が台頭して政治進出する中で、軍部の圧力に屈して**軍部大臣現役武官制**を復活させてしまったのです。これは驚くべき失政だと思います。これ以降、陸軍が陸軍大臣を内閣から引き揚げさせたりすると閣内不一致で内閣は総辞職せざるを得なくなることから、軍部は益々力を得て、戦争への道を驀進してしまうことになります。

　なお、官僚から政党に入党する者が減っていきます。これは各省の次官・局長となった官僚は、今まで大臣に政党出身者がおり、昇格の見込みがないから政界に転じていたのに、挙国一致内閣以後は政党人でなくても大臣就任への道が開けるようになったからです。彼らは革新官僚と呼ばれ、軍部と結託していきます。

18-6　立憲政治の崩壊～近衛内閣と日中戦争

　昭和12年（1937）6月に、国民的人気の高かった、貴族院議長の**近衛文麿**を首班とする内閣が誕生します。翌月には、中国北京近くの**盧溝橋**で、偶発的にも日中両国軍の武力衝突が起こります。政府は今回も早々に不拡大方針を採りましたが戦火は拡大し、陸軍ばかりか海軍も、米内海相らの反対を押し切って、現地からの要望に副って内地から派兵がなされてしまうのです。その後も何度か停戦協議は行われましたが、軍部の圧力に屈して、なし崩し的に不拡大方針は撤回され、戦線はどんどん拡大されていき、9月には**支那事変**と命名されました。なお、事変の名称については、宣戦布告も一時検討されたのですが、アメリカの中立法の適用を嫌い、日本も中国も同様の理由でお互いに宣戦布告をしなかったことから使用されています。

　近衛首相は、なんとか事態収拾を図るべく、重要国務を諮問する内閣

参議を新設して、有力政治家や軍人を任命し、友人の木戸幸一伯爵を文部大臣で入閣させ国務の相談相手にするなどの手を打ちます。更に、統帥権によって軍部の作戦行動を事前に周知されずに、無為無策的な状況が続いてしまったことから、国務と統帥の連絡を密にするべく、**大本営政府連絡会議**[21] を設置することにしましたが、ここまでが精一杯でした。

　中国国民党NO.2の汪兆銘が蒋介石政権と袂を分かち、日中和平を掲げる新政府樹立を目指す動きを採ったことから、これに同調し、支援しつつも、**蒋介石政権**との和平交渉のチャンネルも幾つか持ち継続させていましたが成果は出ませんでした。そこで遂に、近衛首相は、**汪兆銘の中華民国南京政府**との友好関係の維持発展に専心することとし、蒋介石政権に対しては、「帝国政府は爾後国民政府を相手とせず」との声明を出してしまい、その結果としての外交姿勢に矛盾が露出し、進退窮まった事態となり、政権を投げ出してしまいました。

　その後は、半年前後の短命内閣が続くことになります。平沼騏一郎内閣が、対ソ牽制を意図した懸案の日独伊提携強化は、ドイツによる突如とした**独ソ不可侵条約**の締結で瓦解し、「欧州の情勢は複雑怪奇なり」との言葉を残して総辞職。続く阿部信行内閣（陸軍大将）、米内光政内閣（海軍大将）は、何れも予想外且つ消極的に選ばれた首相でした。もっとも、阿部首相は米国への留学経験があり、米内首相は、海軍内きっての親英米派であり、米国を中心とする国際協調の流れに寄りを戻したいと考える昭和天皇の期待が込められての布陣でした。

戦時体制に進む、国内改革の諸施策		
年代	主要な政策	国民への動向
昭和 12 年 （1937 年）〜	国民精神総動員運動がスタート。内閣情報部の新設。 日本労働総同盟による「事変中のストライキ絶滅」宣言。 治安維持法の宗教・芸術等の領域への適用拡大。	国民の戦時意識の周知
昭和 13 年 （1938 年）〜	国家総動員法、電力国家管理法の制定。 国民の体力向上と傷痍軍人等の保護を目的に厚生省を新設。	統制経済へと進む
昭和 14 年 （1939 年）〜	国民徴用令、価格等統制令の制定。	勅令による常時的な法制化
昭和 15 年 （1940 年）〜	新聞雑誌掲載制限令の制定。 軍需資金確保の意図の下、厚生年金保険法を制定（施行は昭和 16 年）。 産業報国会「労使一体、事業一家」を提唱し結成。	銃後を守る体制の整備

18-7　日独伊三国同盟

(1) 昭和 15 年（1940）1 月の米内内閣の成立後、皇紀 2600 年を迎えて国民祝賀行事の盛り上がりをみたものの、戦争による国際的孤立と物資不足により、招致されていた東京オリンピックは返上、東京万国博覧会は延期となります。また、米内内閣は、日独伊提携に反対の姿勢で、陸軍が反発して軍部大臣現役武官制を盾にして陸軍大臣を引き上げ、閣内不統一となり内閣総辞職に追い込まれてしまいます。

　そして、近衛文麿が新党構想を抱きながら新体制運動を進める中、再び第 2 次近衛内閣が組織され、親独派のドン・松岡洋右も外務大臣に就任しました。もっとも、新体制運動による新党構想によって誕生した**大政翼賛会**ではあったものの、一党独裁的な体制は明治憲法に反するとする批判を受け、結局は、帝国議会で政事結社ではなく、公事結社[22] であ

ると答弁するに至っています。これらの前後の時期に国内では、上表の
ような戦時統制が強まる政策が次々と打ち出されていきます。

　近衛首相は、日独伊三国にソ連を加えた四国協商体制と蒋介石政権の
支援ルート遮断のための南進論を外交方針とします。ドイツへのフラン
スとオランダの降伏などが加速要因となり、昭和15年（1940）9月に
北部仏印に進駐し、27日には**日独伊三国同盟**が調印されます。これら
一連の全てが蒋介石政権との和平を目論む遠謀深慮によるものでしたが、
所詮は独りよがりの話であって事態はこじれていくばかりでした。

（2）このような中でも、ドイツの脅威を感じている米国の思惑を背景に、
同国との交渉は民間外交を軸として政府間交渉が鋭意進められており、
日米諒解案[23] の確認まで事務レベル段階で取り継ぐに至り、米国に一定
要件の下で日中和平の斡旋もやぶさかではないとまでいわせていたので
す。しかしこの環境下で、ドイツはなんと日本に事前連絡することもな
く、ソ連に侵攻を始め、ドイツの脅威がソ連に向かったことで、米国は
態度を急速に硬化させていきます。

　近衛首相は、事態打開のため私的ルート[24] も含めた日米交渉窓口を使
って必死の思いで、日米諒解案の要件履行を目指していくのですが、陸
軍の同調を得ている**親独派の松岡外相**に「ドイツと結び、ソ連との不戦
態度をとることで日本の外交的立場を強化し、日米衝突を回避する」と
強気の姿勢を貫き通され、首相としての説得も優柔不断で不発に終わっ
てしまいます。それでも外務省に強い影響力を有する松岡外相を排除し
てまでも、日米和平交渉を進めようと、松岡外相を閣外に追い出すべく
内閣総辞職を行います。

18-8　緊迫の日米交渉とその決裂

　昭和16年（1941）7月に、第3次近衛内閣が発足。日中和平は遠くの話となり、当面に解決すべきは悪化を辿る日米外交でした。近衛首相は、幅広い国民的人気と期待による軍部との良好な関係の下で、事態の打開を期待されて、三度目の大命が降下しました。閣僚の半数に軍部経験者および関係者を充てて、軍部の認識が改まることを期待して和平努力を進めることにしていました。

　然るに思惑とは異なり、当初から三国同盟を軸とする方針を維持したことから日米交渉の手詰まり感から脱することはなかったのです。というよりは、殆ど行き詰ってしまっていたのです。同年7月に南方資源の確保を視野に入れての南部仏印進駐を、**駐日米国大使グルーによる「これを実行したら国交断絶」**になるとの警告も無視して、親独政権のフランス・ヴィシー政権と交渉して強行。その結果は悲惨で、これまでにも屑鉄禁輸などの経済制裁を受けていましたが、米国は、遂に在米日本資産の凍結を実施し、更に8月には、日本の生命線ともいえる石油輸入の8割以上を頼っているのが米国であるのに、その国が対日石油輸出の全面禁止に踏み切ったのです。英国やカナダなどの国もこれらの後に続きました。

　近衛首相は、ウルトラCを狙う局面打開策として米国のルーズベルト大統領とアラスカで直接会談する準備なども模索しますが、実らず仕舞いでした。事ここに至っては、陸軍だけではなく可否の態度を避けていた海軍も**日米開戦を覚悟する**に至ります。正に追い込まれ、日本国の存続のためには、座して死を待つより、死中に活を求めるとの感情が軍官民を問わず蔓延するに至ったのです。

　9月に入り大本営政府連絡会議で、「対米英蘭との戦争を辞せざる決意の下」で、10月下旬をめどに戦争準備を行い、並行して外交手段を

尽くすとする、帝国国策遂行要領を決定します。しかしながら、昭和天皇は、立憲君主の立場を意識されながらも、この方針に対して「戦争が主となって外交が従となっている」と不審を抱かれ、自らが、参謀総長および軍令部総長に対して「中国大陸が広いから大陸での戦争が終結しないというならば、太平洋はもっと広いのではないか」と開戦に逸る軍部を叱責され、御前会議においても、平和への想いを和歌「よもの海　みなはらからと　思う世に　など波風の　たちさわぐらむ」に詠まれつつ反対の意思を表明されました。グルー米国大使は、昭和天皇のこの気持ちを本国に伝えるべく電報発信しましたが奏功せず、遂に米国は、見限ったかのように中国と仏印からの撤兵まで要求してきて、近衛内閣は完全に行き詰まり崩れ去り総辞職しました。

　昭和 16 年（1941）10 月、昭和天皇は、既に御前会議で決まっていた期限付き外交交渉による対米開戦準備の方針決定を白紙に戻すことを希望されます。そして、日米交渉に強固に反対している陸軍の中心人物で、天皇に対する忠誠心は人一番強い、東條英機陸相を、「虎穴に入らずんば虎子を得ず」と、敢えて首相にして政権を担わせて和平実現に一縷の望みを託され、東條内閣が成立します。

　しかし結局のところ、大本営政府連絡会議で、東郷茂徳外相や賀屋興宣蔵相らが、ぎりぎりの線としての妥協案を示して日米交渉の了解を求めていたのですが、これも米国からは殆ど変化のない提案にしか見えず、後は米国の戦争準備の時間稼ぎのような交渉に翻弄され、ついに世にいう**ハルノート**[25] が突き付けられて、東條英機首相も、諸葛孔明の言葉「座して死を待つよりは、出て活路を見出さん」を借りて、死中に活を求めて、開戦を決意するに至ったのです。

　そして、昭和 16 年（1945）12 月 8 日の**真珠湾攻撃**を迎えるに至ったのです。

　この際に [26]、米国より捕虜に関する取り決めをしているジュネーヴ条

約[27]について、「貴国は条約を批准していないが、適用するつもりはあるか否か」との問い合わせを受け、原則として遵守するとの回答をしました。したがって、この戦争における捕虜保護のジュネーヴ条約は適用されることになったのです。

　また、統帥権の独立については、皮肉なことにも、東條首相自体が、軍の作戦行動を全く知らされることがなく、その大きな壁に悩まされました。その解決のため大本営政府連絡会議を、**最高戦争指導会議**として改組するも大した効果もなく、東條首相は、煮えくり返って、とうとう陸軍大臣、軍需大臣、そして参謀総長まで兼ねることで情報を共有していた程だったのです[28]。

〈注〉

1 尾崎行雄（1858 〜 1954）。明治 23 年の第 1 回衆議院議員総選挙で当時の三重県選挙区で初当選。以後連続 25 回当選、63 年間に亘って衆議院議員を務めた。議員勤続年数の最長記録を有している。「憲政の神様」と呼ばれている。

2 大正政変と呼ばれている。

3 民本主義とはデモクラシーの訳語で、国民主権の民主主義とは異なる。主権の存在意義は問わず、多数国民の福祉に寄与する政策を行い、その政策決定は民意に基づくものとしている。天皇を頂く日本においては、天皇主権の下での立憲的な民主政治のことと解せる。

4 美濃部達吉（1873 〜 1948）。憲法学者、政治家、東京帝国大学名誉教授。ドイツ人法学の「君主は国家の唯一且つ最高の機関である」との国家法人説に基づいて、明治憲法の統治機構を解釈した「天皇機関説」の提唱者。天皇機関説は、当時の通説となっていた。なお、国家法人説は、ドイツの公法学者から発展し、統治権の主体は法人として国家に帰属し、天皇は国家の最高機関として憲法に従って統治権を行使するとする学説。昭和天皇もこの学説を肯定しておられた。

5 大正デモクラシーの終焉は諸説あり不明であるが、昭和 6 年の満洲事変が勃発した頃までだと思われる。

6 勅令により法制化。大正 8 年（1919）4 月施行。法制度上の帝国大学とは別の大学組織として設置可能となり、官公立の実業学校や私立の専門学校が大学に昇格したが、帝国大学とは別種の大学として位置付けられていた。原内閣の高等教育機関の充実政策の一環。

7 日本の健康保険制度は、ドイツの疾病保険法をモデルとして、大正 15 年（1926）に施行された。一部（保険給付及び費用負担）は昭和 2 年（1927）に施行。当初は疾病保険と災害補償を兼ねた保険で、工場法・鉱業法の該当事業所に適用された。

8 悪法の誹りを免れない治安維持法ではあるが、当初はその対象をコミンテルン思想に基づく国家転覆の意図などに限定されており、穏やかな運用で後の悪法のイメージは少なかった。

9 昭和 2 年（1927）3 月 14 日の衆議院予算委員会で、実際は破綻していないのに、「東京渡辺銀行がとうとう破綻を致しました」と失言した。

10 張作霖爆殺事件ともいう。昭和 3 年（1928）6 月に事件発生。日本は満洲での権益保持のため、満洲軍閥の有力者である張作霖の協力を得ての外交を展開していたにもかかわらず、一部軍人の暴走で張作霖を爆殺せしめられるという不幸な事件が発生してしまった。

11 「首相と陸相の話は違うではないか」「田中の言うことは、ちょっとも分からぬ。田中から再び聞くことは嫌である」と申された。後に若気の至りとして反省されていたようである。寺崎英成編著『昭和天皇独白録』文藝春秋　1995 年　27 〜 28 頁

12 当初会議のタタキ台は、先のワシントン会議に準じて対米英比率 10 対 6 であったが、日本は 10 対 7 を要求して会議での交渉は長引いたものの、粘り粘って 10 対 6.975 とした。これに軍部は「7 でもギリギリなのに 6.975 とは何事ぞ」と激怒した。

13 ポツダム宣言第 10 条「日本政府は日本国国民における民主主義的傾向の復活を強化し、これを妨げるあらゆる障碍は排除するべきであり、言論、宗教及び思想の自由並びに基本的人権の尊重は確立されるべき」

14 南満洲鉄道株式会社。1905 年のポーツマス条約でソ連が有していた東清鉄道が譲渡され、日本の特殊会社となった。満洲の権益保全とその発展に寄与した。日本の敗戦後に解散し、ソ連と中華民国に引き渡された。

15 三月事件と十月事件。昭和 6 年（1931）の三月事件は、右翼活動家の橋本欣五郎陸軍中佐が率いる過激青年将校の秘密結社桜会が、宇垣一成内閣樹立を目論んで、右翼の大川周明と結託して起こしたクーデター未遂事件。十月事件は、同年 10 月に、今度は、桜会が同じく大川周明らの右翼と共に、政党内閣を倒して陸軍中将の荒木貞夫を首班に擁立し、国内改造を断行しようとしたクーデター未遂事件。

16 日蓮宗僧侶の井上日召率いる右翼政治結社の血盟団が社会変革を唱え、一人一殺を叫んで、井上準之助前蔵相、三井財閥経営トップの三井合名会社団琢磨理事長を暗殺した事件。

17 帝人と大蔵省、政治家を巡る疑獄事件。帝人社長や台湾銀行頭取、番町会の永野護、大蔵省の次官・銀行局長ら全 16 人が起訴されたが、結局は全員が無罪となった。現在では右翼の策謀による倒閣目的のデッチ上げ事件とみられている。

18 岡田啓介（1868 〜 1952）。海軍大将。ロンドン軍縮会議において「国際協調」との立場を貫き、海軍内の反対派を抑えその取りまとめに奔走した。また。東條英機内閣の倒閣運動や、大東亜戦争の終戦工作に積極的にかかわっている。

19 天皇機関説は、ドイツ公法学の影響を受けた、憲法学者の美濃部達吉東京帝国大学教授が提唱した学説。議会の役割を重視した、政党政治と憲政の常道の基盤となる考え方であった。統治権は法人たる国家にあり、天皇はその最高機関として内閣等の輔弼を受けながら統治権を行使するとしている。上杉慎吉東京大学教授らが主張する天皇主権説と対立していた。

20 国体明徴声明では、天皇が統治権の主体で、日本は天皇が統治する国家であるとした宣言をしている。

21 大本営政府連絡会議は、昭和12年（1937）11月に、大本営と政府間の協議のために設置。ここでの決定は法制的効力がないため、改めて閣議決定されることになっていた。構成員は、議長が首相、政府からは外相、蔵相、陸相、海相、企画院総裁。統帥部は参謀総長（陸軍）、軍令部総長（海軍）。幹事として、内閣書記官長、陸軍と海軍の軍務局長が陪席した。昭和19年（1944）8月に、最高戦争指導会議へと発展的に改組された。なお、最高戦争指導会議の常時構成員は、首相、外相、陸相、海相、参謀総長、軍令部総長。

22 公事結社とは、治安警察法の法律用語。政治とは無縁で、慈善事業などによって公共福祉に供する団体。したがって、政治団体である政事結社とは程遠いものである。

23 正式な公文書ではなかったが、野村吉三郎駐米大使とハル国務長官との間で口頭確認されたもので、幾つかの要件を充たせば「アメリカが和平を斡旋する」ことが示されていた。

24 長男の近衛文隆が学習院中等科卒業後に渡米し、プリンストン大学を卒業している。その関係で米国に知己が多かった。

25 日本軍の中国・仏印からの全面撤兵、蒋介石政権以外の政権承諾拒否、日独伊三国同盟の空文化など。事実上の最後通牒。

26 昭和16年（1941）12月27日に、米国が利益代表国のスイスを通じて、昭和17年（1942）1月3日に英国および英連邦諸国が、利益代表国のアルゼンチンを通じて問い合わせており、同年1月29日に原則適用の回答をしている。

27 1929年に締結された、捕虜の待遇に関する条約のことで、ジュネーヴ条約と呼ばれている。戦時国際法として認められている。日本も締結したが、軍部および枢密院の反対で批准できなかった。

28 東條首相のこれらの要職の兼務は、ヒトラーのような独裁的意思・行動ではなく、軍令と軍政に分かれていた統帥の情報共有化を欲したからである。しかも明治憲法違反との批判も受けている。実際も、東條首相の生真面目な性格から、首相・陸相・参謀総長の仕事を、時間を厳密に分けて別々の建物を行き来して、独裁とは縁のない執務執行の姿勢を貫いた。

米英との戦い

第19講

19-1　緒戦～真珠湾奇襲攻撃

（1）ハワイ真珠湾

　大東亜戦争は、日本時間の昭和 16 年（1941）12 月 8 日、南雲忠一海軍中将を司令官とする機動部隊[1]の空母から発進した、海軍航空隊の第一次攻撃隊による、**真珠湾奇襲攻撃**によって火ぶたが切られました。この作戦の意図は、太平洋の制海権確保の最大脅威となる米国太平洋艦隊のせん滅にあったのです。なお当該作戦は開戦時の担任区分、即ち、海軍は太平洋を主戦場とし、陸軍は中国大陸と東南アジアを主戦場とする協定に基づく初動作戦でした。

　奇襲攻撃は、宣戦布告と同時に行われる予定だったのですが、駐米日本大使館が翻訳に手間取り、米国国務省に手交される 1 時間前に、既に計画通り攻撃が開始されていました。これを米国のルーズベルト大統領は米国民の反日交戦意欲を高めるために利用した訳ですが、当時の国際法では宣戦布告書の手交は必ずしも必要とはされておらず、交渉の余地なしとする最後通牒の段階以降では開戦となっても容認されるものとなっていました。したがって、ルーズベルト大統領は卑怯との感情面での批判はしながらも、国際法違反との弁は行っていません。

　この攻撃は、二波によって行われ、米国戦艦 6 隻、重巡洋艦 1 隻などを撃沈し、戦艦や重巡洋艦や駆逐艦 12 隻以上を撃破する大戦果を挙げました。もっとも在泊していなかった空母を打ち損じ、重油タンクなどの港湾施設への攻撃もしなかったため、後に大きな禍根を残すことになります。

（2）英領シンガポール

　戦争遂行に必要な、蘭印の南方資源確保の脅威となる拠点の無力化を目指して、英国のアジアの最大拠点シンガポールの攻略作戦を実施。陸軍はマレー半島東部に敵前上陸を敢行。また、タイ王国との日泰攻守同盟[2]に基づき、タイ領のシンゴラからも上陸、南進を図っていきます。英国は、シンガポールの防衛を図るため、植民地軍だけではなく本国から、陸軍と英連邦軍を増派すると共に、最新鋭戦艦プリンス・オブ・ウェールズを旗艦とする**英国東洋艦隊**を派遣します。しかし仏印からの日本海軍航空隊による雷爆攻撃により、同戦艦の他、戦艦レパルス他も失い早々に壊滅してしまいます。そして裸同然となったシンガポール防衛部隊は善戦したものの、昭和17年（1942）2月15日に降伏しました。

（3）フィリピン方面戦

　米領フィリピン（以下、地域を指す場合は「比島」という。）の攻略は、南方資源の日本へのシーレーンを確保し、輸送上の支障無きようにするためのもので、比島を完全な制圧下に置くことが急務として認識されていました。

　比島防衛の米比軍は、米極東軍司令官**マッカーサー大将**が率いる、米軍3万1千人と旧式装備の比島植民地軍12万人（内予備役10万人）。なお、駐留する有力な米国航空兵力は、開戦当初、台湾からの日本の航空部隊による攻撃で大打撃を被り既に無力化されていたのです。

　攻略部隊は、本間雅晴中将が率いる陸軍第14軍で、米軍航空基地を次々に占領しこれを活用することで完全に制空権も確保し、その後ミンダナオ島のダバオ市を占領して、続いてフィリピン自治政府[3]の首都マニラにも進撃。米軍1万5千人と比島植民地軍6万6千人の大部隊は、マニラを放棄し、コレヒドール島要塞に籠り、バターン半島を拠点として徹底抗戦の構えを見せました。日本軍は、米比軍の強力な火力と堅固な要塞に阻止され、しかも旅団規模の僅少な兵力で攻めあぐね[4]、香港攻

略で活躍した1個師団を中心に砲兵2個連隊と歩兵3個連隊を加えた部隊を増派し、350機に及ぶ陸軍重爆撃機・海軍陸攻機も投入して大攻勢に出ます。その間にマッカーサー司令官は、ルーズベルト大統領の命により豪州に脱出[5]。残った米比軍は食糧難に悩まされて遂に持ち堪えられずに、後任のウェインライト中将は昭和17年（1942）4月に全面降伏しました。

（4）英領ビルマ方面

泥沼化していた日華事変（支那事変）を抱えながらの大東亜戦争への突入でしたが、蒋介石の中華民国がここまで抗戦できていたのは、米英による戦略的物資の絶大な援助の賜物だったのです。開戦前は、香港・仏印・英領ビルマからの、いわゆる**援蒋ルート**からの援助によるものでした。これらは日本軍の平和的駐留または占領により次々と遮断されていき、昭和17年の時点で唯一のルートは、英領ビルマを策源地とするものでした。

日本軍はこれを遮断すべく、同盟国のタイ王国に駐留する第15軍をして、昭和17年（1942）1月に作戦行動を開始します。3月にビルマの首都ラングーンを占領、英国総督は逃亡し、その後に南部地域を占領。この地域に陸軍航空隊の基地を設け海路からの輸送ルートを遮断。この頃、映画等で有名となる加藤健夫中佐（戦死後少将に特進）が率いる隼戦闘機隊（第64戦隊）が活躍しています。その後、更に1個師団を加えて、中・北部の攻略戦を展開。しかし、山岳地帯・難路に阻まれ大苦労を重ねることとなるのですが、5月1日には中部要衝のマンダレーを占領、8日に北部の要地ミイトキーナを占領し、ビルマ全土を抑えて援蒋ビルマルートを絶ち、蒋介石の国民政府軍に大きな影響を与えて、中国の孤立感を高めることに成功しました。

（5）蘭印方面

大東亜戦争は、そもそもこの蘭印[6]での**豊富な資源の確保**が戦争遂行

の絶対条件であったことから、緒戦はこの地域の確保と安定を図るべく、開戦と同時に各方面において支援作戦の行動がなされたのです。

蘭印作戦は、今村均陸軍中将率いる第16軍が、海軍の第11航空艦隊などの援護の下、昭和17年（1942）1月に開始されました。宗主国のオランダは、米国・英国・豪州と連合国海軍としてABDA司令部[7]を結成し迎撃するはずだったのですが、先述したように、比島が攻略され、シンガポールも陥落して、英国東洋艦隊は壊滅させられており、防御態勢に穴が出来ていました。

したがって、この時点で既に周囲の戦略上拠点は日本軍のものとなっていました。日本軍は、2月中旬までにチモール島やセレベス島の要地を抑え、同月14日には、喉から手の出る程欲していた、スマトラ島パレンバン油田地帯を空挺部隊による降下奇襲で、オランダ軍により一部は損壊したものの確保しています。日本軍はこのように周囲を固めつつ、ジャワ本島とスマトラ島攻略の足掛かりとしました。オランダ軍は、ABDA連合軍の陸上防衛の協力が困難となったため、ジャワ本島を中心に防衛することにしました。

2月27日、ジャワ島攻略部隊を乗せた輸送船を護衛していた海軍艦艇と、スラバヤから発進してきた連合国海軍が遭遇し、開戦後初めての艦隊戦闘が行われました。連合国海軍は、比島、シンガポールから退避してきた米・豪の艦艇と英国東洋艦隊の残存艦隊がオランダ艦隊と合流したもので、所詮は寄せ集め部隊でした。日本海軍の誇る水雷戦隊が次々とこれを撃破し、連合国海軍の旗艦撃沈、司令官ドールマン提督も戦死。後にスラバヤ沖海戦[8]と呼ばれるもので、翌日には残敵とバタビア沖海戦も起こり、連合国海軍の艦艇14隻のうち10隻を撃沈し壊滅させたのです。

3月1日に日本軍はジャワ本島に敵前上陸を敢行。オランダ・米国・英国・豪州の他植民地兵を合わせて8万人の防衛軍を、撃破粉砕し、5

日には首都バタビヤ（現ジャカルタ）を占領。更に進撃中に降伏申入れがあり停戦。このようにして蘭印作戦は比較的円滑に終了していきます。その要因は、主力のオランダ軍に戦意が無く、現地民も離反しており、むしろ日本軍に協力的であったからだと考えられます。

19-2　攻防〜ミッドウェー海戦

（1）ミッドウェー海戦

　昭和17年（1942）4月18日、小笠原方面に侵攻した米国機動部隊のドーリットル中佐が指揮する攻撃隊の奇襲により、本土空襲を受けました[9]。攻撃規模は小さく被害も軽微だったのですが、戦勝気分の国民に冷や水を浴びせる結果となってしまいました。日本海軍は、真珠湾攻撃で打ち洩らした米国空母群による反撃を恐れていたところに、本土南方の小笠原諸島方面から攻撃を受けた訳です。本来ならば戦線維持を図って南方資源の確保に努めるべきであったと思うのですが、太平洋正面の本土防備の弱点が晒され、国民の士気にも影響を及ぼしたことから、連合艦隊司令長官山本五十六大将がミッドウェー島攻略の作戦を考案。米機動部隊の跳梁を根本から断絶させること、併せて空母を誘い出して撃滅を目指す作戦に出ます。

　日本海軍は、4つの艦隊群による大艦隊を編成。その攻撃主体である南雲中将指揮の空母4隻を擁する海軍機動部隊は、ミッドウェー島の防備機能を破壊するため、昭和17年（1942）6月5日に戦爆連合の攻撃隊を発進。もっとも、米海軍は事前の暗号解読でこれらを察知して万全の態勢で待ち構えていました。そして先手を打ち、米空母3隻からの攻撃隊は、艦載機を発進中の日本空母に対して、急降下爆撃で襲い掛かったのです。空母赤城などの空母群は、防御の余裕もなく次々と撃破され

その機能を喪失（後に沈没）、彼我戦力が逆転した瞬間でした。残った空母飛龍が孤軍奮闘し空母ヨークタウンを撃破したものの、開戦以来の百戦錬磨の搭乗員を多数失い、当時有していた正規空母6隻のうち作戦に参加した4隻全てを失い、日本はその工業力から見て再建不可能な程の大打撃を受けてしまいました。

敗因は、緒戦の連戦連勝で米国与し易しとの気の緩みによる索敵・警戒の慎重性の欠如と、暗号解読に気づいていなかったことであったと思われます。何れにしても、この敗戦は爾後の機動展開が制限され、且つ**戦局の大きな転換**を意味するものとなり、制海権の絶対性も確保できなくなったのです。これは、当てにしていた石油や戦略鉱物資源の南方からの輸送に重大な誤算が生じたことを意味しています。

（2）ガダルカナル島

攻勢から一転して、今度は南方資源確保のための防御姿勢の整備の必要性が生じてきます。豪州からの反撃体制を防ぐためにも、米国と豪州の連絡遮断が必要な情勢でもあり、前線基地の要衝ラバウルから続くソロモン諸島の確保を図ることにしました。

海軍は、航空基地建設の最適地と思われたガダルカナル島で飛行場建設を始めました。そして完成間近の頃、昭和17年（1942）8月7日に、米海兵隊が上陸して来て、飛行場諸共に島は占領されてしまいます。米国は、豪州の脅威を取り除き、南太平洋の制空制海権を確保し、反攻の拠点とすべく狙っていたのです。海軍は、陸軍に知らせていなかったこともあり、上陸地点に艦隊を派遣して独自で排除しようと試み、艦隊同士の海戦[10] が起こり圧倒的に勝利したものの、肝心の輸送船の攻撃は行わず、引き揚げてしまいました。

その後、上陸した米軍の戦力を甘く見た日本軍は、僅か900人の陸軍一木支隊を派遣し、実は米海兵隊1万9千人の規模に突撃することになり敢え無く全滅。更に、1個旅団4000人規模の川口支隊を派遣し

たのですが、これも大打撃を受けて壊滅。ようやく事の重大性を悟った大本営の指示もあり、米・豪連携の要衝であるポートモレスビーの侵攻作戦を中止した上で、第2師団を急遽流用して派遣し、その後も逐次投入の増援を図っていきます。

　しかしながら、ラバウルからの海軍戦闘機ゼロ戦のギリギリの航続距離で、制空権を確保しきれず、低速の輸送船は島の飛行基地から来襲する米軍機により次々と撃沈され、弾薬だけでなく食料も満足に送ることが出来ずに、上陸した陸軍部隊は飢餓状態となり戦力を消耗していきます。夜間に高速の駆逐艦を使った輸送でなんとか凌ぎながら、第38師団などの増援部隊を逐次投入していくのですが、駆逐艦自体の損失も増えていきます。その間に、南太平洋海戦や数度の海戦が行われ、やや優勢な戦果を挙げていたものの、日米互いに喪失、損傷を重ねて、**消耗戦の様相**を濃くしていきます。そうなると工業生産力で劣る日本は不利であり、海空の対米比率の格差拡大が致命的となっていくのです。

　制空権は米国の手中にあり、いつの間にか彼我の兵力の差も10倍以上となって、島の奪回は最早不可能で餓死者が悪戯に増えるだけの事態に陥っていました。陸海軍の面子の問題もありなかなか作戦中断を決定できずにいたのですが、遂に、参謀本部は「転進」と称した撤退を決定することになり、困難な撤退戦を展開して、昭和18年（1943）2月7日までに1万1千人の兵員の撤収を完了しました。

　これ以降、太平洋方面での日本の勝ち戦は無くなり、米軍・豪州軍の反転攻勢に押しまくられていくことになります。なお米軍は、昭和18年（1943）5月にはアッツ島を奪回。日本軍は守備隊長山崎大佐以下が全滅し、初めて「玉砕」として国内発表されています。

19-3　玉砕〜絶対国防圏の崩壊

（1）絶対国防圏と相次ぐ敗退

　大本営は消耗戦に巻き込まれることの不利を悟り、絶対に確保すべき範囲を決めて、戦力の有効配置と戦備強化を図るべく、昭和18年（1943）9月に**絶対国防圏**[11]を設定して戦略体制を整備しました。

　もっとも、その実現および領域の維持は、攻撃力も防御も補給線も戦略思想も、シーレーン防衛能力からしても、既にとてつもなく広範囲が戦場化してしまっており、事実上は不可能と目されるものでした。その間にも、米軍の中部太平洋での反攻作戦は本格化しており、11月にギルバード諸島のタラワ島とマキン島の守備隊が全滅し、ソロモン諸島やニューギニアでも日本軍はどんどん駆逐されていきます。昭和19年（1944）2月1日には南洋委任統治領[12]のマーシャル群島も占領されました。2月17日には、「日本の真珠湾」[13]と称されていたトラック島が大空襲を受け、陸上で航空機270機以上が破壊され、停泊中の多数の補助艦艇が沈没、燃料タンクも炎上させられ、基地機能を喪失します[14]。この方面での海軍の戦闘力は皆無となり、制海権も制空権も持ち得ず、絶対国防圏内での防衛体制は崩れ去り、反面ラバウルなどが後方に取り残され孤立してしまいます[15]。

（2）サイパン島陥落

　昭和19年（1944）4月の時点で、大本営はマリアナ諸島防備を過信していた上に、米軍はニューギニアや比島方面に来攻するものと踏んでいました。しかしながら、その裏をかくように、米海軍機動部隊は、6月11日にサイパン、テニアン、グアムの三島に激烈な空襲を加え、航空基地や港湾施設を破壊し尽くし、遂に15日にはサイパン島に艦砲射撃を加えて上陸作戦を敢行してきたのです。サイパン島の防備は整っておらず、2月に名古屋第47師団が派遣されたばかりで未だに陣地構築

中の状態という有様でした。

　このタイミングで、連合艦隊は、救援と空母決戦を目論んで予てから研究していた「あ号作戦」を発動しました。海軍史上最大規模の機動部隊（空母3隻、軽空母6隻、戦艦7隻以下73隻、艦載機450機）が編成されて出陣したものの、同島を取り巻く米機動部隊（正規空母7隻、軽空母8隻、戦艦7隻以下93隻、艦載機900機）の戦力よりは見劣りしていました。日本海軍は不利な戦力をアウトレンジ戦法[16]で戦い抜こうと考え実行したのですが、結局は、米軍の新兵器の高射砲弾と防空レーダーシステム、そして何よりも航空機搭乗員の練度不足がたたって、その殆どが撃墜され、マリアナの七面鳥墜としなどと揶揄されてしまったのです。この海戦は**マリアナ沖海戦**と呼ばれており、以後、海軍では母艦航空機の搭乗員の錬成は頓挫し、空母を中心とする機動力は完全に喪失してしまいました。

　孤立無援となったサイパン島守備隊は、徐々に島の北部に追い込まれ、遂に7月5日には訣別電報[17]を発し万歳突撃をして全滅し、在留邦人も1万人以上の多数が犠牲となりました。その後8月3日にテニアン島が、同月11日にはグアム島が陥落しています[18]。これらにより、米軍は長距離戦略爆撃機B29[19]の航続距離範囲内となった日本本土の空襲が可能となり、併せてマリアナ諸島以東の日本軍守備地域の孤立に成功したのです。

　また、米軍は比島反攻の足掛りとするべく、9月15日にペリリュー島（パラオ諸島）に第1海兵師団など4万8千人を上陸させてきます。中川州男大佐が率いる歩兵第2連隊を中心とする7500人の守備隊は、島民を全員島外へ避難させた上で、これを迎え討ちました。守備隊は奮闘よく善戦し、2カ月以上持ち堪えたのですが、ほぼ全滅し、11月27日に占領されました。

（3）インパール作戦

　太平洋の島々で攻防が続いていた頃のビルマは平穏が保たれていまし

た。ビルマから駆逐された英軍は、昭和19年初頭には態勢を立て直し、ビルマ領内への反攻機会を窺っていました。また、インド国内からの新しい自動車道の**援蒋ルート**[20]も整備し、ヒマラヤ山脈超えの危険な空路から切り替えて蒋介石政府の支援も活発化させていました。

　ビルマ駐屯の方面軍は、援蒋ルートの遮断とビルマの攻撃的防御の軍事目的に、チャンドラ・ボース[21]のインド独立支援による、英国勢力の駆逐という政治目的も加えて、英領インド北東部の要衝インパール攻略を目指す作戦を立案しました。当初は大本営も峻険な山岳地帯での輸送の困難性などを理由に反対姿勢でしたが、第15軍司令官の牟田口廉也中将の強硬な主張で遂に決行が許諾され、昭和19年（1944）3月に、**インパール作戦**として実行に移されました。現在ではインパール作戦とは、「無謀な作戦」の代名詞として引用されており、作戦を批判する師団長の解任などもあり大失敗の作戦で、とりわけ雨季の中の撤退行は、食糧なし医薬品なしの悲惨なもので「史上最悪の作戦」といわれています。

　参加兵力は、第15軍の3個師団5万人[22]を中核に、軍直轄部隊3万6千人や補充部隊も含めて総兵力9万人が投入され、チンドウィン河を渡ってインド領内に入りましたが、戻ってこられたのは6万人。なんと3万人が戦病死したことになり、帰還者も2万人が傷病兵で残りも殆どが栄養失調者でした。なお、ボース率いるインド国民軍6千人も日本軍に協力してこの作戦に参加しています。

　このインパール作戦で戦力を消耗したビルマ駐留の日本軍は、北部ビルマを守備する部隊の勇戦奮闘はあったものの[23]、全土を防衛する力を失い、ビルマ国民軍の反乱などもあって、英軍の攻勢に敗走を繰り返すことになります。昭和20年（1945）に入ると南部ビルマも支えきれなくなり、首都ラングーンも陥落し、ビルマの日本軍はほぼ壊滅状態となるに至ったのです。

19-4　死闘〜最終局面の戦い

（1）比島攻防戦

　マッカーサーは、比島に再び戻るとの宣言に固執していました。米国統合参謀本部は、孤立した要衝ラバウル、機能不全に陥ったトラック島を素通りしてマリアナ諸島を陥れ、そこを拠点として日本本土の空襲、海上輸送路の遮断を図って、継戦能力の喪失を目論んでいました。しかしながら、マッカーサーの強弁捻じ込みにより、最終的にはルーズベルト大統領の決断で、ハルゼー海軍大将がマリアナ諸島を突き、マッカーサー陸軍大将はフィリピン全土の解放を目指して進むことになります。

　この頃の大本営は、工業力は歯が立たないことからジリ貧に至る消耗戦になることを回避せんとして、何とか短期決戦での決着を望んでいました。そこで米軍の来攻を待ち構えて決戦を挑むべく、昭和19年（1944）7月に**捷号作戦**（1号〜4号）[24] を立案し、各方面の防備を強化することとし、とりわけ比島方面の警戒を厳にしていきます。

　昭和19年（1944）10月20日、米軍はフィリピンを奪還するべく、先ずはそこに航空機基地を置くと比島全土の制空権を有利に確保できるレイテ島に6万人が上陸、迎え撃つは京都第16師団の1万3千人。ここに**比島攻防戦**の火ぶたが切られました。連合艦隊は、上陸部隊を撃破すべく、栗田艦隊[25] を中核とした当時集められる海上戦闘艦のほぼ全てを投入して、攻撃を仕掛けていきます。同時に本土から出撃した残存空母4隻（搭載機は僅かに104機）を主力とする小沢機動部隊[26] が、上陸部隊を掩護する強力なハルゼー機動部隊を北方に引き寄せる囮部隊の任に就きます。小沢機動部隊は微弱ではあったのですが、偽電や誘い出し攻撃で巧みに北方への誘い出しに成功し、レイテ湾で上陸中の米軍輸送艦隊を丸裸な状態にさせることに成功します。レイテ湾突入を企図する栗田艦隊は、それまでに米軍の空襲や潜水艦攻撃などにより、戦艦武蔵

など多数の主力艦を失うなどの損害を出していました。その上で米海軍の護衛空母部隊と遭遇し砲撃戦を交えて、情報も錯綜していたことから、栗田長官は、レイテ湾の状況が把握できず、これ以上の損害を被ることを危惧して撤退することにし、千載一遇の勝機を逸します[27]。これら全てを合わせて**レイテ沖海戦**と呼ばれているのですが、日本軍の作戦意図は完全に頓挫しました。

　そもそもルソン本島で決戦を挑むべしとしていた、山下奉文大将を総司令官とする陸軍第14方面軍だったのですが、指揮外にあった海軍や航空部隊、或いは大本営の意図により、意思統一が出来ず、結局はレイテ島への戦力の逐次投入が行われてしまいました。陸海軍とも善戦はしたものの、絶望的な消耗戦となり大きな損害を出し、最終的にはレイテ島からの撤退、自活攻防に至ります[28]。

　昭和20年（1945）1月9日、米軍がリンガエン湾に上陸。ルソン島防衛の日本軍は、山下大将直卒の主力の防衛集団（尚武集団、15万人）がルソン島北部に布陣。首都マニラ付近には、横山中将指揮の第41軍主力の振武集団（陸海軍8万人）、クラーク飛行場群のある平野には、塚田中将率いる航空関係者や後方部隊などを寄せ集めた3万人を建武集団と称して守備させていました[29]。米軍の先陣20万人（その後45万人）が上陸するリンガエン湾では、第23師団や戦車第3旅団が進出して果敢に水際決戦を挑んでいきます。なお、この頃から陸海軍機による特攻が開始されるのです。

　しかしながら、海上は米海軍艦艇に埋め尽くされ、制空権も完全に握られ、本土との輸送も断絶した状況下で、大兵力とその大物量に押されて後退に次ぐ後退を余儀なくされていきます。より具体的には、先ずは湾岸地区の防衛は徹底的な艦砲射撃と空爆を受け壊滅。その後、クラーク飛行場群周辺の雑多部隊の建武集団も指揮統率できずに、各個打破されてしまい雲散霧消。また、指揮命令権がおよび難い海軍陸戦隊が必死

のマニラ防衛を果たしたことから、結局は、米軍との市街戦となり美しいマニラの街は焦土化し壊滅。このように日本軍はよく奮闘したものの平原での戦車部隊の全滅などもあり緒戦で敗退します。その後は北部山中での持久戦となっていくのですが、保有弾薬や医薬品は限られ、飢餓に見舞われて、そこに比島ゲリラの頻発な襲撃も加わり悲惨さを増して戦力をどんどん消耗していきます。このような形で終戦まで在地したものの、最早抵抗勢力ではなくなっていたのですが、終戦時にやっと山下大将は米軍に降伏しています。

（2）沖縄戦

　米軍は台湾を素通りし、硫黄島と沖縄の占領を目指してきました。この戦略目的は、日本本土を有効に空爆できる飛行場の建設にあり、併せてこれらの島の先にある、関東平野と南九州地方への上陸作戦も視野にあったのです。

　昭和20年（1945）2月10日に米軍は海兵隊7万5千人で硫黄島に上陸作戦を敢行。守備するのは、栗林忠道中将を司令官とする小笠原兵団[30]の陸海軍合わせて2万2千人。予め全島に堅固な地下陣地を張り巡らしての戦いが功を奏して1カ月以上善戦。然るに本土からの増援も補給もなく、弾薬、糧食も尽き、とりわけ飲料水の欠乏は絶望的となってしまいます。遂に力及ばず、最後は栗林中将らが突撃し、玉砕、占領されます。なお米軍は2万5千人近い死傷者を出して、人的損害は太平洋戦で最悪の結果となりました。

　米軍は、硫黄島に戦闘機用の飛行場を設けました。そして、サイパン島やテニアン島から日本本土を空爆するB29爆撃機を護衛する戦闘機基地としました。また、被弾したB29爆撃機の緊急避難の場所にも利用しています。

　昭和20年（1945）4月1日に、米軍は、内地行政府のある沖縄本島に上陸して来ました。その規模は開戦以来の最大規模で兵員数は45万

２千人、艦船 1317 隻、艦載機 1727 機。迎え撃つは、沖縄守備の陸軍第32軍の６万９千人と、海軍根拠地隊８千人でした[31]。

　日本軍は、米軍が沖縄の飛行場を使用する前に、陸・海・空一体となった**菊水作戦**で総攻撃を仕掛けます。南九州から特攻機 355 機を含む陸海攻撃機 700 機が沖縄海域の米艦船を急襲し、駆逐艦３隻撃沈、戦艦他 29 隻に損害を与えたのですが、出撃機数の８割超と若い沢山の命を失ってしまいます。連合艦隊は、残存の戦艦大和以下 10 隻を海上特攻として送り込みますが、途中で米艦載機 300 機以上の攻撃に合い、戦艦大和、軽巡洋艦の矢矧などを失い撤退。これが連合艦隊最後の進撃となりました。また、義烈空挺隊が米軍支配下の沖縄の飛行場に強行着陸する義号作戦を敢行し、駐機中の戦闘機などを炎上させますが戦況には全く影響はありませんでした。しかし結果的には、「地上部隊は、総反攻には出ず持久戦としたことから、菊水作戦はチグハグになり、戦果は中途半端なもの」[32] となってしまいます。その第 32 軍も、戦力は日々漸減していたので、果敢に出撃して局面打開を図ることに方針変換しました。５月３日には開戦以来の最大砲数を揃えた第５砲兵団の援護射撃の下、歩兵部隊や船舶工兵部隊が総攻撃を開始[33]。しかし結局は失敗し戦力は半減となり県都首里市を放棄せざるを得なくなり、軍司令部は、本島最南端の摩文仁へ後退して持久戦に持ち込むことにしました。

　沖縄県民は、上陸前に内地疎開や本島北部への避難を勧告されていましたが、これがなかなか進まず、多くはそのまま在島し、洞窟などの多い本島南部にも多数が避難していました。その間に県民男子は 17 歳から 45 歳までが国民義勇隊として、中学生や女学生も看護や後方勤務に就いて戦闘に参加しています。このようなことから、軍の摩文仁への後退は、避難している住民や後方勤務の女学生などを直接戦闘に巻き込むこととなってしまい、悲惨苛酷な事態に陥ることになるのです[34]。

　６月中旬頃には日本軍は組織的戦闘力を完全に喪失。６月 23 日には

司令部首脳が自決し沖縄戦は終了しました。なお、沖縄県最後の知事として赴任していた島田叡知事[35]は、最後まで職務を全うして南部海岸で行方を絶っています。沖縄の守備隊と義勇隊を合わせた戦死者10万人、沖縄県民の犠牲者も10万人に達しました。

19-5　終戦〜本土空襲と都市の壊滅

　本土防空体制は、昭和17年春のドーリットル空襲以降、陸軍が防空組織を整備し始めていました。この頃から対空監視部隊は、国内では陸軍が先行して電波兵器の開発を急いでいたことから、対空レーダー（警戒機）として電波警戒機甲の本格設置が開始されており、ある程度は整備されていたのです[36]。また、迎撃態勢についても南関東を中心に防空戦闘機を、東京・名古屋・大阪・小倉を中心に高射砲部隊を増強し配置していました。

　昭和20年（1945）3月10日に、米空軍B29爆撃機は334機の大編隊で、帝都東京に夜間無差別空襲を行い甚大なる被害をもたらしています。更に3月12日の名古屋大空襲、3月14日の大阪大空襲と、日本の中枢都市が壊滅的打撃を被る事態となりました。その後も大都市は何度も空襲を受け殆どが焼塵化し、大都市で被災していないのは京都市ぐらいのものでした。地方都市も岐阜市、豊橋市や姫路市など3分の2を焼き尽くされ、岡山市や大垣市では国宝の城諸共に市内の半数が焼けてしまうなどの被害を受けています。浜松市、宮古市や室蘭市などは米艦隊の艦砲射撃を受けるまでに至りました。正に日本本土はB29爆撃機による戦略的空爆に成す術もなく、その国家的機能を著しく減滅させ、本土防衛を備えようにも資材等だけでなく食料も尽きてしまう程でした。

　また、その頃は、女学生や中学生（旧制）達の多くも勤労動員されて

軍需工場などで働いていましたが、このような銃後でも多くの悲惨な事実が起こっています。例えば、昭和20年（1945）6月9日、名古屋市熱田区の愛知時計電機船方工場および愛知航空機（現愛知機械工業）熱田工場に対して行われた、いわゆる**熱田空襲**です。従業員や動員学徒約2万2000名のうち1045名が死亡、約3000名が負傷しています。また、終戦間近の8月7日には、豊川海軍工廠が空襲を受け全壊し、動員学徒ら3000名余りの犠牲者が出ています。

　このような状況下で、昭和20年（1945）8月8日に、ソ連は、日ソ中立条約の期限を1年残しているにも関わらず、突如対日宣戦布告をして、満洲や樺太になだれ込んできました。そして8月6日と9日の広島市と長崎市への原爆投下とも相まって、日本は降伏の他に選ぶ道を失い、昭和天皇のご聖断により**ポツダム宣言**[37]を条件付きで受諾しました。8月15日に「終戦の詔勅」が玉音放送としてラジオで全国民に流され、大東亜戦争はようやく終結したのです。なお、無条件降伏との説明をする向きもあり様々な議論もありますが、これに関しては、「日本国軍隊の無条件降伏」を求めたものであって、政府に対しては、ポツダム宣言自体が政府間に通じる条件として提示されていることから、無条件降伏として説明するのは適切ではないと考えています。

〈注〉

1　空母を中心とした編成で、戦略的打撃を与えることが出来る艦隊のこと。

2　日本国とタイ王国との同盟条約。タイ王国政府は中立宣言をしていたが、日本は枢軸側の同盟国に引き入れて、タイ領経由でマレー侵攻を意図し、タイ王国のピブン政権は日本の力を借りて失地回復したいとの思惑が一致。相互の主権尊重・相互の敵国又は第三国と交戦時の相互同盟国の義務を明記。昭和16年（1941）12月21日に公布。タイ王国は日本に積極的な戦争協力姿勢を内外に示すも、後に日本が不利と見るや距離を置きだす。本同盟は昭和20年（1945）9月2日にタイ王国により破棄。

3　フィリピン・コモンウェルスという。1935年から1946年までの政治体制。米国は、1935年施行のフィリピン独立法で、1946年の完全独立を認め、その準備段階としての暫定政府。憲法を設けて、大統領は強力な行政権を有しており、婦人参政権を認めた二院制の国会、最高裁判所も設置。1946年7月4日には米国がフィリピンの独立を承認しフィリピン共和国となる。

4　米軍側は上陸した日本軍を6個師団と過大（実際は2個師団4万人）に見積もり、一方の日本軍は、逆に米比軍の残存兵力を2万5千人と過小評価（実際は8万人以上）していた。したがって第14軍は、主力の機械化師団の第48師団を蘭印攻略作戦に転用してしまい、弱小の第65旅団でバターン半島の攻撃を仕掛けて苦戦の要因となる。

5　マッカーサーは家族や幕僚と共に魚雷艇でミンダナオ島に脱出。B17重爆撃機に乗り換えて豪州に脱出した。なお、大統領命令は本人と家族だけであったが、幕僚も連れて脱出。これらの幕僚は後に「バターン・ボーイズ」と呼ばれ、日本の占領政策に大きく関わった。豪州到着後に新聞記者の前で「アイ・シャル・リターン」と語る。

6　蘭印とは、蘭領インドとも呼ばれており、オランダ領であった今のインドネシアである。

7　米国・英国・オランダ・豪州の多国籍軍の司令部。開戦初期に西太平洋地域防衛の為に設置。最高司令官は英国のウェーヴェル陸軍大将。連合国にとって、極東防衛の要の英国のシンガポール海軍基地の喪失、開戦直後に比島の米国極東航空部隊が、マレー沖海戦で英国東洋艦隊が其々壊滅していたことから、この部隊には、日本軍に対抗できる戦力はなく、本国からの救援部隊到着の時間稼ぎとされ、戦略連携も不統一。海軍はスラバヤ沖海戦で壊滅、陸軍部隊もジャワ島攻防戦で降伏。

8　連合国海軍は重巡洋艦2隻、軽巡洋艦3隻、駆逐艦9隻。日本海軍は重巡洋艦2隻、軽巡洋艦2隻、駆逐艦13隻。質量、練度全てにおいて優勢であった。

9　ハルゼー中将指揮下の第16機動部隊の空母ホーネットから発艦した陸軍のB24陸上攻撃機16機による奇襲攻撃。完全に日本の防空監視網をかいくぐり、東京、川崎、横須賀、名古屋、四日市、神戸を低空から銃爆撃した。

10　第一次ソロモン海戦。三川軍一中将指揮の第八艦隊（重巡洋艦5、軽巡洋艦2、駆逐艦1）が、米国・豪州海軍の司令官戦死、重巡洋艦4隻撃沈、重巡洋艦1隻と駆逐艦2隻を大破と圧倒した。

11　劣勢となった日本が、本土防衛上および戦争継続の為に必要不可欠な領土・地点として、重点防衛を命じた地域。

12　国際連盟は、当時常任理事国の日本に対して、ベルサイユ条約でドイツが放棄した南洋群島の委任統治をC式統治で認めた。受任国が自国の一部として扱うことができるが領土ではない為、明治憲法や内地法は適用除外で立法も法律ではなく勅令で行われた。また、従来の住民への国籍付与は禁止され、完全併合はできない仕組であった。行政組織はパラオ島に南洋庁が置かれ、サイパン、ヤップ、トラック、ポナペ、ヤルートに支庁があった。最大人口は13万人（内日本人7万人）。

13　「東洋のジブラルタル」とも呼ばれていた海軍連合艦隊の一大根拠地。

14　トラック島は拠点機能を喪失し戦略的価値も無くなる。日本は絶対国防圏から外し、米軍は無視して占領せず素通りする。

15　昭和19年（1944）2月2日に銃後にその名を馳せたラバウル航空隊は、残存の稼働機50機を撤退し、その幕を閉じた。ソロモン諸島およびその周辺での損失機数は陸海軍機合わせて8000機を超えた。

16　敵の火砲や航空機の航続距離など相手の射程外から一方的に攻撃を仕掛ける戦術のこと。本作戦は小沢長官が考案。

17　「我等玉砕を以て太平洋の防波堤たらんとする」と打電の後、陸海軍首脳は自決した。

18　日本軍守備隊は陸海軍合わせて、サイパン島3万人、テニアン島8千人、グアム島1万9千人。

19　機体全幅43m全長30m、航続距離5600km、航空高度12000m、最高速度644キロ、爆弾搭載量9トン。レーダー航法・レーダー防御射撃や与圧装置を備え、冷暖房も完備していた。

20　英領インドのアッサム州レドから中国昆明までの新自動車道路「レド公路」のこと。昭和20年（1945）1月に開通。

21　スバス・チャンドラ・ボース（1897～1945）。インドの独立運動家、インド国民会議派議長、自由インド仮政府国家主席・インド国民軍最高司令官。日本の敗戦によりインド独立が頓挫したが、引き続きソ連で独立運動を行おうと日本の重爆撃機で移動中、昭和20年（1945）8月15日、立ち寄った台湾の台北飛行場で事故死。

22 第 15 軍は、第 15 師団、第 31 師団、第 33 師団と、軍直轄部隊とで編成。

23 ミイトキーナの戦い。ビルマ北部の要衝ミイトキーナおよび周辺地域での、日本軍と米軍・蒋介石国民軍の連合軍との戦闘。

24 捷号 1 号：比島方面、捷号 2 号：台湾および南西諸島（主に沖縄）、捷号 3 号：本土、捷号 4 号：北東方面（千島・樺太・北海道）として敵の来攻地域を想定。

25 第 1 遊撃部隊の栗田艦隊は戦艦大和、武蔵、長門を含む 5 隻、重巡洋艦 10 隻、軽巡洋艦 2 隻、駆逐艦 15 隻。他に別働隊として西村艦隊（旧式戦艦 2 隻、重巡洋艦 1 隻、駆逐艦 4 隻）、第 2 遊撃部隊の志摩艦隊（重巡洋艦 2 隻、軽巡洋艦 1 隻、駆逐艦 4 隻）と、合せて 46 隻がレイテ湾に向け進撃した。

26 多号作戦。レイテ島戦力増備を目的とした第 1 次から第 9 次のオルモック輸送作戦。昭和 19 年（1944）10 月に開始され 12 月に打ち切られた。この間に増援として第 1 師団、第 26 師団、優秀装備の第 68 旅団や第 102 師団の一部などが逐次投入されたが、多数の海軍艦艇や貴重な輸送船も喪失。

27 栗田長官の真意は今もって不明であるが、多数の兵士の命が救われたことは確かであった。

28 レイテ島の日本軍兵力 7 万 6 千人（当初配置 2 万 6 千人、増援 5 万人）のうち、終戦時の残存兵力は僅かに 1700 人。

29 尚武集団：第 10 師団、第 19 師団、第 23 師団、警備を任務とする第 103 師団、第 105 師団や独立混成第 58 旅団など、そして虎の子の戦車第 2 師団。振武集団：ルソン島南部に布陣していた第 8 師団、第 81 旅団、海軍マニラ防衛隊（陸戦隊）など。

30 硫黄島を守備するのは小笠原兵団（第 109 師団が中核）に、歩兵第 145 連隊や戦車第 26 連隊、重砲兵第 9 連隊など。戦車連隊長の西竹一中佐（男爵）は、ロサンゼルスオリンピック乗馬の金メダリストで米国にも多くの友人がおり、その戦死は日米の関係者を悲観させた。米軍も戦車隊の命を救うべく幾度も投降勧告した。父島や母島の駐屯兵団部隊は戦争終結時まで健在。

31 第 32 軍の司令官は牛島満陸軍中将、参謀長は勇猛果敢な長勇陸軍少将、高級参謀は陸軍随一の俊英たる八原博通陸軍大佐。配下部隊は、沖縄本島に第 24 師団、第 62 師団、独立混成第 44 旅団、第 5 砲兵団など。宮古島などに第 28 師団。海軍は、陸戦の大家の太田實海軍少将が司令官。しかし海軍陸戦隊の殆どは後方勤務の混成部隊で小録半島に展開。

32 木田道太郎『新講昭和史』啓文社　1992 年　307 頁引用

33 5 月 3 日夜に温存されていた砲兵隊は 5000 発の開戦以来最大規模の砲撃を開始。その支援下で第 24 師団と戦車第 27 連隊などが進撃し普天間付近までの戦線回復を図った。船舶工兵第 23 連隊なども米軍の背後に逆上陸を試みるなど各地で奮戦したが、結局は制空権を握られ物量に圧倒されて敗退。

34 今もこの地に残る「ひめゆりの塔」や「健児の塔」はこれらを物語る碑でもある。

35 島田　叡（1901 〜 1945）。沖縄県最後の官選知事。最後まで使命を全うした知事として現代に至るまで賞賛されている。最終段階の 6 月下旬に南部海岸線での目撃を最後に行方不明。田村洋三が『沖縄の島守』（中公文庫）でその生涯を描いている。

36 電波警戒機甲は、本土防空用だけでも 70 台を設置。後に新式の警戒機乙も開発され、昭和 18 年（1943）に入ると、帝都防空の任に当たる東部軍管轄の沿岸部に最優先で順次配備。海軍の探信儀はこの頃に配備が進む。

37 正式名称は、「日本の降伏条件を定めた宣言」（Proclamation Defining Terms for Japanese Surrender）という。なお当時、東郷茂徳外相らの政府首脳も、同宣言第 5 条などから「日本国政府に対しては無条件降伏を求めていない」と解釈していた。

第20講 大東亜会議と東南アジアの政治

20-1 大東亜会議

（1）大東亜会議では、欧米列強の植民地からの解放や、人種差別の禁止などを議論し、共同宣言としているのですが、大東亜会議に列席した各国はどのような事情を抱え、どのように日本と関わっていたのでしょうか。出席国の内、タイ王国、フィリピン共和国、ビルマ国、そして参加国ではないが、中立地域でもあったフランス国の仏印ベトナム（フランス領インドシナのことを、本講では以下同様に呼称）を取り上げて、その実相を検証してみることにします。

（2）昭和17年（1942）2月17日の内閣情報局の発表において、**大東亜戦争**と呼称するとされたのですが、この際に戦争目的はアジア諸国における欧米の植民地支配の打倒を目指すものとしたことから、「大東亜新秩序形成」と「自存自衛」[1] の目的のための聖戦とされていました。そして後に「欧米白人支配からの解放」も加えられています。

　明治憲法の定める国務と統帥の事実上の分離状態による、「首相の耳にも軍の作戦内容や戦勢・戦況が詳しく入ってこない」ことが少なからず影響して、東條首相は、大東亜戦争開戦前の有利な情勢で講和を図ろうとの意図を忘れ去られたかの如く、戦争の完遂に盲進していたのです。しかしながらその東條首相も、昭和18年に入ると、「明らかに『戦勢我に非ず』と見ていた」[2] のです。そしてその情勢挽回策は、我が国に与する、中華民国（南京政府）その他のアジア諸国（当時は大東亜諸民族と呼んでいた）に及ぼすべき重大な措置を以て、即ち日本との連帯と独立付与による政治外交の展開により行えると踏んでいたのです。

（3） この情勢判断の上で、**重光葵外相**[3] の「和平や戦後構想にむけて、長年欧米諸国の植民地として搾取されていた各国の独立構想」[4] とも結合して、大東亜政略指導大綱に基づき、昭和 18 年（1943）11 月 5 日に大東亜会議[5] が東京で開催されました。もっとも、東條首相は、南方占領地域での民心掌握を第一と考えていましたが、重光葵外相は、和平や戦後構想を意識して英米蘭の植民地として搾取されていた各国を独り立ちさせようとの構想で、必ずしも政府内での意思統一はされていませんでした。

　参加国は、既に独立国であったタイ王国、中華民国（南京政府）、満洲国の他にも、政策要綱に従って会議開催の前に独立が承認された、ビルマ国（8 月 1 日）、フィリピン共和国（10 月 14 日）が参加。自由インド仮政府もオブザーバーとして参加し、各国の国政最高責任者が招請されました。

　この会議は、「近代史上最初の有色人種のみにより行われた首脳会議で、植民地の宗主国の主従関係に捉われるものではなく、平等に和やかに進められていた」[6] と評価する向きもあります。最終日には、**大東亜宣言** が発せられ、「人種差別をなくし亜細亜の国々が互いに自主独立を尊重し対等な立場での協力を宣言」しています。この有色人種の差別禁止の理念は国連憲章にも活かされています。

　なお、この宣言を巡っては各国演説中に、タイ王国のワンワイ・タヤコーン親王が、「宣言案への事前の申入れが拒否されたことを婉曲に批判しているとも読める」[7]、また、修正提案に関する批判的発言があり、フィリピン共和国のホセ・ラウレル大統領からも「大東亜宣言の理念の普遍性に着目し、それを逆手にとって日本の盟主論的地位を否定」[8] する発言があるなど、ある程度の議論も交えた、緊張感を伴った国際会議でした[9]。

20-2　アジア諸国の政治動向

　昭和20年（1945）前半の情勢を次のアジア諸国・諸地域を中心に検証してみます。

　東條内閣は、重光外相が二重行政としてその設置に反対していた**大東亜省**[10] を、昭和17年（1942）11月に発足させました。大東亜省に、占領地域を大東亜共栄圏諸国として、これらの外交を管理も含めて他の外国とは別扱いとした上で、外務省管轄から外して、大東亜省に担当させています。これらの地域は、大東亜戦争の遂行において占領された地域または同盟国です。「欧米白人支配からの解放」として大東亜戦争を東南アジア植民地の欧米白人支配からの解放として内外に示すことになったのです。

（1）タイ王国

　この地域において、開戦時における唯一の独立国で軍備[11] も揃えていました。開戦と同時に日本軍に領内通過協定を締結し進駐を認めています。日泰攻守同盟[12] も締結し、ビルマ戦などで兵站や輸送で積極的に協力し[13]、仏印ベトナム領となっていた失地も回復しました。昭和17年1月に英軍が首都バンコクを爆撃したのを機に、英米に宣戦布告し枢軸国の仲間に入ります。

　ところが**ピブン首相**[14] は、日本の提唱する大東亜共栄圏に昭和18年の前半位までは協力的でしたが、英米と戦争状態に入ってからは様子に変化が起こってきます。諸外国からの貿易が封鎖され、物資不足に伴う物価の急騰により経済状況が急速に悪化し、国民感情が険悪になっていたことが背景にあります。この点を重く見た東條首相は、昭和18年（1943）バンコクを訪問し占領地の併合提案を行い懐柔しようとしましたが、ピブン首相の反応は冷淡で芳しい結果には至りませんでした[15]。

　そして日本が苦戦しだすと、日本と距離を置きながら、秘かに英米と

誼を通じる二重外交[16]を巧みに展開し、先述の大東亜会議にも全権委任状を持たない王族を代表団として送り込むという巧みさです。もっとも日本の敗色濃厚となった時点でも、日本軍は第18方面軍（11万人）の無傷の兵力が駐屯しており、タイ国軍の力は弱体で、英米との単独講和や駐留日本軍への蜂起などの力は無くずるずると日本の敗戦を迎えてしまいます[17]。

　しかしながら、軍事の敗北は外交で取り返すべく、天皇の玉音放送の翌日には、緊急国会を招集して平和宣言を行い、「対英米宣戦布告は日本軍に強制されたもので無効」と決議します。米国には事前にこれらの動きを連絡しており、戦後の政治的重要性と戦時下の米国に通じた反日運動への理解も得て、渋る英国も説得され、1940年以降に獲得した領地の返還を条件に、英米と講和条約を締結することになるのです。そして、タイ王国は対枢軸国の戦勝国が集まった、連合国たる国際連合への加盟も認められ、当然に敵国条項の対象にもならなかったのです。日本の同盟国でありながら、終戦と同時に戦勝国に衣替えしたことになります。

（2）フィリピン共和国

　米領であった比島は1935年に独立が約束されており、独立準備委員会も機能していました。日本は比島占領後に軍政統治を開始。確立した統治能力を有していた独立準備委員会の統治機構がそのまま使われて、比島行政府として衣替えしています。米国に脱出せずに残留していた同委員会の閣僚がそのまま役職に就くことになったのです。

　日本は、昭和18年（1943）5月の御前会議で独立を認め、同年10月にフィリピン共和国として独立し、日本に留学経験もある親日派の**ホセ・ラウレル**が大統領に就任。大統領自体がそもそも「日本人の社会的奉仕や自己犠牲の精神がフィリピン人に欠けている美徳」として尊敬していたこともあり、日本軍は、ラウレル比島政府に期待していました。同政府は、日本の精神文化に基づく国民教化活動の統括組織「カリバピ（新

生比島奉仕団）」を創設し、アキノ内務長官[18]を総裁としました。また、従来の英語教育に代わるものを日本語とタガログ語とし、滅私奉公を美徳とする道徳教育にも力を入れ、隣組制度も導入しています。一方の日本軍も民心掌握のため、米比戦争時代の英雄であるアギナルド将軍を老齢ながらも引っ張り出して宣撫活動に努めています。

　しかしながら、進駐日本軍の国民生活への過度な介入が横柄な態度[19]と映り反発を招き、日本軍が介入しての農業政策の失敗[20]や軍票の無計画な乱発は、ハイパーインフレを招き生活環境[21]は悪化の一途を辿って、ラウレル比島政府の人気は地に堕ち、大統領暗殺未遂事件まで発生してしまいます。国内の治安も悪く、米国の援助を受けた反日ゲリラ組織や共産系ゲリラが活発に活動。そこで、日本軍から武器供与や訓練指導の協力を得て、昭和19年（1944）12月には親日義勇隊マカピリを設立して、反日勢力に対抗したことから戦闘が行われ、状況は益々悪化の一途を辿っていくのです。

　同年9月に米軍機によりマニラ市内が空爆されると、ラウレル比島政府は米英に宣戦布告を行います。12月に米軍が反攻上陸し、その後は激闘する日本軍と共に後退し、首都をバギオに移したものの実質的な統治権は既になく、日本の降伏と同時に、ラウレル大統領も日本に亡命。再び米国の植民地に戻り、1946年には米国とのマニラ条約により、戦前から約束されていた独立が認められました。

（3）ビルマ国

　英領ビルマにおいて、日本軍は昭和16年（1941）初頭から情報機関によりビルマ独立運動家を支援[22]していました。その長たる**アウンサン**[23]が指揮するビルマ独立義勇軍は、日本軍の進撃に歩調を合わせて、ビルマに進軍。英国植民地軍を各地で撃破して域内から駆逐します。日本軍はビルマ方面軍[24]を設けて軍政を敷き、英国に逮捕されていた**バー・モウ**を開放し、説得して、行政府長官に就任。その後日本は、昭和18

年（1943）5月の御前会議において独立を認め、同年8月にバー・モウを首相（国家元首）とするビルマ国が独立[25]。同時に日緬相互防衛条約を締結し、英米に宣戦布告しました。ビルマ国防軍（当初はビルマ防衛軍）も設立され、アウンサンが国防相に就き、日本軍から武器供与も受けています。

　しかし進駐1年足らずで、日本軍の物資徴発と超急激なインフレに見舞われ、生活環境が植民地時代よりも悪化し、日本軍は期待外れの行動により人心掌握にも失敗してしまうのです。その後日本軍は、インパール作戦で大敗し戦力を損耗し、敗色が濃厚となっていきます。昭和20年（1945）3月27日、日本に失望していたアウンサンは、ビルマ国防軍を率いて日本軍およびビルマ国政府に対して全面攻撃を命じてクーデターを起こし、英国側に寝返ります[26]。英印や中国の連合軍からの攻勢も強まり、日本軍は首都ラングーンから撤退。これにより、ビルマ国は敢え無く事実上解体、バー・モウ首相は日本に亡命しました[27]。

（4）仏印ベトナム

　仏印ベトナム（仏領インドシナ）[28]はフランス本国から派遣された総督が**仏印総督府**として統治していました。「大日本帝国に軍事上の便宜を提供する中立地域」として戦争末期まで平穏な状態でした。1939年9月に第二次世界大戦が始まった時点での仏印ベトナム政府の軍備は、フランス陸軍2個師団・1個旅団の4万人、旧式軽巡洋艦を旗艦とする海軍2艦隊[29]で、航空隊は旧式機100機が常備部隊です。フランス本国が1940年6月にドイツに降伏し、ペタン元帥を首班とする**ヴィシー政府**が成立。翌月には、日本から北部仏印における中国への援蒋補給ルート封鎖を要求され、ハノイに日本の軍事監視団を受け入れ、その後に、ヴィシー政府は日本軍2万5千人の駐屯も認めています。更に翌年7月に、日本は大東亜戦争の回帰不能点ともなる南部仏印への進駐を求めています。8月には協定[30]により「仏印が日本軍の駐留を承認し、日本

は仏印総督の当該地域での主権を認める」こととなり、その後、ドクー総督は、フランスの主権保持を条件に当該地域への進駐を「日仏軍事現地協定」[31] で認めています。これにより大東亜戦争の期間中の大部分を日本軍と共存していくことになり、防衛分担金を支払いゴムや米などを供給していましたが、仏印現地軍は戦力を保てたままでした。

　しかしながら、1944年にパリ解放、枢軸国側のヴィシー政権は崩壊し、連合国としてのド・ゴール新政権が誕生すると風向きが変わります[32]。このため、日本軍はこの地域への米軍上陸時の防衛体制確保などを意図して、昭和20年（1945）3月9日に明号作戦を発動して背後の脅威の事前排除を図ろうと動き、第38軍[33]の一部兵力4万人の部隊が突如としてフランス軍を全面攻撃します。駐屯する約5万人のフランス軍は、日本軍と同程度の兵力だったものの軽装備で油断していたことから瞬く間に敗退し、占領されます。日本国は、武力にて仏印総督府を屈服させて完全な支配権を確立したのです。

　3月11日に、バオ・ダイ帝[34]を元首とする越南帝国を名目的に独立させました。3月12日にはカンボジア国王のシアヌーク国王を元首とするカンボジア王国、4月8日にはラオス王国に、其々独立を宣言させています。しかし結局は、日本の降伏により其々の国の統治体制は9月までには自然に崩壊、消滅しました[35]。

20-3　戦時議会で闘う議員

(1) 昭和12年（1937）の総選挙で選出された衆議院議員は、第2次近衛内閣による昭和16年（1941）の「衆議院議員ノ任期延長ニ関スル法律」により、その任期が1年延長されていました[36]。したがって、昭和17年（1942）4月の第21回衆議院議員総選挙は5年任期満了の、しか

も戦時下における異例の国政選挙として行われ、**翼賛選挙**と呼ばれています。

　この選挙は、聖戦完遂を目的として、自由選挙に代わる推薦制度を導入して、新たな議会の確立を目指し、推薦候補者は選挙資金（臨時軍事費で計上）の支給を受け、更に軍部や大日本翼賛壮年団などの団体・組織から支援が受けられたのです。一方の非推薦候補者は、立候補の断念も含む有形無形の選挙干渉があり、選挙活動の公正性を損なうもので、候補者の殆ども大政翼賛会の推薦者[37]でした。選挙結果は推薦議員が定数 466 名の内 381 名を占めています。

(2) この体制で戦時下の帝国議会は開催されており、推薦議員が中心となって翼賛議員連盟を結成し、政府や軍部への追随姿勢があったとして翼賛議会と呼ばれています。しかしながら、憲法を遵守して議会言論を守ろうと、反軍的傾向を強めていた非推薦議員の鳩山一郎らは、昭和 16 年（1941）に北昤吉らの協力を得て「同交会」を結成して、翼賛議員連盟に対抗していくのです。

　衆議院では、戦後に憲政の神様と称されることになる尾崎行雄や、斎藤隆夫、中野正剛、鳩山一郎などの非翼賛議員が可能な限りで戦時体制を批判していました。軍部の意を酌んだ前田米蔵[38]、永井柳太郎[39]、大麻唯男[40]らの翼賛議員さえも、明治憲法が保障している議員権限の質問権で、行政が行う戦争遂行の疑義を質しています[41]。このような動きからも、戦時下の帝国議会が政府や軍部の単なる追認機関ではなかったものと考えています。

　次に、翼賛選挙やそれを後押しする翼賛体制に抗戦した証左として、選挙で選ばれた衆議院議員（代議士）の言動を幾つか挙げてみることにします。

　尾崎行雄議員[42]は、東條英機首相が、昭和 17 年（1942）4 月に「憲政史上例をみない翼賛選挙を実施した」ことに対して、翼賛選挙に厳正中

立の態度をとるよう要望する公開状を送り付け、東條首相の怒りを買い、選挙演説の内容を強引に不敬罪[43]に当たるとされました（尾崎行雄不敬事件）[44]。もっとも、大審院は司法の良識を発揮して、昭和19年（1944）6月に「謹厳の士、明治大正昭和の三代に使える老臣なり。その憲政上における功績は世人周知の処」との理由で不敬罪の成立を否定し無罪としています[45]。

　また、安藤正純議員[46]は、昭和17年（1942）2月の衆議院本会議で、翼賛選挙に関して「政府の選挙対策に関する質問主意書の提出者として、この選挙を憲法精神に抵触すると強く非難」し、翼賛体制に対しては「議会は多数決主義を取ることは、憲法の命ずるところであり、之を変更することは、憲法を改正せざれば出来ぬことである」[47]と述べています。

(3) 明治憲法は三権分立を維持しており、政府や軍部に強力な権限があっても、どうしても帝国議会の同意は必要でした。したがって、東條内閣や小磯内閣は、議員に対して政務次官や参与官などで懐柔し、または聖戦完遂の大義名分で強引に言論封殺を図るなど、飴と鞭を操って議会を掌握しようと姑息な動きもあったようです。

　戦時下の帝国議会は、戦争を有利に進めるための政府提出法案は無修正で成立させることと、政府と軍部に追従することが議会の義務であったと思われがちです。しかしながら、少数ではあったが気骨のある議員が、議会の三権分立の役割と言論の自由を維持していくため、慎重な物言いを心得た上で積極的に政府に対して注文をつけ続けていたのです。そして、これらの言論が行使できる政治環境は、明治憲法が機能することで維持されていました。

　また、これらの傾向は、戦況悪化と共に非推薦議員を中心により活発化していき、翼賛選挙で殆どの議員が所属していた翼賛政治会（主として大政翼賛会が支持母体）の崩壊に繋がっていきます。昭和20年（1945）3月11日には、岸信介が「護国同志会」を旗揚げして翼賛政治会から

離反したことから、この動きに対抗して軍部は同年 3 月 30 日に翼賛政治会他諸団体を強制的に統合して大日本政治会を結成せざるを得なくなったという経緯があります[48]。

〈注〉

1　庄司先生の見解によると、「戦争目的はアジア諸国における欧米の植民地支配の打倒を目指すものであると規定した。しかし、日本の戦争目的については、「自存自衛」とするもの、また「自存自衛」「大東亜新秩序形成」の二本立て、また「大東亜新秩序形成」のみが戦争目的とするものの間で当時見解が分かれていた。」としている。庄司純一郎『日本における戦争呼称に関する問題の一考察』防衛研究所紀要　第13巻　第3号　2011年　46頁引用

2　若林幹夫編『敗戦必至・断末魔の日本をどうするⅤ』近現代史学習資料刊行会2022年　17頁引用

3　重光葵（1887〜1957）。外交官、東條内閣、小磯内閣、東久邇宮内閣そして第1次〜第3次鳩山内閣で外務大臣。

4　波多野澄雄『重光葵と大東亜共同宣言』日本国際政治学会国際政治 1995巻 109号1995年　38頁〜53頁参照

5　主要出席者。日本：東條首相、重光外相。中華民国南京政府：汪兆銘行政院長、外交部部長。タイ王国：ワンワイ・タヤコーン親王（首相代理）。満洲国：張景恵国務総理大臣、外交部大臣、特命全権大使。フィリピン共和国：ラウレル大統領、外務大臣。ビルマ国：バー・モウ首相、特命全権大使。自由インド仮政府：チャンドラ・ボース（首班）、インド国民軍参謀長。なお、第2回目は、戦局悪化で首脳の来日は困難となり、昭和20年（1945）5月、駐日特命全権大使や駐日代表で大東亜大使会議を代替開催。

6　深田祐介『大東亜会議の真実』PHP研究所（PHP新書）　2004年　25頁引用

7　波多野澄雄『太平洋戦争とアジア外交』東京大学出版　1996年　174頁引用

8　波多野澄雄『太平洋戦争とアジア外交』東京大学出版　1996年　175頁引用

9　ラウレル大統領は、他にもインドネシアの不参加に不満を述べるなどしている。

10　大東亜省は、拓務省と他省庁（興亜院、対満事務局、外務省東亜局および南洋局）を一元化したもの。東郷茂徳外相は、植民地支配を日本が画策していると、アジア諸国や連合国に誤解を与えるとして設置に猛反対。敗戦に伴い廃止。なお、外地勤務の大東亜省職員が、連合国軍から外務省職員でないことを理由に外交官特権が認められず現地捕虜収容所に収容されるなど復員時に混乱が生じた。

11　1930年代から軽戦車や戦闘機、軽爆撃機や戦闘艦艇など日本の兵器を購入していた。また、操縦訓練や機体整備などの教育のため幹部将校を日本に留学させていた。戦時中はタイ王国空軍の主力は一式戦闘機（隼戦闘機）であった。

12　他に「日泰共同作戦に関する協定」という秘密協定も存在した。日本軍がタイ国軍と協同作戦する際は、タイ国軍が駐留日本軍に施設や資材を提供する。第3条には「日本軍とタイ国軍が協同でタイ国外に進行して作戦することあり」とも記載。

13 山崎雅弘『太平洋戦争秘史』朝日新聞出版（朝日新書）　2022 年　221 頁引用

14 ピブン（1897 ～ 1964）。軍人・政治家で 1938 年首相に就任し、国名をシャムから
　タイ王国に改める。日泰攻守同盟を締結し連合軍に宣戦布告するも、巧みな外交で、
　タイ王国の責任は問われることなく敗戦国とはならなかった。戦後も首相に返り咲
　き長年その地位にいたが最終的に国外に居住せざるを得なくなった。

15 山崎雅弘『太平洋戦争秘史』朝日新聞出版（朝日新書）　2022 年　229 頁参照

16 摂政プリーディー・パノムヨンらの「自由タイ運動」によるもの。

17 山崎雅弘『太平洋戦争秘史』朝日新聞出版（朝日新書）　2022 年　231 頁参照

18 1983 年 8 月 21 日にマニラ国際空港で暗殺された同名のアキノ大統領候補の父。そ
　の妻がアキノ大統領。

19 日本軍人の「平手打ち」は日常的な教育的指導に過ぎなかったが、フィリピン文化
　では「相手に対する最大限の侮辱」であり、言語だけの意思疎通を更に困難にし、
　怒りと怨みの感情が積もって行ったと考える。

20 戦前のフィリピンの経済体制は、輸出入の 8 割を米国に依存していたことから、こ
　れが断絶すると瞬く間に経済システムは崩壊。また、最大の輸出品が砂糖であったが、
　日本は既に南洋群島や台湾で確保していたことから、砂糖から綿花、小麦などへの
　農地転換を強制的に行ったものの、気候風土に合わず不作が続き農民を窮地に陥れた。

21 米や肉、野菜などの価格が 50 倍～ 100 倍にもなり、生活必需品も輸入が滞り入手
　困難となった。貨幣価値が下がる一方の軍票はおもちゃの金という意味で「ミッキー
　マウス・マネー」といわれていた。

22 南機関。ビルマ独立運動の支援を任務とする日本軍の特務機関。機関長は鈴木敬司
　陸軍大佐で、機関名はその偽名「南」を冠している。ビルマ独立義勇軍の誕生に貢
　献し、鈴木大佐は戦後も含めて、ビルマ独立運動関係者からは終生個人的な敬愛を
　受けていた。

23 アウンサン（1915 ～ 1947）ビルマの独立運動家、軍人、政治家。アウンサン将軍
　と呼ばれることもある。1947 年 7 月に暗殺された。ビルマ建国の父として死後も
　敬愛されており、ミャンマー民主化運動の指導者であるアウンサンスーチーは長女。

24 昭和 18 年当時の司令官は河辺正三陸軍中将。ビルマ方面の作戦・防衛を担当。昭
　和 19 年頃の最大時は第 28 軍（第 2 師団、第 54 師団、第 55 師団）、第 33 軍（第
　18 師団、第 56 師団）、第 15 軍（第 15 師団、第 31 師団、第 33 師団）など合せて
　30 万人を有する。

25 独立日に、ビルマ方面軍司令官河辺正三は軍政施行撤廃を宣言し、日本政府と日本
　軍が後援する独立準備委員会が建国議会の成立と独立を宣言。

26 アウンサンは、独立運動に味方してくれた鈴木敬司大佐らの南機関のメンバーへの恩義を感じており、叛乱での攻撃対象から外すように指示している。そして、鈴木らが戦後戦犯として裁かれそうになったが、アウンサンらが独立功労者として恩を感じており英国に猛烈に反対して釈放させた。

27 戦後直ぐにビルマに戻り戦犯容疑者となったが、英国の対日協力者への裁判はしないとの方針で釈放。戦後ビルマ政界に復帰している。

28 フランス領インドシナで、現在のベトナム、ラオス、カンボジアに相当する地域のこと。

29 陸軍はトンキン師団、コーチシナ・カンボジア師団、アンナン・ラオス旅団など。海軍は軽巡洋艦「ラモット・ピケ」が旗艦で、通報艦（護衛駆逐艦・海防艦相当）2隻、砲艦8隻、潜水艦2隻他河川砲艦15隻。

30 松岡・アンリ協定。昭和15年（1940）8月30日、松岡洋右外相とアンリ駐日大使との間で書簡を交換。その内容は、フランスが極東の政治経済における日本の優越的利益を認め、日本に軍事上の便宜供与を図り、日本は仏印でのフランスの主権と、仏印での領土保全を尊重するというもの。

31 日本側の提案が全面的に受け入れられた。「仏印側は日本軍の作戦実施の間、仏印領土の治安を確保して、日本軍の広報を安全にする」「仏印側は仏印領土における日本軍の行動、生存、軍事施設等について便宜を供与する」「仏印防衛分担は、南部仏印と将来日本軍が駐屯する場所は日本軍、北部仏印とその他の地域における仏軍駐屯地はフランス軍」などを定めた。

32 それまでは、フランス本国のヴィシー政府が日本の同盟国ドイツに協力的な中立国として、英米と距離を置く政策であった。

33 第38軍は第2師団、第4師団、第21師団、第22師団、第37師団および独立混成第34旅団と第70旅団である。終戦時も殆ど無傷の部隊であった。

34 バオ・ダイ（保大帝:1913〜1997）。形式的には阮朝大南国の第13代で最後の皇帝。フランスでの亡命生活中同地で亡くなる。南方総軍や第38軍は越南帝国に不干渉の方針で、軍政の否定や親日政権への改編はしないことを決定し実行していた。

35 共産党のホー・チ・ミンは、八月革命によってハノイを占拠して保大帝の退位を説得。9月2日に、大統領としてベトナム民主共和国の独立を宣言した。その後宗主国フランスの復帰もあり、独立戦争が継続し、ベトナム戦争の米国海兵隊のサイゴン撤退まで続く。

36 昭和15年（1940）既に結社を禁止されていた勤労国民党や右翼政党の東方会など一部を除く全政党が自発的に解散し大政翼賛会に合流。これらの政治家たちによって翼賛議員同盟が結成。聖戦完遂を目指す翼賛体制の支援機能を果たす。

37 推薦候補者は、大政翼賛会の院内会派であった翼賛議員同盟の議員が殆どであった。

38 前田米蔵（1882 ～ 1954）。衆議院議員に戦前連続 9 回・戦後 1 回当選。立憲政友会に所属。翼賛政治会や大日本政治会の重要ポストを歴任。法制局長官（田中義一内閣）、商工大臣（犬養内閣）、鉄道大臣（広田内閣・平沼内閣）、運輸通信大臣（小磯内閣）。公職追放。独立直後に衆議院議員に返り咲くも選挙違反を起こし、翌年の総選挙で落選。

39 永井柳太郎（1881 ～ 1944）。立憲民政党の衆議院議員で 8 回連続当選。拓務大臣（斎藤内閣）、逓信大臣（第 1 次近衛内閣）、鉄道大臣（阿部内閣）を歴任。立憲民政党内の親軍派。聖戦貫徹議員連盟に参加。民政党を同志 45 人と共に離党し大政翼賛会への合流に先鞭をつけた。

40 大麻唯男（1889 ～ 1957）。立憲民政党の衆議院議員。東條英機内閣で国務大臣を務めた。戦後公職追放。独立後直後の総選挙で衆議院議員に返り咲く。鳩山一郎内閣で国務大臣国家公安委員長。

41 楠精一郎『大政翼賛会に抗した 40 人』朝日新聞社　2006 年　16 頁参照

42 尾崎行雄（1858 ～ 1954）戦前から戦後にかけ衆議院議員。当選回数・議員勤続年数で日本記録。憲政の神様とも呼ばれる。第 1 次大隈内閣での文部大臣や司法大臣、東京市長を歴任。

43 楠精一郎『大政翼賛会に抗した 40 人』朝日新聞社　2006 年　133 頁引用

44 総選挙の応援演説の中での「売家と唐様で書く三代目」発言が、昭和天皇の治世を揶揄するものとして不敬罪で起訴され、一審で懲役 8 か月執行猶予 2 年の判決ながらも大審院で無罪確定。

45 楠精一郎『大政翼賛会に抗した 40 人』朝日新聞社　2006 年　122 頁引用

46 安藤正純（1876 ～ 1955）。衆議院議員に通算当選 11 回。文部政務次官（犬養内閣）、立憲政友会幹事長を歴任。戦後に国務大臣（第 5 次吉田内閣）、文部大臣（第 1 次鳩山内閣）。

47 楠精一郎『大政翼賛会に抗した 40 人』朝日新聞社　2006 年 100 ～ 101 頁引用

48 昭和 20 年（1945）6 月 13 日に翼賛会などは解散となり日政会に正式に統合された。

第**21**講　　終戦と平和の政治史

21-1　民主主義と平和国家

　歴史は繰り返すといわれていますが、これを学ぶことなく単純に繰り返しているようでは、全く愚の骨頂です。あの悲惨な大東亜戦争は、日本の民主主義的傾向を破綻させるだけに留まらず、国民の生命、生活など全てを奪い去ってしまいました。しかしながら、我が国は、戦時下であっても、明治憲法も帝国議会も機能しており、法治国家の体制が維持されていたことは、日本国民の実直的な国民性に由来するものでしょうが、幸運としかいいようが無い面もあります。要所で昭和天皇をはじめ、政治家や軍人が困難を乗り切り、また敵国であっても友誼を保つ知日家の支援が受けられたのも幸運的事実です。このように政府機能を維持したまま、終戦を迎えることができ、国家滅亡、国家分裂の危機を回避できたことは特筆すべきことです。無政府状態となって、国家が崩壊し、軍事占領されて事実上の降伏となり、分裂国家の辛酸をなめることになるドイツとはここが大いに異なる点です。

　本講では、ポツダム宣言を受け入れた政治動向、GHQによる憲法制定の経緯などを中心に学びます。これらを認識していくことは、戦後70数年を経て国民に深く根付いている日本国憲法を、時代に副って活かしながら、主権者として、民主主義と平和を積極的に維持・発展させていくに相応しい姿勢を保っていくための枢要な要素だと思います。

21-2　ポツダム宣言と鈴木内閣

(1) 大東亜戦争は、緒戦こそ優勢だったのですが、資源が皆無の我が国は、昭和18年（1943）2月のガダルカナル島撤退の頃から劣勢となっていきます。米国の産業技術とその工業力による圧倒的な軍事力に押され、防戦と敗戦の一途を辿り、遂には米国主導の連合国軍による事実上の降伏勧告に当たる**ポツダム宣言**を受諾するに至ります。

　この間、中国大陸での泥沼状態の戦い、太平洋の島々での相次ぐ敗退、内地たる沖縄も占領され、そして米空軍による本土空襲による国内各都市の焦土化など、日本の国力はどんどん逼迫します。このような、退っ引きならぬ状況の下において、政府首脳も本音では、戦争継続なぞ最早不可能であることを悟っていました。しかしながら、軍部とくに陸軍は未だ十分な戦力[1]があると主張して徹底抗戦を唱えており、降伏どころか和平を持ち出すことさえ大反発を招く恐れがあり、軍事クーデターも危惧される状況だったのです。

　もっとも、これ以上の戦争継続は国を滅ぼす道に他無しとされる昭和天皇は、岡田啓介元首相（退役海軍大将）や木戸幸一内大臣らの意見を聴きながら、侍従長を経験し気心の知れた齢78歳の**鈴木貫太郎**（退役海軍大将）に、戦争終結への算段を図ることへの期待を込めて首班の大命を下しました。鈴木首相は、天皇の意を呈しながらも、**本土決戦**を叫んで軍事クーデターを起こしかねない陸軍の動向を注視しながら慎重にことを進めていきます。

(2) 一方では、外務省はソ連に和平の仲介を期待して、昭和20年（1945）5月に最高戦争指導会議において仲介依頼を正式に決定します。ソ連に対して、南樺太の返還、千島北半分の譲渡、北洋漁業権の解消、旅順・大連の租借の容認、北満鉄道権利の譲渡、満洲国の中立化や津軽海峡の開放などを認めることを示して、仲介を依頼する行動を起こした

のです。そして駐日ソ連大使館に近衛文麿元首相のモスクワ派遣も打診していました。しかしなかなか返事がなく、やっとのことで8月7日午後11時に会談をするといわれて駐ソ大使がモロトフ外相を訪れた際の返答が「8月8日零時を以て、大日本帝国に宣戦を布告する」という驚愕の事実だったのです。

　このような中であっても、国家指導の事実上の決定機関である最高戦争指導会議[2]においては、戦争終結についての議論が重ねられるだけで意思統一はできずに、決められない国家となっていました。8月6日に広島に原子爆弾が投下され、同月8日には日ソ中立条約を反故にしたソ連軍が先述のように正に不意打ち的に満洲国、朝鮮北部、そして当時内地とされていた南樺太までにも、国際法に反する違法な侵攻を開始しました。9日には長崎にも原子爆弾が落とされ、我が国は**終末期的状況**となっていました。しかも、陸軍の徹底抗戦の意向は強まるばかりで、政府ではそれを抑えることが難しく、愚図々々していると第三の原子爆弾投下も危惧され、文字通り国家滅亡の危機に瀕していたのです。

　そこで、鈴木首相は秘かにある決断をします。昭和20年（1945）8月9日の御前会議において、立憲君主の立場を尊重、堅持されている昭和天皇に対して終戦の**ご聖断（天皇大権の行使）**を願ったのです。昭和天皇は、もとより戦争の早期終結を望んでおられたことから、政府は憲政史上異例中の異例の措置ではあったのですが、鈴木首相が願い出る形をとって戦争終結のご聖断を仰いだのです。これには強硬派の陸軍も、大権としての天皇の命令には絶対服従とばかりに従うしかなく、急転直下で徹底抗戦の鉾は収められ鎮静化していきます。

　もっとも、明治憲法下の憲法習律に従ってもご聖断は異例の措置であることから、「終戦の詔書」を閣議に諮って、内閣総理大臣以下の閣僚が副署する法的な手続を踏んで法的瑕疵を取り除き有効化させています。

(3) 政府は、ポツダム宣言を8月10日に、「天皇の国家統治の大権を

変更するという要求を含んでいないことを条件」として閣議決定し、**利害関係国**[3]たるスウェーデン政府およびスイス政府の駐日公使館を通じて、その受諾を連合国に対して通告しました。即ちこの時点で考え得る最小範囲の「國体護持」を条件に、ポツダム宣言を受諾する旨を返答したのです。これへの回答については、米国政権内でも意見が分かれます。元駐日大使の**グルー国務次官**[4]やスティムソン陸軍長官[5]らは、戦後の安定した占領政策も考慮して、天皇の制度をそのまま活用すべきとの天皇存置論を主張して、天皇制[6]を認める意図[7]を明確に回答すべきとしていました。これには天皇制廃止の米国世論の支持の下で強く反発するバーンズ国務長官らとの間で激しい議論が交わされています。結局は、フォレスタ海軍長官による妥協案が提示され、天皇について肯定的な返事をするものの、米国政府の立場については誤解を与えない旨の回答を行うとの閣議決定がなされます。そして、国民の天皇への畏敬と信頼感を意識した、折衷的な「日本の政体は日本国民が自由に表明する意思のもとに決定される」となって、いわゆる**バーンズ回答**と呼ばれている通知が、日本国政府になされたのです。実際としても、トルーマン大統領の日記やスティムソン陸軍長官の後年の証言により、「天皇の権力は最高司令官に従属するものであると規定することによって、間接的に天皇の地位を認める」との考えであったとしています。

　もっとも日本政府は、これらの事情を中立国の海外公館などの情報[8]からある程度知ることとなり、天皇制の廃止までを意図されたものではなく、むしろ擁護されると見立てて、併せて、**東郷茂徳外務大臣**が、これらの先方の意図は、ポツダム宣言第12条（政体の日本国民の自由な意思による決定）に含意されていると積極的に解釈[9]していくことで、阿南陸軍大臣ら複数の閣僚らによる再照会の要望を抑えて受諾するとの閣議決定へと持ち込んだのです。

（4）そもそも國体とは、万世一系の天皇を中心とした皇室制度とされ

ていましたが、ここに戦時中に異様に独り歩きした國体の実相があります。皮肉にも、ポツダム宣言の受諾に際して、最高戦争指導会議や内閣は、いわば実務を通じて**國体護持**の概念を客観化することを迫られました。連合国軍に國体の生殺与奪の権を握られてしまい、天孫降臨、万世一系、万邦無比、天壌無窮などという、戦時下に一時的に急造された精神論や思想論に対する意義を唱えている余裕などはなくなり、消滅していきます。國体護持についても、天皇制の存置と、昭和天皇に累が及ばないことだけを考えていくのが精一杯で、ポツダム宣言の受諾に至るのです。この頃には、流石の陸軍自体も、國体を「國体護持とは天皇の地位を不動に保つこと」との意味であると理解していたようです。

　このようにポツダム宣言を通じて、政治の激流に流されながら、日本政府の思料する國体護持とは、國体と政体とを合わせたものではなく、対象が國体に限ったものとなってきたとの感は否めません。そしてその國体とは、そもそもの「万世一系の天皇と皇室制度」に戻り、遂には、昭和天皇ご自身を護り抜こうとの思いに至っているのです。そして終戦時の玉音放送においても、「朕ハ茲ニ國体ヲ護持シ得テ」と國体護持をなし得ているとの解釈を表明しておられますが、これらは「累代の天皇制と皇室制度」を護ったという意味の國体であったと考えています[10]。

　なお、ポツダム宣言は、無条件降伏を日本軍部に限定して行われたもので、保障占領の方針を示して、戦争終結の条件として提示されたものであると解釈する向きもあることから、私も、その原則は一部修正が加えられた条件付降伏論の立場に立ったものと考えています。そして我が国は降伏後も、無政府、完全占領下にあったドイツとは違って、「占領下においても日本の主権を認める」とされていたのです。

　これに関連した話です。昭和20年（1945）9月3日に、横浜に進駐してきたGHQは、日本の主権を認めるとのポツダム宣言を、本国からの指令欠如および意思疎通の障害から、一方的に反故にして、軍政の布

告を下して、軍票の流通、英語の公用語化など、手違いを起こしそうに
なったことがあります。その際に、重光外相は、急遽横浜にいたマッカ
ーサー司令官の処に赴き、「占領軍による軍政は日本の主権を認めたポ
ツダム宣言を逸脱する」、「日本は、政府自体が壊滅したドイツとは違い、
確りした日本政府が存在している」と、日本政府として猛烈に抗議しま
す。連合国軍もその非を謝罪し、布告の即時取り下げを行っています。
これらの経緯も経て、GHQの占領政策は当初の予定通り日本政府を通
した**間接統治**となっています。

21-3　GHQと東久邇宮内閣

(1) 大東亜戦争の終結は、昭和天皇の平和を希求される強い意思と鈴
木貫太郎首相の絶妙な政治手法により実現しました。しかしその後も、
ポツダム宣言の忠実なる履行と、陸軍残党の暴走を抑えつつ政府秩序を
再構築し、終戦処理を推進して、国家再興の礎を築いていくべく、困難
な仕事が待ち構えていたのです。これらを進めていくには、国民を統合
する強力な権威と実行力が必要であり、皇族が先頭に立って政治を行う
しかないと考えられました。そこで、数多くの皇族方の中でも、陸軍大
将であり抜群の行動力があると評されていて、過去にも首相待望論のあ
った、**東久邇宮稔彦王**[11] に白羽の矢が立ち、明治憲法の下で、昭和天皇
による首班の大命が降下されました。
　東久邇宮内閣の仕事は、先ずは、軍隊の武装解除と連合国軍の無血進
駐でした。連合国軍からは、国内進駐時に発砲事件が起これば、「武力
進駐に切り替える」と伝えられていました。そのためにも、東久邇宮内
閣は、大東亜各地や占領地に皇族を天皇の名代として派遣して、穏便に
武力解除を進めて、9月2日には東京湾沖の戦艦ミズーリ号上で政府お

よび日本軍の代表団が降伏文書に調印し、国際法上の法的な降伏手続が執り行われています[12]。

　東久邇首相宮[13]は、鈴木内閣で定めた國体護持の方針を引き継ぎ、就任後の記者会見で、「全国民総懺悔することが我が国再建の第一歩であり、国内団結の第一歩と信ずる」とし、ラジオ放送でも同趣旨の演説を行い、いわゆる**一億総懺悔声明**[14]を発表します。この声明を通じて、国内外における天皇に対する戦争責任の追及や国内の天皇制廃止勢力による混乱防止に努めようとしました。東久邇宮内閣は、この一億総懺悔論と「國体護持」を、終戦処理と戦後復興の二大方針としています。この場合の國体護持とは、万世一系の天皇と皇室制度を狭義の國体として、明治憲法で定める天皇大権などの統治権を示すものではありません。

(2) 一億総懺悔論は、国家存亡のために開戦はやむを得ない事態ではあったが、戦争遂行については難があったために終戦[15]へと至らしめることになったが、国民の道義も廃れたことでもあり、軍官民、全国民に敗戦に対する責任と反省（総懺悔）が必要だとする趣旨でした。これには昭和天皇の開戦決定に対する批判を回避するもので、**開戦責任**を曖昧にする意図があったのではないかとの意見もありますが、そもそも明治憲法下の立憲君主としては、開戦の決断を下せるような法の仕組みになっていないのですから、天皇の機能を失念してしまった不敬な考え方かも知れません。

　もっとも、当の東久邇首相宮は、日本人記者団に語ったことから推察すると、「全国民で総懺悔することで、祖先伝来の血流としての感情として、信仰にも似かよった國体の護持への精神を以て、終戦の詔書を奉戴して、今までの硬直した思いを反省し、改めれば日本の再建、そして国内団結を進めることができる」と至極素直に考えていたようで、國体は万世一系の天皇であることを示唆しての発言です。新聞もこれに同調的な報道をしています。

しかしながら、これにはGHQが喰いつきました。戦争犯罪人裁判に影響を及ぼし、ポツダム宣言の民主主義国家への再生施策にも影響大であることから、強い拒絶反応を起こして一億総懺悔論の抑え込みの動きを強めていきます。報道制限の実施、戦争遂行賛辞の書籍の廃本、学校教育における戦時教材の削除など次々と手が打たれて、東久邇首相宮の思いも至らぬような予想以上の拒否反応が表れたのです。しかもその勢いで、GHQは10月4日には、「政治的、公民的及び宗教的自由に対する制限の除去に関する覚書」と「政治警察（特高警察）廃止に関する覚書」を政府に手交しました。いわゆる「自由の指令」（人権指令）です。また、天皇に関しての言論を抑制する法令の廃止なども強制的に実行に移され、正に、藪をつついて大蛇を出す状態となってしまいました。

　因みに、この頃に、あの「蛍の光」の歌唱もそもそも四番まであったものが、一番と二番に制限され、令和時代の今に至っています。

　次に「蛍の光」歌詞を掲載しておきます。

【蛍の光】
一. 蛍の光　窓の雪　書読む月日　重ねつつ
　　何時しか年も　すぎの戸を　開けてぞ今朝は　別れゆく
二. とまるも行くも　限りとて　互いに思う千万も
　　心の端を　一言に　幸くとばかり　歌うなり
三. 筑紫の極み　陸の奥　海山遠く　隔つとも
　　その真心は　隔て無く　ひとえに尽くせ　国の為
四. 千島の奥も　沖縄も　八洲の内の　護りなり
　　至らん国に　勲しく　努めよ我が背　恙無く

(3) 東久邇宮内閣の国務大臣（副総理格）の近衛公爵 [16] は、GHQが横浜から東京日比谷に移駐して来て直ぐに、連合国軍総司令官の**ダグラ**

ス・マッカーサー元帥と面談しました。その際にマッカーサー司令官から、「公は若くて、国際社会への見識もある。是非、新しい日本国に向けての再建に携わって欲しいし、そしてその最たるものとして憲法改正に努力して欲しい」との趣旨の発言を受けて、**憲法改正の意向**があり、しかも自己に任されたと忖度するに至り明治憲法の改正に着手します。しかしながら、その作業には政治的な紆余曲折が絡み、この間に、東久邇宮内閣には、先述の自由の指令などの通知がなされ、更に、GHQからいわゆる五大民主改革の指令も発せられました。

　また、治安維持法や宗教団体法などの廃止、政治犯・思想犯の即日釈放、特別高等警察（特高警察）の解体の実行も強く求められていきます。その際に、「共産党員や違反者の引き続きの処罰」を明言した山崎巌内務大臣や内務省幹部の罷免なども要求され、閣僚らが次々と公職追放の波に晒されてしまいました。このようなことから、東久邇宮内閣は、国内での共産主義活動が再活発化し革命が起こることを危惧し、また指令の実行も躊躇し手詰まりとなったことから総辞職することになりました。僅か54日間と短命な憲政史上最短の内閣でした。

　近衛公爵は、憲法改正作業に、国務大臣として対応していましたが、同内閣の総辞職後は公の立場でなくなったことから、宮中官職としての内大臣府御用掛に任命されることで、憲法改正作業を続行しています。

　東久邇宮内閣は、連合国軍の進駐を整然と迎え入れるという最低限の使命についてはこれを全うし、意外にも上手くGHQと渡り合ったのです。そして、防衛大学校名誉教授の五百旗頭真先生[17]は、東久邇首相宮自身については、民主化への改革のプログラムとして、「『議会制度の大改革を行うにはまず選挙年齢を低下し、婦人に選挙権を与え……選挙法を簡素化して、選挙をやりやすくする。貴族院は廃止して、上院あるいは参議院とし、その選挙法は外国の例を参考として決定する。行政機構の改革については、各省の統廃合、部局の改廃等、……能率化を重視する。

……厚生省のほかに労働省を新設し』(『東久邇日記』) と連ねた内容は、今日でもなお古さを感じさせない。」[18] と評価されています。

21-4　憲法制定議会と幣原内閣

(1) 東久邇宮内閣の後は、**幣原喜重郎元外相**に大命が降下し、幣原内閣が誕生しました。幣原首相は、戦前期にあって、ポツダム宣言のいうところの「民主主義的傾向」とされたその時期に活躍した元外交官でした。ワシントンおよびロンドンの二つの軍縮条約締結に深く関係し、政党内閣時には幾度も外務大臣を務めて、いわゆる幣原協調外交を展開しました。親英米派の人物であるが故に、軍部に睨まれ15年以上も政治から離れた閑寂とした生活を強いられていたのです。しかしこのような経歴から、欧米のベテラン政治家や外交官との親交もあり、「此の際米国側に反感なき者、戦争責任者たる疑いなき者、外交に通暁せる者との見地より」と、木戸幸一内大臣の日記に記されているように、**戦犯指名**も**公職追放**の心配も全くあり得ない、正に打ってつけの首相候補として白羽の矢が立ったのです。既に70歳を超えていたことから、老齢を理由にした本人の固辞もありましたが、昭和天皇の強い要請もあって内閣を率いることになります。

　マッカーサー司令官は、幣原首相に直々に、「五大改革の実行と憲法の改正」を示唆しました。**五大改革**とは、「特高警察などの圧政的警察権の廃止、女性の政治参加、教育の自由化、労働者保護や労働組合の合法化による労働の民主化、経済体制の民主化」のことです。

　改めて、日本政府がGHQの強い影響を受ける間接統治下の内閣であることを痛感することになります。もっとも命じられた五大改革については、これに先んじて社会立法に取り組んでおり、**婦人参政権（女性参**

政権）を認める**衆議院議員選挙法の改正**、労働三権を認める**労働組合法の制定**、自作農創設を目的とした**農地改革の着手**などを早々に断行していきます。これらのスピーディな動きに流石のGHQも驚きを隠せませんでした。これらは、1920年代に議論されてきたものや、同時期の帝国議会に上程されるなどしたが廃案となった社会立法を基礎に蓄積されていた社会政策的ノウハウの結果でもあり、確かに「民主主義的傾向」が存在した証左でもあるのです。

　もっとも、GHQの改革指令は、幣原内閣が基底としていた戦前民主化の政策思想、いわゆる**オールドリベラル思想**を超えるものとなり、農地改革や財閥解体が徹底的に行われ、日本の非軍事化の障壁となるような非民主的と思しき諸制度についても、間接統治を進めるGHQの絶対的意思によって徹底され、改革、破壊へと進められていきます。したがって、「占領下の改革は、『日本政府先取り型』があり、『GHQ指令型』があり、多くの『混合型』があった」ということになります。

(2) 一方の憲法改正については、GHQが**ハーグ陸戦条約**の「占領地の法体系の変更強制禁止」[19] に係る国際法への抵触を意識しており、日本政府による自発的・自主的な改正作業を意図し、期待していました。幣原首相は、「戦前の軍部の専横は明治憲法によってもたらされたものではなく、それが蹂躙された結果であり、**明治憲法が再び正常に機能**すれば、民主的な体制が日本でも十分に実現する」と考えていました。これらは、商法の大家でもあった**松本烝治**[20] 憲法改正担当大臣（以下「松本担当相」という。）をはじめ他の閣僚や、美濃部達吉博士らの憲法学者にも共有された考え方でした。

　このように当時の政府は、ポツダム宣言の要求する民主主義に対して、「なにも明治憲法の天皇統治の原則を変更する必要はなく、**大正デモクラシー期の立憲君主制**を回復すれば十分対応できるという判断」だったのです。これについては、当時憲法問題調査委員会の委員を務めていた

宮沢俊義博士[21]でさえ、「明治憲法の立憲主義は自由主義、民主主義を基本要素とし、その条文は簡潔かつ弾力的であるから、憲法改正を俟たずともポツダム宣言の履行は可能」と述べています。

幣原内閣の憲法改正の動きは、前内閣の国務大臣[22]であった近衛文麿が佐々木惣一博士[23]らと共に進めていたグループのもの[24]と軋轢が生じていましたが、GHQの突如とした政策変更によって内閣に一本化されます。この時点でGHQは、近衛公爵の利用価値が失われたことから、「近衛の憲法調査には関知していない」との声明を出しています。マッカーサー司令官による近衛への依頼は同席した通訳の証言により明らかであるのに、近衛公爵が勝手に憲法改正作業をしていると、梯子を外されたのです。しかも近衛公爵は、後に戦犯指定を受けて、失意のうちに自死することになります。

（3）幣原内閣は、昭和20年（1945）10月25日に松本担当相を委員長とする憲法問題調査委員会（松本委員会）を発足させます[25]。憲法改正の指針となる、いわゆる**松本4原則**とされる、「①天皇による統治権の総攬は変更せず。②天皇大権を制限し議会の議決権を要する事項の拡充。③国務大臣が国政全般に責任を負う。④国民の権利・自由に対する保障とその救済の強化」を、衆議院予算委員会で明示します。これは、議会権限の強化を中心とする明治憲法の微修正により十分な対応ができるとの考えを明らかにしたものです。

その一方で、マッカーサー司令官は、GHQの上位機関として、構成国にソ連も含める**極東委員会**が発足するに際して、自己の専権として占領政策を進めたく、これに邪魔立てして欲しくなかったことから、それまでに、日本国の統治体制の大枠を確定するべく、新しい憲法の制定を急がせました。そして、占領政策の円滑化には天皇の存在が大きいと考え、また、日本の伝統的存在であるとの認識も得て、マッカーサー司令官は、ソ連、豪州を中心に廃止を主張する天皇制について、その存続を

強く意識していたのです。もっとも、マッカーサーの回顧録[26]によれば、「昭和天皇との会談を通じてその人柄にも魅了され、信頼関係が醸成されていたから」としていますが、この回顧録は誇大・事実錯誤等に満ちているとされておりその真意は定かではありません。

(4) 昭和21年（1946）の元旦に、昭和天皇は新日本建設の詔書、いわゆる**人間宣言**を発せられています。天皇自らが「天皇を現御神（アキツミカミ）」とするのは「架空の観念である」と述べておられます。これは海外ではすこぶる評判が良く退位論の鎮静化にも貢献することになりました。しかしながら、政府の真の狙いは、日本の民主主義が万機公論に決すべし[27]とする「五箇条の御誓文」[28]を基本としてきていることを強調して、進駐軍による自由主義的改革と戦前からの日本の伝統的な民主主義発想との調和を図ろうとするものだったのです[29]。このように政府の思惑とは異なるものの、海外でのセンセーショナルな受け止め方を呼び起こしたことは、逆に有利なこととして展開しました。なお、国内世論は、五箇条の御誓文の基本姿勢などは、至極当然的とする受け止め方であったことを、昭和21年1月元旦付の朝日新聞朝刊は報じています。この世論の受け止め方からも、国民の真に接する天皇への想いに対して、**国家統治機能**よりもはるかに重きを置く**統合象徴機能**の浸透性を窺い知ることができます。

(5) 松本委員会は、新しい憲法の制定に関して、國体の護持と民主主義的憲法の融合が至上課題であるとして検討を重ねていましたが、このタイミングで、毎日新聞社が大スクープとして憲法草案を新聞掲載し、世情は騒然となってしまいます。実際は試案のひとつに過ぎなかったのですが、松本4原則に則って、議会機能の強化、統帥権の削除、基本的人権の保障を法律に求めるなど、過去の反省を踏まえてはいましたが、天皇については「至尊にして侵すべからず」と書かれていました。この情報に接して、GHQは保守的であるとして、愚図々々していると極東委

員会が発足してしまうことから、日本政府に任せるに足らずとして、この試案を斥けて、秘かに憲法学的には素人ともいえるメンバーによって、**僅か2週間足らず**で、憲法改正案をまとめて、日本政府に手交したのです。

　そこには「象徴天皇」という新しい言葉が記載されており、戦争放棄条項と共に特異な条項となっていました。この提示を受け取った、松本担当相、吉田茂外相は驚愕し、幣原首相をはじめ閣僚も驚きおののき、政府は必死に抵抗しますが、天皇廃位の国際世論を理由に押し切られてしまいます。マッカーサー司令官が、**象徴天皇制と戦争放棄**を規定させたのは、天皇制を国際社会の批判から護るにはこれ以外に方法はないと判断したからでした。これらの条項は、侵略戦争たる戦争を反省して、このような戦争を放棄し、不戦条約などで保障されている国際常識的な自衛戦力以外の軍備は持たないこととすることで平和国家とし、また、天皇は軍事的だけではなく一切の政治的権能も封奪された正に象徴的君主の存在としてのみ存立を認めるものでした。これらの措置によって、戦勝国で構成された極東委員会をはじめ国際世論を納得させようと考え、そして実現させたのです。

(6) この間にも、幣原内閣は、GHQから民主化改革に消極的だとして圧力を掛けられ、内大臣府、陸軍省および海軍省が廃止され、財閥解体などの急進的な改革や戦犯逮捕なども指示されて実行させられています。昭和21年（1946）1月4日にはGHQの本格的な取り組みとして、**公職追放令**が発布されました。幣原内閣は「日本の歴史上最も完全な財閥内閣」[30]と揶揄されていただけあって、閣僚の公職追放が続出し総辞職の危機に瀕しますが、なんとか一部の閣僚の交代で存続を果たします。同年4月に帝国議会の第22回衆議院総選挙が行われましたが、単独過半数の政党がなく、楢橋内閣書記官長の暗躍もあり、幣原首相は日本進歩党に入党することで政権維持を図ろうとします。しかし日本自由党や

社会党、国民協同党などから猛反発を受けて倒閣運動にまで発展し、閣内からも離反者が出るなどして、議会運営が手詰まりとなったことから総辞職しました。

21-5　日本国憲法の公布と吉田内閣

　幣原内閣が当初作成した松本試案はGHQにより斥けられ、マッカーサー草案をベースとするものが、GHQの許容範囲内の一部修正[31]が加えられた後に、昭和21年（1946）3月6日に**憲法改正草案要綱**として公表されます。新しい改正選挙法による初の普通選挙（婦人参政権が認められる）が、4月10日に衆議院総選挙として行われ、4月17日には文語体から口語体に改められ、議会も**二院制**に戻って再び公表されます。

　5月22日には、幣原内閣の後継として、同内閣で外相を務めていた吉田茂に大命が降下します。吉田茂は、公職追放された鳩山一郎が党首を務めていた日本自由党にスカウトされて党首についていました。

　第1次吉田内閣は、日本自由党と幣原前首相の日本進歩党による連立政権として成立。憲法改正作業は、**吉田茂**[32]を首班とするこの内閣に引き継がれることになり、**金森徳次郎**が憲法改正担当大臣となって進めることになりました。

　その後も改正作業は進められ、憲法改正草案としてまとめられました。その間に、第9条のいわゆる芦田修正や同じく第9条1項の「正義と秩序を基調とする国際平和を誠実に希求し」、第25条1項の「すべて国民は、健康で文化的な最低限度の生活を営む権利を有する」の挿入など15カ所程の一部修正も行われました。その後、天皇の憲法改正の発議を以て、帝国議会に付議され、8月に新しく選ばれた議員構成の衆議院で新たな審議が進められ、明治憲法第73条の改正手順を確り踏まえて、

同月にその衆議院を通過（賛成票 421、反対票 8）。10 月には貴族院で
も修正可決（賛成票 298、反対票 2）。枢密院の諮詢、昭和天皇の裁可
を経て、昭和 21 年（1946）11 月 3 日に**日本国憲法として公布**され、昭
和 22 年（1947）5 月 3 日に施行。

21-6　東京裁判

　日本国憲法の施行に伴い、多くの法令や制度が改められました。主な
ものには、貴族院の廃止や華族制度の廃止、刑法の不敬罪も削除され、
民法に定められていた家制度や戸主（家長）、家督制度の廃止があります。
　これらと並行して、連合国軍は、東京市ヶ谷の旧陸軍士官学校の大講
堂に裁判所を設立して、東京裁判と呼ばれている**極東国際軍事裁判**を、
昭和 21 年（1946）5 月に開廷させました。法治社会の基本原則に反し
た事後法によって、大日本帝国の政府首脳や軍人らを戦争犯罪人として
裁こうとするものです。その後二年半に亘り裁判が続けられました。こ
れによりＡ級戦犯（平和に対する罪）として、東條英機元首相（陸軍大
将）、板垣征四郎元陸相（陸軍大将）、武藤章元陸軍省軍務局長（陸軍中
将）や広田弘毅元首相（外交官）ら 7 人 [33] が絞首刑となりました。また、
Ｂ級戦犯（通例の戦争犯罪）やＣ級戦犯（人道に対する罪）は、グアム、
上海、ラバウルなどの現地で約 5700 人もが裁かれ、920 人が死刑とな
りました。しかし、証拠も曖昧なまま逮捕されて、言葉も通じにくい中、
弁護もままならない状態で裁かれてしまった人もいる、杜撰な裁判が横
行しました。正に、国際法も無視する勝者の勝手な論理によって裁判が
進められたのです。また、終戦間際に、日ソ中立条約を破って攻め込ん
できたソ連は、沢山の日本人をシベリアに不当に抑留し、極寒の地で強
制労働に従事させました。6 万人近い人が帰国も果たせずその地で亡く

なっています。

21-7　脆弱な片山内閣・芦田内閣

(1) 昭和22年（1947）3月に、吉田首相は、GHQの意向を受けて、衆議院を解散し、日本国憲法の施行前に、衆議院議員選挙と初めての参議院議員選挙を実施します。選挙結果は予想に反して日本社会党が第一党となり、日本自由党主導の吉田内閣に代わって、日本社会党、民主党および国民協同党による連立内閣が発足。日本社会党の**片山哲** [34] が首相、民主党の芦田均が副総理格外相に就任します。しかし寄合世帯で政権運営は困難を極め、日本社会党が推進しようとした社会主義的な政策の炭鉱の国有化を目指す法案は、保守派中道政党の民主党の反発で実効性の全くない骨抜き政策にされ、平野力三農相罷免問題から日本社会党内の左右対立が激化して政権は混乱の極みに達し、僅かに9カ月で総辞職しました。

(2) その後は、連立政権を踏襲することで、**芦田均** [35] が首班となり、中道政治を標榜する芦田内閣が成立します。GHQも中道政権の誕生に好意的でした。インフレ対策や労働組合対策に取り組もうとするのですが、政権基盤が脆弱で、野党（日本自由党）からの国会攻勢にも苦慮している間に、未曽有のスキャンダルとなる昭電疑獄 [36] に見舞われ、僅か半年で敢え無く退陣。

　このように、芦田内閣、片山内閣と中道内閣が続き、その後は、民主党の脱党組と合流した日本自由党は、民主自由党として第一党となり、その総裁の吉田茂が再び内閣を率いることになります。第2次吉田内閣です。吉田首相は、衆議院を解散し、昭和24年（1949）1月に、日本国憲法施行後の初となる衆議院議員選挙を実施し、過半数を制します。

保守勢力を結集すべく民主党との連立政権を作り、第3次吉田内閣が成立します。昭和25年（1950）6月25日には、北朝鮮が突如として大韓民国に侵攻し、**朝鮮戦争**[37] が勃発しています。

これらの前後の政治動向は次表の通りです。

昭和22年（1947年）〜昭和25年（1950年）	
昭和22年1月	2・1ゼネスト中止指令
4月	6・3・3制教育の実施、公共職業安定所の設置、労働基準法の公布（9月施行）、独占禁止法の公布（7月施行）
6月	片山内閣成立
昭和23年3月	芦田内閣成立
10月	第2次吉田内閣成立
昭和24年4月	単一為替レートの実施（1ドル360円）
9月	シャウプ勧告の発表
昭和25年7月	総評結成　この頃シベリア抑留者多数が引き揚げ
8月	警察予備隊が発足
9月	小学生の完全給食がスタート

21-8　独立回復〜サンフランシスコ講和条約

朝鮮戦争を機に、日本駐留米軍の朝鮮半島派兵により手薄となったのを埋めるため、米国は、日本に警備部隊の創設を指示して、吉田内閣に自衛隊の前身となる**警察予備隊**[38] を、昭和25年（1950）8月に創設させます。激戦が繰り広げられた朝鮮戦争を通じて米国は占領政策を変更し、日本の占領支配を早期に集結させて、西側陣営の一員にすべく動き出します。国内では、西側諸国との「多数講和」か、東側陣営も含めた「全面講和」かで国論が分かれますが、吉田首相は、多数講和で意を決することで世論を押し切ります。

昭和26年（1951）9月、第3次吉田内閣の時に**サンフランシスコ講**

和会議が開催され、米国をはじめとする連合国諸国と日本との間で講和条約が調印されました。併せて、日米安全保障条約も締結されています。ここに我が国は、終戦後 6 年にして完全なる国家主権を回復することになりました。講和条約は、その後、国会による承認、内閣による批准および天皇による批准書の認証を経て昭和 27 年（1952）4 月 28 日に発効。正に**日本国は独立を回復**したのです。

1　確かに本土防衛の兵力は人数的には 56 個師団、38 個旅団が動員中であったが、訓練未教育の老兵も多く、小銃さえの充足率もおぼつかないなど戦備はお粗末で、海軍の艦艇についても、南方からの資源輸送が絶たれて、重油不足で動けなかった。もっとも、中国大陸の万里の長城以南に展開していた支那派遣軍は、ほぼ無傷で 100 万人の精鋭部隊が、移動の術を失う形で温存されていた。

2　小磯國昭内閣が陸軍と海軍に協力を呼び掛けて、昭和 19 年（1944）8 月に設置。従来の大本営政府連絡会議の機能を、更なる国務（政府）と統帥（軍部）との意思統一の強化を図るべく名称変更して設置した会議体。戦争指導の基本方針策定、政府と軍部の一元的な戦争指導を役割とする。

3　戦時国際法で認められている交戦国以外の中立宣言国のこと。紛争当事国の意思表示等の代行を行う。ポツダム宣言の受諾通知は、スイス政府を通じて米国に、スウェーデン政府を通じて英国・中華民国に行われた。同盟通信社も主要交戦国にモールス信号で受諾の旨を発信した。

4　ジョセフ・グルー（1880 〜 1965）。米国の外交官。大東亜戦争の開戦時の駐日米国大使。大使として在日 10 年。昭和天皇の信任も厚い親日外交官であった。戦時中の日米抑留者交換船で 1942 年 6 月に帰国。帰国後は国務次官の要職に就き、終戦交渉や占領行政で日本擁護に尽力した。終戦後も私人として日米親善に尽くし、吉田元首相は、「真の日本の友」と高く評価している。

5　ヘンリー・スティムソン（1867 〜 1950）。米国の政治家、共和党員。フィリピン総督、陸軍長官を経て、フーバー大統領の下で国務長官を務め、ルーズベルト大統領、トルーマン大統領の下で再び陸軍長官を務めた。昭和 5 年（1930）のロンドン海軍軍縮会議では米国代表団の団長。この条約交渉を通じて、若槻元首相の人柄に触れ友誼も深まる。日本への想いも高まって知日家とされるようになった。

6　天皇制との名称はそもそも昭和初期のマルクス主義者が使う反政府用語であったが、大東亜戦争の終結後は GHQ などが使うようになり定着した。なお宮内庁は今も皇室制度の呼称を維持している。私も「天皇制度」、「天皇の制度」「皇室制度」の何れかの使用を推奨したいとは思うが、本書では「天皇制」を統一使用することにする。

7　1944 年 12 月の米国議会上院での聴聞会で、グルーは、ポツダム宣言に天皇制存置条項を入れることを主張した。その際に、比喩として、天皇の日本社会における位置は「女王蜂」として例えて、「もし、群れから女王蜂を取り除けば、巣全体が崩壊するであろう」、天皇は戦後日本の「唯一の安定要因」であると答えている。廣部泉『グルー〜真の日本の友』ミネルヴァ書房　2011 年　244 〜 245 頁参照。

8 強硬派に押された陸軍は、國体護持の再照会を主張していた。8 月 13 日に苦慮する外務省宛に駐スウェーデン公使岡本季正から、「バーンズ回答は日本側の申し入れを受け入れたもの」との報告があり、鈴木首相と東郷外相は、陸軍の阿南陸相の説得に成功し、ポツダム宣言受諾が閣議決定された。

9 日本の政体は「日本国民が自由に表明する意思のもとに決定される」というもの。

10 私は、これを「終戦期の國体」と呼ぶことにしている。中川直毅『日本国憲法における國体護持の意義を、鈴木内閣・東久邇宮内閣・幣原内閣の政治動向も踏まえて考察する』名古屋芸術大学研究紀要 第 43 巻 2022 年 258 頁

11 東久邇宮稔彦王（1887 〜 1990）。久邇宮朝彦親王第九王子、陸軍大将。首相退任後に公職追放、昭和 22 年に臣籍降下。

12 この日を以て外交文書としての法的効力が発効した。

13 正式には東久邇内閣総理大臣宮殿下と尊称されていた。

14 当時の日本国民 6000 万人と、未だ主権国家が成立していない朝鮮半島や中華民国の進駐がなされていない台湾の住民ら 4000 万人も含めて「日本国民として大東亜戦争を戦った者が総懺悔」とすることで、世界に対して戦争中の過ちを反省し、懺悔するという意味であった。

15 東久邇首相宮は、敗戦の現実を確りと認識すべく「敗戦」との言葉を使用しようとしたが、閣僚らの「国民の混乱を防ぎ、時局収拾を円滑にすべきである」との反対意見が続出し、「終戦」との呼称とした。故に、その後の呼称も曖昧となり、現在に至っても、終戦なのか、敗戦なのか、確定した使われ方は行われていない。なお、法的な直接的な規定はないが、引揚者給付金等支給法（昭和 32 年制定）や、引揚者等特別交付金支給法（昭和 42 年制定）では、8 月 15 日を「終戦の基準」「終戦日」として、終戦の文言を使用する。

16 近衛文麿（1891 〜 1945）。五摂家筆頭の家柄の近衛家当主、公爵。貴族院議長を経て 3 回に亘って首相を務める。終戦時は枢密院議長、大政翼賛会総裁も歴任。戦後も東久邇宮内閣で副総理格の国務大臣として明治憲法改正にも携わるが、戦犯指定を受け悲観して自死。

17 五百旗頭真（いおきべまこと）（1943 〜）。法学博士、神戸大学名誉教授、防衛大学校名誉教授。

18 五百旗頭真『占領期－首相たちの新日本』読売新聞社 1977 年 61 頁引用

19 ハーグ陸戦条約（1910 年）では、「統治の根幹に係る制度を占領下で変更する」ことを禁じている。同条約では宣戦布告や戦闘員・非戦闘員の定義などを定めており、日本も米国も署名している。但し、この占領下とは、交戦中の占領下のことをいうので当てはまらないとする説もある。

20 松本烝治（1877 〜 1954）。商法の大家。関西大学学長、満鉄理事副総裁、法制局長官（第2次山本権兵衛内閣）、商工大臣（斎藤内閣）を歴任。貴族院議員、帝国学士院会員。幣原内閣の総辞職後に公職追放となった。

21 宮沢俊義（1899 〜 1976）法学者、貴族院議員。東京大学名誉教授。

22 東久邇宮内閣の副総理格国務大臣として対応していたが、同内閣の総辞職後は公の立場でなくなったことから、宮中官職としての内大臣府御用掛として憲法改正作業を行っていた。

23 佐々木惣一（1878 〜 1965）。憲法学者、法学博士。貴族院議員。京都帝国大学名誉教授。立命館大学学長、文化勲章受章者。

24 京都帝国大学教授だった佐々木惣一博士の協力を得て進めていた。その時に助手として手伝っていたのが、佐々木博士の直弟子だった若き学者、後の京大憲法学の権威でもある京都大学名誉教授の大石義雄博士である。

25 委員長は、松本烝治元東京帝国大学教授（商法学）。構成員は、委員に宮沢俊義東京帝国大学教授（憲法）、清宮四郎東北帝国大学教授（憲法）、河村又介九州帝国大学教授（憲法）、楢橋渡内閣法制局長官、佐藤達夫内閣法制局第2部長ら。顧問には帝国学士院会員の清水澄枢密院副議長、美濃部達吉元東京帝国大学教授、野村淳治元東京帝国大学教授らを迎えている。

26 ダグラス・マッカーサー著、津島一夫 訳『マッカーサー大戦回顧録』中央公論新社 2014年 425頁参照。「初めての会談において、天皇は、『国民が戦争遂行にあてた政治、軍事両面で行った全ての決定と行動に対する全責任を負う者として、私自身をあなたの代表する諸国の裁決に委ねる』と述べて、感動した」と回想している。

27 政治は人々の意見によって行われていくものという意味。

28 五箇条の御誓文。明治政府の発足に際して、明治元年（1868）に政府の基本方針として発布された。当時16歳の明治天皇が示したことになっているが、実際は由利公正が起草し、木戸孝允が編集して成立した。「一.広ク会議ヲ興シ万機公論ニ決スヘシ 一.上下心ヲ一ニシテ盛ニ経綸ヲ行フヘシ 一.官武一途庶民ニ至ル迄各其志ヲ遂ケ人心ヲシテ倦マサラシメン事ヲ要ス 一.旧来ノ陋習ヲ破リ天地ノ公道ニ基クヘシ 一.智識ヲ世界ニ求メ大ニ皇基ヲ振起スヘシ」

29 詔書に「人間」との言葉が使われていた訳でもなく、祖先が日本神話の神であることや歴代天皇の神格化についても否定されていない。

30 幣原首相は三菱財閥の岩崎家の婿、松本憲法改正担当相は三菱財閥や安田財閥の顧問、小笠原商工相は株式取引所会長（現東京証券取引所）、渋沢蔵相は渋沢栄一の孫で日本銀行総裁も経験した渋沢財閥の総帥。

31 提示原案の段階で一院制の導入や土地公有化などは削除、修正されている。

32 吉田茂（1878 〜 1967）。外交官、政治家。貴族院議員、外相や首相を務める。首班
とする内閣は第 5 次内閣まで 5 年半の長期政権となった。ワンマン宰相といわれて
いる。日本の独立回復に尽力し、死去後の葬儀は国葬となった。

33 木村兵太郎元ビルマ方面軍司令官（陸軍大将）、土肥原賢二元奉天特務機関長（陸
軍大将）、松井石根元中支那方面軍司令官（陸軍大将）。

34 片山哲（1887 〜 1978）。弁護士、衆議院議員、首相。戦前の無産政党の社会民衆党
の結成に参加。昭和 5 年に衆議院議員初当選、戦前戦後を通じて当選 10 回。戦後
日本社会党の結成に加わり、翌年委員長。社会党首班内閣を組織。後に民社党最高
顧問。

35 芦田均（1887 〜 1959）。外交官、衆議院議員、首相。昭和 7 年に初当選、戦前戦後
を通じ当選 11 回。厚相（幣原内閣）、副総理・外相（片山内閣）を歴任。帝国憲法
改正案委員会委員長も務め、いわゆる芦田修正を加えている。内閣総理大臣となる。

36 昭和電工事件。昭和 23 年（1948）に政治問題となった。復興金融金庫から昭和電
工社への融資にからむ贈収賄事件で、GHQ にも収賄疑惑が絡む。結局は、芦田均
も含め 40 人に及んだ政治家の逮捕者は、経済安定本部長を除き全員無罪で結審した。

37 国際連合の安全保障理事会は米国の提訴により、大韓民国の援助を決議し国連軍を
編成。米国は在日駐留部隊（四個師団）を中心に国連軍として大軍を投入。当初は
北朝鮮軍が優勢で、韓国軍および国連軍を釜山付近まで追いこんだが、9 月に国連
軍が仁川上陸に成功して反撃を開始。瞬く間に 38 度線を突破して中国国境付近ま
で北進。しかし 11 月に中国は義勇軍を送って北朝鮮に非公式に味方して、38 度線
まで奪回。その後は膠着状態となり、昭和 28 年（1953）7 月 27 日板門店で休戦協
定が成立。38 度線に軍事境界線が設定され、現在に至る。国連軍には英国、フラ
ンス、トルコ、カナダなど米国以外にも 15 カ国が参加した。

38 警察予備隊の隊員数 7 万 5000 人。他に海上保安庁も 8000 人。昭和 27 年（1952）
10 月に保安隊に改組され、昭和 29 年（1954）7 月には自衛隊に改組され、陸上自
衛隊約 13 万 9000 人、海上自衛隊約 1 万 6000 人、航空自衛隊約 6700 人で発足。
現在では自衛官約 24 万 7000 人、即応予備自衛官約 8000 人、予備自衛官約 4 万
8000 人で構成。他に予備自衛官補が約 4600 人。

参考文献

【憲法関連】

大石義雄『日本国憲法論 増補版』嵯峨野書院　1980 年

大石憲法研究所編『日本憲法史と日本国憲法』嵯峨野書院　1985 年

富永健・岸本正司『教養憲法 11 章』嵯峨野書院　2014 年

池田実『憲法 第 2 版』嵯峨野書院　2016 年

網中政機編著『憲法要論』嵯峨野書院　2013 年

芦部信喜『憲法 第七版（高橋和之補訂）』岩波書店　2019 年

宮沢俊義『全訂日本国憲法（芦部信喜補訂）』日本評論社　1978 年

橋本公亘『日本国憲法』有斐閣　1980 年

佐藤幸治『日本国憲法論』成文堂　2011 年

加藤一彦『憲法 第三版』法律文化社　2017 年

長尾一紘『日本国憲法 全訂第 4 版』 世界思想社　2011 年

小林昭三監修　憲法政治学研究会編『日本国憲法講義』成文堂　2009 年

石田榮仁郎編著『日本国憲法講義』啓成社　1997 年

橋本基弘『日本国憲法を学ぶ 第 2 版』中央経済社　2019 年

安西文雄・巻美矢紀・宍戸常寿『憲法学読本 第 3 版』有斐閣　2018 年

長谷川日出世『基礎日本国憲法 改訂版』成文堂　2017 年

岩井和由『憲法を学ぶ 改訂版』嵯峨野書院　2017 年

現代憲法教育研究会編『憲法とそれぞれの人権 第 3 版』法律文化社　2017 年

君塚正臣編著『ベーシック憲法 第 3 版』法律文化社　2017 年

西修編著『エレメンタリ憲法（新訂版）』成文堂　2008 年

片桐直人・井上武史・大林啓吾『一歩先への憲法入門』有斐閣　2016 年

小林幸夫・吉田直正『日本国憲法入門』玉川大学出版部　2013 年

永田秀樹・倉持孝司他『講義・憲法学』法律文化社　2018 年

和知賢太郎『新憲法講義』南窓社　2012 年

松井茂記『日本国憲法を考える 第3版』大阪大学出版会　2014年

森口佳樹・富永健他『バードビュー憲法』嵯峨野書院　2009年

森口佳樹・畑雅弘他『ワンステップ憲法』嵯峨野書院　2015年

下條芳明・東裕編著『新・テキストブック日本国憲法』嵯峨野書院　2015年

古野豊秋・畑尻剛編著『新・スタンダード憲法 第4版補訂版』尚学社　2017年

東裕・杉山幸一編著『日本国憲法』弘文堂　2022年

山崎英壽『憲法要諦』文化書房博文社　2018年

加藤一彦『改訂三版 教職教養憲法15話』北樹出版　2016年

中川直毅『精選日本国憲法論14講』三恵社　2020年

西浦公『改訂第二版 日本国憲法概論』大学教育出版　2015年

樋口陽一・大須賀明編著『日本国憲法資料集 第4版』三省堂　2000年

大石眞『日本憲法史 第2版』有斐閣　2005年

大石眞『憲法制度の形成』信山社　2021年

荒邦啓介『明治憲法における「国務」と「統帥」』成文堂　2017年

久田栄正『帝国憲法崩壊史』法律文化社　1970年

米山忠寛『昭和立憲制の再建』千倉書房　2015年

山田隆司『戦後史で読む憲法判例』日本評論社　2016年

池田浩士『ヴァイマル憲法とヒトラー』岩波書店　2015年

川村俊夫『日本国憲法はこうして生まれた』本の泉社　2017年

西修『憲法の正論』産経新聞出版　2019年

百地章『靖国と憲法』成文堂　2003年

伊藤哲夫『憲法はかくして作られた』日本政策研究センター　2007年

塩田純『9条誕生』岩波書店　2019年

慶野義雄・高乗正臣『亡国の憲法九条』展転社　2018年

西修『いちばんよくわかる！憲法第9条』海竜社　2015年

東浩『憲法についての素朴な疑問』一藝社　2022年

樋口陽一『いま、「憲法改正」をどう考えるか』岩波書店　2013年

【政治史関連】

木田道太郎『新講昭和史』啓文社　1992年

義井博『昭和外交史 三訂増補版』南窓社　1990年

坂野潤治『近代日本政治史』岩波書店　2006年

清水唯一朗・瀧井一博・村井良太『日本政治史』有斐閣　2020年

門松秀樹・久保田哲・福沢真一他『日本政治史入門』一藝社　2022年

小西徳應・竹内桂・松岡信之編著『戦後日本政治の変遷』北樹出版　2020年

坂野潤治『日本憲政史』東京大学出版会　2008年

伊藤隆『昭和初期政治史研究』東京大学出版会　1969年

古川隆久『昭和戦中期の議会と行政』吉川弘文館　2005年

宮田光史『戦時期日本の翼賛政治』吉川弘文館　2016年

関口哲矢『昭和期の内閣と戦争指導体制』吉川弘文館　2016年

出口雄一『戦後法制改革と占領管理体制』慶應義塾大学出版会　2017年

伊勢弘志・飛矢崎雅也『はじめての日本現代史』芙蓉書房出版　2017年

粟屋憲太郎『東京裁判への道 上・下巻』講談社　2006年

日暮吉延『東京裁判』講談社現代新書　2008年

五百旗頭真『占領期－首相たちの新日本』読売新聞社　1997年

【大東亜戦争・安全保障関連】

河西晃祐『大東亜共栄圏』講談社　2016年

石田憲『日独伊三国同盟の起源』講談社　2013年

野村佳正『「大東亜共栄圏」の形成過程とその構造』錦正社　2016年

片山慶隆編著『アジア・太平洋戦争と日本の対外危機』ミネルヴァ書房　2021年

高川邦子『ハンガリー公使大久保利隆が見た三国同盟』芙蓉書房出版　2015年

吉川利治『同盟国タイと駐屯日本軍』雄山閣　2010年

及川琢英『帝国日本の大陸政策と満洲国軍』吉川弘文館　2019年

波多野澄雄『太平洋戦争とアジア外交』東京大学出版会　1996年

山崎雅弘『太平洋戦争秘史』朝日新聞出版（朝日新書）　2022 年

加藤聖文『「大日本帝国」崩壊』中央公論新社（中公新書）　2009 年

迫水久常『大日本帝国最後の四か月』河出書房　2015 年

幡新大実『憲法と自衛隊』東信堂　2016 年

森本敏監修『図説・ゼロからわかる 日本の安全保障』実務教育出版　2016 年

伊勢崎賢治『新国防論』毎日新聞社　2015 年

松浦一夫『立憲主義と安全保障法制』三和書籍　2016 年

篠田英朗『集団的自衛権の思想史〜憲法九条と日米安保』風行社　2016 年

山縣大樹『帝国陸海軍の戦後史』九州大学出版会　2020 年

【その他関連】

杉原高峯・水上千之他『現代国際法講義 第 5 版』有斐閣　2012 年

松井芳郎『国際法から世界を見る 第 3 版』東信堂　2011 年

荒木尚志『労働法 第 3 版』有斐閣　2016 年

西谷敏『労働法 第 2 版』日本評論社　2013 年

野田進『事例判例労働法 第 2 版』弘文堂　2013 年

中川直毅編著『要説キャリアとワークルール 第 3 版』三恵社　2021 年

小畑史子・緒方桂子他『労働法 第 3 版』有斐閣　2019 年

川田知子・長谷川聡『労働法』弘文堂　2020 年

本沢巳代子・新田秀樹『トピック社会保障法 2022 第 16 版』信山社　2022 年

倉山満『東大法学部という洗脳』ビジネス社　2019 年

竹田恒泰『天皇は「元首」である』産経新聞出版　2019 年

櫻井よしこ・竹田恒泰・百地章『「女性宮家創設」ここが問題の本質だ！』明成社　2012 年

纐纈厚『崩れゆく文民統制』緑風出版　2019 年

【ホームページ関連】

国立公文書館デジタルアーカイブホームページ　https://www.digital.archives.go.jp/

外務省外交史料館ホームページ
https://www.mofa.go.jp/mofaj/annai/honsho/shiryo/index.html

国立国会図書館ホームページ　https://dl.ndl.go.jp/

ウィキペディア（Wikipedia）フリー百科事典　https://ja.wikipedia.org/

参考論文

中川直毅『大学教職科目としての日本国憲法講義に関する考察』
　　名古屋芸術大学研究紀要 第 40 巻　2019 年

中川直毅『日本国憲法の成立過程及び法的争点第 9 条に係る教育傾向に関する考察』
　　名古屋芸術大学研究紀要 第 41 巻　2020 年

中川直毅『日本国憲法制定前史としての憲政の常道の崩壊過程に関する考察』
　　名古屋芸術大学研究紀要 第 42 巻　2021 年

中川直毅『日本国憲法における國体護持の意義を、鈴木内閣・東久邇宮内閣・幣原内閣
　　の政治動向も踏まえて考察する』
　　名古屋芸術大学研究紀要 第 43 巻　2022 年

中川直毅『大東亜戦争下における帝國憲法の法制的作用に関する考察』
　　名古屋芸術大学研究紀要 第 44 巻　2023 年

付録

日本国憲法

　朕は、日本国民の総意に基いて、新日本建設の礎が、定まるに至つたことを、深くよろこび、枢密顧問の諮詢及び帝国憲法第七十三条による帝国議会の議決を経た帝国憲法の改正を裁可し、ここにこれを公布せしめる。

　御名 御璽

　昭和２１年１１月３日

　　　　　内閣総理大臣兼外務大臣　吉田　　茂

　　　　　国務大臣　男爵　　幣原　喜重郎

　　　　　司法大臣　木村　　篤太郎

　　　　　内務大臣　大村　　清一

　　　　　文部大臣　田中　　耕太郎

　　　　　農林大臣　和田　　博雄

　　　　　国務大臣　斎藤　　隆夫

　　　　　逓信大臣　一松　　定吉

　　　　　商工大臣　星島　　二郎

　　　　　厚生大臣　河合　　良成

　　　　　国務大臣　植原　悦二郎

　　　　　運輸大臣　平塚　常次郎

　　　　　大蔵大臣　石橋　　湛山

　　　　　国務大臣　金森　徳次郎

　　　　　国務大臣　膳　　桂之助

日本国憲法

　日本国民は、正当に選挙された国会における代表者を通じて行動し、われら
とわれらの子孫のために、諸国民との協和による成果と、わが国全土にわたつ
て自由のもたらす恵沢を確保し、政府の行為によつて再び戦争の惨禍が起るこ
とのないやうにすることを決意し、ここに主権が国民に存することを宣言し、
この憲法を確定する。そもそも国政は、国民の厳粛な信託によるものであつて、
その権威は国民に由来し、その権力は国民の代表者がこれを行使し、その福利
は国民がこれを享受する。これは人類普遍の原理であり、この憲法は、かかる
原理に基くものである。われらは、これに反する一切の憲法、法令及び詔勅を
排除する。

　日本国民は、恒久の平和を念願し、人間相互の関係を支配する崇高な理想を
深く自覚するのであつて、平和を愛する諸国民の公正と信義に信頼して、われ
らの安全と生存を保持しようと決意した。われらは、平和を維持し、専制と隷
従、圧迫と偏狭を地上から永遠に除去しようと努めてゐる国際社会において、
名誉ある地位を占めたいと思ふ。われらは、全世界の国民が、ひとしく恐怖と
欠乏から免かれ、平和のうちに生存する権利を有することを確認する。

　われらは、いづれの国家も、自国のことのみに専念して他国を無視してはな
らないのであつて、政治道徳の法則は、普遍的なものであり、この法則に従ふ
ことは、自国の主権を維持し、他国と対等関係に立たうとする各国の責務であ
ると信ずる。

　日本国民は、国家の名誉にかけ、全力をあげてこの崇高な理想と目的を達成
することを誓ふ。

第一章　天皇

〔天皇の地位と主権在民〕
第一条　天皇は、日本国の象徴であり日本国民統合の象徴であつて、この地位は、主権の存する日本国民の総意に基く。

〔皇位の世襲〕
第二条　皇位は、世襲のものであつて、国会の議決した皇室典範の定めるところにより、これを継承する。

〔内閣の助言と承認及び責任〕
第三条　天皇の国事に関するすべての行為には、内閣の助言と承認を必要とし、内閣が、その責任を負ふ。

〔天皇の権能と権能行使の委任〕
第四条　天皇は、この憲法の定める国事に関する行為のみを行ひ、国政に関する権能を有しない。
2　天皇は、法律の定めるところにより、その国事に関する行為を委任することができる。

〔摂政〕
第五条　皇室典範の定めるところにより摂政を置くときは、摂政は、天皇の名でその国事に関する行為を行ふ。この場合には、前条第一項の規定を準用する。

〔天皇の任命行為〕
第六条　天皇は、国会の指名に基いて、内閣総理大臣を任命する。
2　天皇は、内閣の指名に基いて、最高裁判所の長たる裁判官を任命する。

〔天皇の国事行為〕

第七条　天皇は、内閣の助言と承認により、国民のために、左の国事に関する行為を行ふ。

　　一　憲法改正、法律、政令及び条約を公布すること。

　　二　国会を召集すること。

　　三　衆議院を解散すること。

　　四　国会議員の総選挙の施行を公示すること。

　　五　国務大臣及び法律の定めるその他の官吏の任免並びに全権委任状及び大使及び公使の信任状を認証すること。

　　六　大赦、特赦、減刑、刑の執行の免除及び復権を認証すること。

　　七　栄典を授与すること。

　　八　批准書及び法律の定めるその他の外交文書を認証すること。

　　九　外国の大使及び公使を接受すること。

　　十　儀式を行ふこと。

〔財産授受の制限〕

第八条　皇室に財産を譲り渡し、又は皇室が、財産を譲り受け、若しくは賜与することは国会の議決に基かなければならない。

第二章　戦争の放棄

〔戦争の放棄と戦力及び交戦権の否認〕

第九条　日本国民は、正義と秩序を基調とする国際平和を誠実に希求し、国権の発動たる戦争と、武力による威嚇又は武力の行使は、国際紛争を解決する手段としては、永久にこれを放棄する。

2　前項の目的を達するため、陸海空軍その他の戦力は、これを保持しない。国の交戦権は、これを認めない。

第三章　国民の権利及び義務

〔国民たる要件〕
第十条　日本国民たる要件は、法律でこれを定める。

〔基本的人権〕
第十一条　国民は、すべての基本的人権の享有を妨げられない。この憲法が国民に保障する基本的人権は、侵すことのできない永久の権利として、現在及び将来の国民に与へられる。

〔自由及び権利の保持義務と公共福祉性〕
第十二条　この憲法が国民に保障する自由及び権利は、国民の不断の努力によつて、これを保持しなければならない。又、国民は、これを濫用してはならないのであつて、常に公共の福祉のためにこれを利用する責任を負ふ。

〔個人の尊重と公共の福祉〕
第十三条　すべて国民は、個人として尊重される。生命、自由及び幸福追求に対する国民の権利については、公共の福祉に反しない限り、立法その他の国政の上で、最大の尊重を必要とする。

〔平等原則、貴族制度の否認及び栄典の限界〕
第十四条　すべて国民は、法の下に平等であつて、人種、信条、性別、社会的身分又は門地により、政治的、経済的又は社会的関係において、差別されない。
2　華族その他の貴族の制度は、これを認めない。
3　栄誉、勲章その他の栄典の授与は、いかなる特権も伴はない。栄典の授与は、現にこれを有し、又は将来これを受ける者の一代に限り、その効力を有する。

〔公務員の選定罷免権、公務員の本質、普通選挙の保障及び投票秘密の保障〕
第十五条　公務員を選定し、及びこれを罷免することは、国民固有の権利である。

2　すべて公務員は、全体の奉仕者であつて、一部の奉仕者ではない。

3　公務員の選挙については、成年者による普通選挙を保障する。

4　すべて選挙における投票の秘密は、これを侵してはならない。選挙人は、その選択に関し公的にも私的にも責任を問はれない。

〔請願権〕
第十六条　何人も、損害の救済、公務員の罷免、法律、命令又は規則の制定、廃止又は改正その他の事項に関し、平穏に請願する権利を有し、何人も、かかる請願をしたためにいかなる差別待遇も受けない。

〔公務員の不法行為による損害の賠償〕
第十七条　何人も、公務員の不法行為により、損害を受けたときは、法律の定めるところにより、国又は公共団体に、その賠償を求めることができる。

〔奴隷的拘束及び苦役の禁止〕
第十八条　何人も、いかなる奴隷的拘束も受けない。又、犯罪に因る処罰の場合を除いては、その意に反する苦役に服させられない。

〔思想及び良心の自由〕
第十九条　思想及び良心の自由は、これを侵してはならない。

〔信教の自由〕
第二十条　信教の自由は、何人に対してもこれを保障する。いかなる宗教団体も、国から特権を受け、又は政治上の権力を行使してはならない。

2　何人も、宗教上の行為、祝典、儀式又は行事に参加することを強制されない。

3　国及びその機関は、宗教教育その他いかなる宗教的活動もしてはならない。

〔集会、結社及び表現の自由と通信秘密の保護〕
第二十一条　集会、結社及び言論、出版その他一切の表現の自由は、これを保

障する。

2　検閲は、これをしてはならない。通信の秘密は、これを侵してはならない。

〔居住、移転、職業選択、外国移住及び国籍離脱の自由〕

第二十二条　何人も、公共の福祉に反しない限り、居住、移転及び職業選択の自由を有する。

2　何人も、外国に移住し、又は国籍を離脱する自由を侵されない。

〔学問の自由〕

第二十三条　学問の自由は、これを保障する。

〔家族関係における個人の尊厳と両性の平等〕

第二十四条　婚姻は、両性の合意のみに基いて成立し、夫婦が同等の権利を有することを基本として、相互の協力により、維持されなければならない。

2　配偶者の選択、財産権、相続、住居の選定、離婚並びに婚姻及び家族に関するその他の事項に関しては、法律は、個人の尊厳と両性の本質的平等に立脚して、制定されなければならない。

〔生存権及び国民生活の社会的進歩向上に努める国の義務〕

第二十五条　すべて国民は、健康で文化的な最低限度の生活を営む権利を有する。

2　国は、すべての生活部面について、社会福祉、社会保障及び公衆衛生の向上及び増進に努めなければならない。

〔教育を受ける権利と受けさせる義務〕

第二十六条　すべて国民は、法律の定めるところにより、その能力に応じて、ひとしく教育を受ける権利を有する。

2　すべて国民は、法律の定めるところにより、その保護する子女に普通教育を受けさせる義務を負ふ。義務教育は、これを無償とする。

〔勤労の権利と義務、勤労条件の基準及び児童酷使の禁止〕
第二十七条　すべて国民は、勤労の権利を有し、義務を負ふ。
2　賃金、就業時間、休息その他の勤労条件に関する基準は、法律でこれを定める。
3　児童は、これを酷使してはならない。

〔勤労者の団結権及び団体行動権〕
第二十八条　勤労者の団結する権利及び団体交渉その他の団体行動をする権利は、これを保障する。

〔財産権〕
第二十九条　財産権は、これを侵してはならない。
2　財産権の内容は、公共の福祉に適合するやうに、法律でこれを定める。
3　私有財産は、正当な補償の下に、これを公共のために用ひることができる。

〔納税の義務〕
第三十条　国民は、法律の定めるところにより、納税の義務を負ふ。

〔生命及び自由の保障と科刑の制約〕
第三十一条　何人も、法律の定める手続によらなければ、その生命若しくは自由を奪はれ、又はその他の刑罰を科せられない。

〔裁判を受ける権利〕
第三十二条　何人も、裁判所において裁判を受ける権利を奪はれない。

〔逮捕の制約〕
第三十三条　何人も、現行犯として逮捕される場合を除いては、権限を有する司法官憲が発し、且つ理由となつてゐる犯罪を明示する令状によらなければ、逮捕されない。

〔抑留及び拘禁の制約〕

第三十四条　何人も、理由を直ちに告げられ、且つ、直ちに弁護人に依頼する権利を与へられなければ、抑留又は拘禁されない。又、何人も、正当な理由がなければ、拘禁されず、要求があれば、その理由は、直ちに本人及びその弁護人の出席する公開の法廷で示されなければならない。

〔侵入、捜索及び押収の制約〕

第三十五条　何人も、その住居、書類及び所持品について、侵入、捜索及び押収を受けることのない権利は、第三十三条の場合を除いては、正当な理由に基いて発せられ、且つ捜索する場所及び押収する物を明示する令状がなければ、侵されない。

2　捜索又は押収は、権限を有する司法官憲が発する各別の令状により、これを行ふ。

〔拷問及び残虐な刑罰の禁止〕

第三十六条　公務員による拷問及び残虐な刑罰は、絶対にこれを禁ずる。

〔刑事被告人の権利〕

第三十七条　すべて刑事事件においては、被告人は、公平な裁判所の迅速な公開裁判を受ける権利を有する。

2　刑事被告人は、すべての証人に対して審問する機会を充分に与へられ、又、公費で自己のために強制的手続により証人を求める権利を有する。

3　刑事被告人は、いかなる場合にも、資格を有する弁護人を依頼することができる。被告人が自らこれを依頼することができないときは、国でこれを附する。

〔自白強要の禁止と自白の証拠能力の限界〕

第三十八条　何人も、自己に不利益な供述を強要されない。

2　強制、拷問若しくは脅迫による自白又は不当に長く抑留若しくは拘禁された後の自白は、これを証拠とすることができない。

3　何人も、自己に不利益な唯一の証拠が本人の自白である場合には、有罪とされ、又は刑罰を科せられない。

〔遡及処罰、二重処罰等の禁止〕
第三十九条　何人も、実行の時に適法であつた行為又は既に無罪とされた行為については、刑事上の責任を問はれない。又、同一の犯罪について、重ねて刑事上の責任を問はれない。

〔刑事補償〕
第四十条　何人も、抑留又は拘禁された後、無罪の裁判を受けたときは、法律の定めるところにより、国にその補償を求めることができる。

第四章　国会

〔国会の地位〕
第四十一条　国会は、国権の最高機関であつて、国の唯一の立法機関である。

〔二院制〕
第四十二条　国会は、衆議院及び参議院の両議院でこれを構成する。

〔両議院の組織〕
第四十三条　両議院は、全国民を代表する選挙された議員でこれを組織する。
2　両議院の議員の定数は、法律でこれを定める。

〔議員及び選挙人の資格〕
第四十四条　両議院の議員及びその選挙人の資格は、法律でこれを定める。但し、人種、信条、性別、社会的身分、門地、教育、財産又は収入によつて差別してはならない。

〔衆議院議員の任期〕

第四十五条　衆議院議員の任期は、四年とする。但し、衆議院解散の場合には、その期間満了前に終了する。

〔参議院議員の任期〕

第四十六条　参議院議員の任期は、六年とし、三年ごとに議員の半数を改選する。

〔議員の選挙〕

第四十七条　選挙区、投票の方法その他両議院の議員の選挙に関する事項は、法律でこれを定める。

〔両議院議員相互兼職の禁止〕

第四十八条　何人も、同時に両議院の議員たることはできない。

〔議員の歳費〕

第四十九条　両議院の議員は、法律の定めるところにより、国庫から相当額の歳費を受ける。

〔議員の不逮捕特権〕

第五十条　両議院の議員は、法律の定める場合を除いては、国会の会期中逮捕されず、会期前に逮捕された議員は、その議院の要求があれば、会期中これを釈放しなければならない。

〔議員の発言表決の無答責〕

第五十一条　両議院の議員は、議院で行つた演説、討論又は表決について、院外で責任を問はれない。

〔常会〕

第五十二条　国会の常会は、毎年一回これを召集する。

〔臨時会〕

第五十三条　内閣は、国会の臨時会の召集を決定することができる。いづれかの議院の総議員の四分の一以上の要求があれば、内閣は、その召集を決定しなければならない。

〔総選挙、特別会及び緊急集会〕

第五十四条　衆議院が解散されたときは、解散の日から四十日以内に、衆議院議員の総選挙を行ひ、その選挙の日から三十日以内に、国会を召集しなければならない。

2　衆議院が解散されたときは、参議院は、同時に閉会となる。但し、内閣は、国に緊急の必要があるときは、参議院の緊急集会を求めることができる。

3　前項但書の緊急集会において採られた措置は、臨時のものであつて、次の国会開会の後十日以内に、衆議院の同意がない場合には、その効力を失ふ。

〔資格争訟〕

第五十五条　両議院は、各々その議員の資格に関する争訟を裁判する。但し、議員の議席を失はせるには、出席議員の三分の二以上の多数による議決を必要とする。

〔議事の定足数と過半数議決〕

第五十六条　両議院は、各々その総議員の三分の一以上の出席がなければ、議事を開き議決することができない。

2　両議院の議事は、この憲法に特別の定のある場合を除いては、出席議員の過半数でこれを決し、可否同数のときは、議長の決するところによる。

〔会議の公開と会議録〕

第五十七条　両議院の会議は、公開とする。但し、出席議員の三分の二以上の多数で議決したときは、秘密会を開くことができる。

2　両議院は、各々その会議の記録を保存し、秘密会の記録の中で特に秘密を要すると認められるもの以外は、これを公表し、且つ一般に頒布しなければな

らない。

3　出席議員の五分の一以上の要求があれば、各議員の表決は、これを会議録に記載しなければならない。

〔役員の選任及び議院の自律権〕
第五十八条　両議院は、各々その議長その他の役員を選任する。

2　両議院は、各々その会議その他の手続及び内部の規律に関する規則を定め、又、院内の秩序をみだした議員を懲罰することができる。但し、議員を除名するには、出席議員の三分の二以上の多数による議決を必要とする。

〔法律の成立〕
第五十九条　法律案は、この憲法に特別の定のある場合を除いては、両議院で可決したとき法律となる。

2　衆議院で可決し、参議院でこれと異なつた議決をした法律案は、衆議院で出席議員の三分の二以上の多数で再び可決したときは、法律となる。

3　前項の規定は、法律の定めるところにより、衆議院が、両議院の協議会を開くことを求めることを妨げない。

4　参議院が、衆議院の可決した法律案を受け取つた後、国会休会中の期間を除いて六十日以内に、議決しないときは、衆議院は、参議院がその法律案を否決したものとみなすことができる。

〔衆議院の予算先議権及び予算の議決〕
第六十条　予算は、さきに衆議院に提出しなければならない。

2　予算について、参議院で衆議院と異なつた議決をした場合に、法律の定めるところにより、両議院の協議会を開いても意見が一致しないとき、又は参議院が、衆議院の可決した予算を受け取つた後、国会休会中の期間を除いて三十日以内に、議決しないときは、衆議院の議決を国会の議決とする。

〔条約締結の承認〕
第六十一条　条約の締結に必要な国会の承認については、前条第二項の規定を

準用する。

〔議院の国政調査権〕
第六十二条　両議院は、各々国政に関する調査を行ひ、これに関して、証人の出頭及び証言並びに記録の提出を要求することができる。

〔国務大臣の出席〕
第六十三条　内閣総理大臣その他の国務大臣は、両議院の一に議席を有すると有しないとにかかはらず、何時でも議案について発言するため議院に出席することができる。又、答弁又は説明のため出席を求められたときは、出席しなければならない。

〔弾劾裁判所〕
第六十四条　国会は、罷免の訴追を受けた裁判官を裁判するため、両議院の議員で組織する弾劾裁判所を設ける。
2　弾劾に関する事項は、法律でこれを定める。

第五章　内閣

〔行政権の帰属〕
第六十五条　行政権は、内閣に属する。

〔内閣の組織と責任〕
第六十六条　内閣は、法律の定めるところにより、その首長たる内閣総理大臣及びその他の国務大臣でこれを組織する。
2　内閣総理大臣その他の国務大臣は、文民でなければならない。
3　内閣は、行政権の行使について、国会に対し連帯して責任を負ふ。

〔内閣総理大臣の指名〕

第六十七条　内閣総理大臣は、国会議員の中から国会の議決で、これを指名する。この指名は、他のすべての案件に先だつて、これを行ふ。

2　衆議院と参議院とが異なつた指名の議決をした場合に、法律の定めるところにより、両議院の協議会を開いても意見が一致しないとき、又は衆議院が指名の議決をした後、国会休会中の期間を除いて十日以内に、参議院が、指名の議決をしないときは、衆議院の議決を国会の議決とする。

〔国務大臣の任免〕

第六十八条　内閣総理大臣は、国務大臣を任命する。但し、その過半数は、国会議員の中から選ばれなければならない。

2　内閣総理大臣は、任意に国務大臣を罷免することができる。

〔不信任決議と解散又は総辞職〕

第六十九条　内閣は、衆議院で不信任の決議案を可決し、又は信任の決議案を否決したときは、十日以内に衆議院が解散されない限り、総辞職をしなければならない。

〔内閣総理大臣の欠缺又は総選挙施行による総辞職〕

第七十条　内閣総理大臣が欠けたとき、又は衆議院議員総選挙の後に初めて国会の召集があつたときは、内閣は、総辞職をしなければならない。

〔総辞職後の職務続行〕

第七十一条　前二条の場合には、内閣は、あらたに内閣総理大臣が任命されるまで引き続きその職務を行ふ。

〔内閣総理大臣の職務権限〕

第七十二条　内閣総理大臣は、内閣を代表して議案を国会に提出し、一般国務及び外交関係について国会に報告し、並びに行政各部を指揮監督する。

〔内閣の職務権限〕

第七十三条　内閣は、他の一般行政事務の外、左の事務を行ふ。

　　一　法律を誠実に執行し、国務を総理すること。

　　二　外交関係を処理すること。

　　三　条約を締結すること。但し、事前に、時宜によつては事後に、国会の承認を経ることを必要とする。

　　四　法律の定める基準に従ひ、官吏に関する事務を掌理すること。

　　五　予算を作成して国会に提出すること。

　　六　この憲法及び法律の規定を実施するために、政令を制定すること。但し、政令には、特にその法律の委任がある場合を除いては、罰則を設けることができない。

　　七　大赦、特赦、減刑、刑の執行の免除及び復権を決定すること。

〔法律及び政令への署名と連署〕

第七十四条　法律及び政令には、すべて主任の国務大臣が署名し、内閣総理大臣が連署することを必要とする。

〔国務大臣訴追の制約〕

第七十五条　国務大臣は、その在任中、内閣総理大臣の同意がなければ、訴追されない。但し、これがため、訴追の権利は、害されない。

第六章　司法

〔司法権の機関と裁判官の職務上の独立〕

第七十六条　すべて司法権は、最高裁判所及び法律の定めるところにより設置する下級裁判所に属する。

2　特別裁判所は、これを設置することができない。行政機関は、終審として裁判を行ふことができない。

3　すべて裁判官は、その良心に従ひ独立してその職権を行ひ、この憲法及び

法律にのみ拘束される。

〔最高裁判所の規則制定権〕
第七十七条　最高裁判所は、訴訟に関する手続、弁護士、裁判所の内部規律及び司法事務処理に関する事項について、規則を定める権限を有する。
2　検察官は、最高裁判所の定める規則に従はなければならない。
3　最高裁判所は、下級裁判所に関する規則を定める権限を、下級裁判所に委任することができる。

〔裁判官の身分の保障〕
第七十八条　裁判官は、裁判により、心身の故障のために職務を執ることができないと決定された場合を除いては、公の弾劾によらなければ罷免されない。裁判官の懲戒処分は、行政機関がこれを行ふことはできない。

〔最高裁判所の構成及び裁判官任命の国民審査〕
第七十九条　最高裁判所は、その長たる裁判官及び法律の定める員数のその他の裁判官でこれを構成し、その長たる裁判官以外の裁判官は、内閣でこれを任命する。
2　最高裁判所の裁判官の任命は、その任命後初めて行はれる衆議院議員総選挙の際国民の審査に付し、その後十年を経過した後初めて行はれる衆議院議員総選挙の際更に審査に付し、その後も同様とする。
3　前項の場合において、投票者の多数が裁判官の罷免を可とするときは、その裁判官は、罷免される。
4　審査に関する事項は、法律でこれを定める。
5　最高裁判所の裁判官は、法律の定める年齢に達した時に退官する。
6　最高裁判所の裁判官は、すべて定期に相当額の報酬を受ける。この報酬は、在任中、これを減額することができない。

〔下級裁判所の裁判官〕
第八十条　下級裁判所の裁判官は、最高裁判所の指名した者の名簿によつて、

内閣でこれを任命する。その裁判官は、任期を十年とし、再任されることができる。但し、法律の定める年齢に達した時には退官する。

2　下級裁判所の裁判官は、すべて定期に相当額の報酬を受ける。この報酬は、在任中、これを減額することができない。

〔最高裁判所の法令審査権〕

第八十一条　最高裁判所は、一切の法律、命令、規則又は処分が憲法に適合するかしないかを決定する権限を有する終審裁判所である。

〔対審及び判決の公開〕

第八十二条　裁判の対審及び判決は、公開法廷でこれを行ふ。

2　裁判所が、裁判官の全員一致で、公の秩序又は善良の風俗を害する虞があると決した場合には、対審は、公開しないでこれを行ふことができる。但し、政治犯罪、出版に関する犯罪又はこの憲法第三章で保障する国民の権利が問題となつてゐる事件の対審は、常にこれを公開しなければならない。

第七章　財政

〔財政処理の要件〕

第八十三条　国の財政を処理する権限は、国会の議決に基いて、これを行使しなければならない。

〔課税の要件〕

第八十四条　あらたに租税を課し、又は現行の租税を変更するには、法律又は法律の定める条件によることを必要とする。

〔国費支出及び債務負担の要件〕

第八十五条　国費を支出し、又は国が債務を負担するには、国会の議決に基くことを必要とする。

〔予算の作成〕

第八十六条　内閣は、毎会計年度の予算を作成し、国会に提出して、その審議を受け議決を経なければならない。

〔予備費〕

第八十七条　予見し難い予算の不足に充てるため、国会の議決に基いて予備費を設け、内閣の責任でこれを支出することができる。

2　すべて予備費の支出については、内閣は、事後に国会の承諾を得なければならない。

〔皇室財産及び皇室費用〕

第八十八条　すべて皇室財産は、国に属する。すべて皇室の費用は、予算に計上して国会の議決を経なければならない。

〔公の財産の用途制限〕

第八十九条　公金その他の公の財産は、宗教上の組織若しくは団体の使用、便益若しくは維持のため、又は公の支配に属しない慈善、教育若しくは博愛の事業に対し、これを支出し、又はその利用に供してはならない。

〔会計検査〕

第九十条　国の収入支出の決算は、すべて毎年会計検査院がこれを検査し、内閣は、次の年度に、その検査報告とともに、これを国会に提出しなければならない。

2　会計検査院の組織及び権限は、法律でこれを定める。

〔財政状況の報告〕

第九十一条　内閣は、国会及び国民に対し、定期に、少くとも毎年一回、国の財政状況について報告しなければならない。

第八章　地方自治

〔地方自治の本旨の確保〕
第九十二条　地方公共団体の組織及び運営に関する事項は、地方自治の本旨に基いて、法律でこれを定める。

〔地方公共団体の機関〕
第九十三条　地方公共団体には、法律の定めるところにより、その議事機関として議会を設置する。
2　地方公共団体の長、その議会の議員及び法律の定めるその他の吏員は、その地方公共団体の住民が、直接これを選挙する。

〔地方公共団体の権能〕
第九十四条　地方公共団体は、その財産を管理し、事務を処理し、及び行政を執行する権能を有し、法律の範囲内で条例を制定することができる。

〔一の地方公共団体のみに適用される特別法〕
第九十五条　一の地方公共団体のみに適用される特別法は、法律の定めるところにより、その地方公共団体の住民の投票においてその過半数の同意を得なければ、国会は、これを制定することができない。

第九章　改正

〔憲法改正の発議、国民投票及び公布〕
第九十六条　この憲法の改正は、各議院の総議員の三分の二以上の賛成で、国会が、これを発議し、国民に提案してその承認を経なければならない。この承認には、特別の国民投票又は国会の定める選挙の際行はれる投票において、その過半数の賛成を必要とする。

2　憲法改正について前項の承認を経たときは、天皇は、国民の名で、この憲法と一体を成すものとして、直ちにこれを公布する。

第十章　最高法規

〔基本的人権の由来特質〕
第九十七条　この憲法が日本国民に保障する基本的人権は、人類の多年にわたる自由獲得の努力の成果であつて、これらの権利は、過去幾多の試錬に堪へ、現在及び将来の国民に対し、侵すことのできない永久の権利として信託されたものである。

〔憲法の最高性と条約及び国際法規の遵守〕
第九十八条　この憲法は、国の最高法規であつて、その条規に反する法律、命令、詔勅及び国務に関するその他の行為の全部又は一部は、その効力を有しない。
2　日本国が締結した条約及び確立された国際法規は、これを誠実に遵守することを必要とする。

〔憲法尊重擁護の義務〕
第九十九条　天皇又は摂政及び国務大臣、国会議員、裁判官その他の公務員は、この憲法を尊重し擁護する義務を負ふ。

第十一章　補則

〔施行期日と施行前の準備行為〕
第百条　この憲法は、公布の日から起算して六箇月を経過した日から、これを施行する。
2　この憲法を施行するために必要な法律の制定、参議院議員の選挙及び国会

召集の手続並びにこの憲法を施行するために必要な準備手続は、前項の期日よりも前に、これを行ふことができる。

〔参議院成立前の国会〕
第百一条　この憲法施行の際、参議院がまだ成立してゐないときは、その成立するまでの間、衆議院は、国会としての権限を行ふ。

〔参議院議員の任期の経過的特例〕
第百二条　この憲法による第一期の参議院議員のうち、その半数の者の任期は、これを三年とする。その議員は、法律の定めるところにより、これを定める。

〔公務員の地位に関する経過規定〕
第百三条　この憲法施行の際現に在職する国務大臣、衆議院議員及び裁判官並びにその他の公務員で、その地位に相応する地位がこの憲法で認められてゐる者は、法律で特別の定をした場合を除いては、この憲法施行のため、当然にはその地位を失ふことはない。但し、この憲法によつて、後任者が選挙又は任命されたときは、当然その地位を失ふ。

ポツダム宣言（日本語訳）

千九百四十五年七月二十六日

米、英、支三国宣言

（千九百四十五年七月二十六日「ポツダム」ニ於テ）

一、　吾等合衆国大統領、中華民国政府主席及「グレート・ブリテン」国総理大臣ハ吾等ノ数億ノ国民ヲ代表シ協議ノ上日本国ニ対シ今次ノ戦争ヲ終結スルノ機会ヲ与フルコトニ意見一致セリ

二、　合衆国、英帝国及中華民国ノ巨大ナル陸、海、空軍ハ西方ヨリ自国ノ陸軍及空軍ニ依ル数倍ノ増強ヲ受ケ日本国ニ対シ最後的打撃ヲ加フルノ態勢ヲ整ヘタリ右軍事力ハ日本国カ抵抗ヲ終止スルニ至ル迄同国ニ対シ戦争ヲ遂行スルノ一切ノ連合国ノ決意ニ依リ支持セラレ且鼓舞セラレ居ルモノナリ

三、　蹶起セル世界ノ自由ナル人民ノ力ニ対スル「ドイツ」国ノ無益且無意義ナル抵抗ノ結果ハ日本国国民ニ対スル先例ヲ極メテ明白ニ示スモノナリ現在日本国ニ対シ集結シツツアル力ハ抵抗スル「ナチス」ニ対シ適用セラレタル場合ニ於テ全「ドイツ」国人民ノ土地、産業及生活様式ヲ必然的ニ荒廃ニ帰セシメタル力ニ比シ測リ知レサル程更ニ強大ナルモノナリ吾等ノ決意ニ支持セラルル吾等ノ軍事力ノ最高度ノ使用ハ日本国軍隊ノ不可避且完全ナル壊滅ヲ意味スヘク又同様必然的ニ日本国本土ノ完全ナル破壊ヲ意味スヘシ

四、　無分別ナル打算ニ依リ日本帝国ヲ滅亡ノ淵ニ陥レタル我儘ナル軍国主義的助言者ニ依リ日本国カ引続キ統御セラルヘキカ又ハ理性ノ経路ヲ日本国カ履ムヘキカヲ日本国カ決意スヘキ時期ハ到来セリ

五、　吾等ノ条件ハ左ノ如シ
吾等ハ右条件ヨリ離脱スルコトナカルヘシ右ニ代ル条件存在セス吾等ハ遅延ヲ認ムルヲ得ス

六、　吾等ハ無責任ナル軍国主義カ世界ヨリ駆逐セラルルニ至ル迄ハ平和、安全及正義ノ新秩序カ生シ得サルコトヲ主張スルモノナルヲ以テ日本

国国民ヲ欺瞞シ之ヲシテ世界征服ノ挙ニ出ツルノ過誤ヲ犯サシメタル者ノ権力及勢力ハ永久ニ除去セラレサルヘカラス

七、 右ノ如キ新秩序カ建設セラレ且日本国ノ戦争遂行能力カ破砕セラレタルコトノ確証アルニ至ルマテハ聯合国ノ指定スヘキ日本国領域内ノ諸地点ハ吾等ノ茲ニ指示スル基本的目的ノ達成ヲ確保スルタメ占領セラルヘシ

八、 「カイロ」宣言ノ条項ハ履行セラルヘク又日本国ノ主権ハ本州、北海道、九州及四国並ニ吾等ノ決定スル諸小島ニ局限セラルヘシ

九、 日本国軍隊ハ完全ニ武装ヲ解除セラレタル後各自ノ家庭ニ復帰シ平和的且生産的ノ生活ヲ営ムノ機会ヲ得シメラルヘシ

十、 吾等ハ日本人ヲ民族トシテ奴隷化セントシ又ハ国民トシテ滅亡セシメントスルノ意図ヲ有スルモノニ非サルモ吾等ノ俘虜ヲ虐待セル者ヲ含ム一切ノ戦争犯罪人ニ対シテハ厳重ナル処罰加ヘラルヘシ日本国政府ハ日本国国民ノ間ニ於ケル民主主義的傾向ノ復活強化ニ対スル一切ノ障礙ヲ除去スヘシ言論、宗教及思想ノ自由並ニ基本的人権ノ尊重ハ確立セラルヘシ

十一、日本国ハ其ノ経済ヲ支持シ且公　正ナル実物賠償ノ取立ヲ可能ナラシムルカ如キ産業ヲ維持スルコトヲ許サルヘシ但シ日本国ヲシテ戦争ノ為再軍備ヲ為スコトヲ得シムルカ如キ産業ハ此ノ限ニ在ラス右目的ノ為原料ノ入手（其ノ支配トハ之ヲ区別ス）ヲ許可サルヘシ日本国ハ将来世界貿易関係ヘノ参加ヲ許サルヘシ

十二、前記諸目的カ達成セラレ且日本国国民ノ自由ニ表明セル意思ニ従ヒ平和的傾向ヲ有シ且責任アル政府カ樹立セラルルニ於テハ聯合国ノ占領軍ハ直ニ日本国ヨリ撤収セラルヘシ

十三、吾等ハ日本国政府カ直ニ全日本国軍隊ノ無条件降伏ヲ宣言シ且右行動ニ於ケル同政府ノ誠意ニ付適当且充分ナル保障ヲ提供センコトヲ同政府ニ対シ要求ス右以外ノ日本国ノ選択ハ迅速且完全ナル壊滅アルノミトス

（出典：外務省編『日本外交年表並主要文書』下巻 1966 年刊）
国立国会図書館ホームページより

元号と西暦　早見表

元号	西暦（年）	元号	西暦（年）	元号	西暦（年）
明治元年	1868	明治 28 年	1895	大正 10 年	1921
明治 2 年	1869	明治 29 年	1896	大正 11 年	1922
明治 3 年	1870	明治 30 年	1897	大正 12 年	1923
明治 4 年	1871	明治 31 年	1898	大正 13 年	1924
明治 5 年	1872	明治 32 年	1899	大正 14 年	1925
明治 6 年	1873	明治 33 年	1900	大正 15 年	1926.12.26
明治 7 年	1874	明治 34 年	1901	昭和元年	1926
明治 8 年	1875	明治 35 年	1902	昭和 2 年	1927
明治 9 年	1876	明治 36 年	1903	昭和 3 年	1928
明治 10 年	1877	明治 37 年	1904	昭和 4 年	1929
明治 11 年	1878	明治 38 年	1905	昭和 5 年	1930
明治 12 年	1879	明治 39 年	1906	昭和 6 年	1931
明治 13 年	1880	明治 40 年	1907	昭和 7 年	1932
明治 14 年	1881	明治 41 年	1908	昭和 8 年	1933
明治 15 年	1882	明治 42 年	1909	昭和 9 年	1934
明治 16 年	1883	明治 43 年	1910	昭和 10 年	1935
明治 17 年	1884	明治 44 年	1911	昭和 11 年	1936
明治 18 年	1885	明治 45 年	1912.07.30	昭和 12 年	1937
明治 19 年	1886	大正元年	1912	昭和 13 年	1938
明治 20 年	1887	大正 2 年	1913	昭和 14 年	1939
明治 21 年	1888	大正 3 年	1914	昭和 15 年	1940
明治 22 年	1889	大正 4 年	1915	昭和 16 年	1941
明治 23 年	1890	大正 5 年	1916	昭和 17 年	1942
明治 24 年	1891	大正 6 年	1917	昭和 18 年	1943
明治 25 年	1892	大正 7 年	1918	昭和 19 年	1944
明治 26 年	1893	大正 8 年	1919	昭和 20 年	1945
明治 27 年	1894	大正 9 年	1920	昭和 21 年	1946

元号	西暦（年）
昭和 22 年	1947
昭和 23 年	1948
昭和 24 年	1949
昭和 25 年	1950
昭和 26 年	1951
昭和 27 年	1952
昭和 28 年	1953
昭和 29 年	1954
昭和 30 年	1955
昭和 31 年	1956
昭和 32 年	1957
昭和 33 年	1958
昭和 34 年	1959
昭和 35 年	1960
昭和 36 年	1961
昭和 37 年	1962
昭和 38 年	1963
昭和 39 年	1964
昭和 40 年	1965
昭和 41 年	1966
昭和 42 年	1967
昭和 43 年	1968
昭和 44 年	1969
昭和 45 年	1970
昭和 46 年	1971
昭和 47 年	1972
昭和 48 年	1973

元号	西暦（年）
昭和 49 年	1974
昭和 50 年	1975
昭和 51 年	1976
昭和 52 年	1977
昭和 53 年	1978
昭和 54 年	1979
昭和 55 年	1980
昭和 56 年	1981
昭和 57 年	1982
昭和 58 年	1983
昭和 59 年	1984
昭和 60 年	1985
昭和 61 年	1986
昭和 62 年	1987
昭和 63 年	1988
昭和 64 年	1989.01.07
平成元年	1989
平成 2 年	1990
平成 3 年	1991
平成 4 年	1992
平成 5 年	1993
平成 6 年	1994
平成 7 年	1995
平成 8 年	1996
平成 9 年	1997
平成 10 年	1998
平成 11 年	1999

元号	西暦（年）
平成 12 年	2000
平成 13 年	2001
平成 14 年	2002
平成 15 年	2003
平成 16 年	2004
平成 17 年	2005
平成 18 年	2006
平成 19 年	2007
平成 20 年	2008
平成 21 年	2009
平成 22 年	2010
平成 23 年	2011
平成 24 年	2012
平成 25 年	2013
平成 26 年	2014
平成 27 年	2015
平成 28 年	2016
平成 29 年	2017
平成 30 年	2018
平成 31 年	2019.04.30
令和元年	2019
令和 2 年	2020
令和 3 年	2021
令和 4 年	2022
令和 5 年	2023
令和 6 年	2024
令和 7 年	2025

概観　日本国憲法と昭和政治史
～憲法と憲法制定前後の歴史を学ぶ～

2023 年 3 月 31 日　初版発行

著　　者　　　中川 直毅

発 行 所　　　株式会社　三恵社
　　　　　　　〒462-0056 愛知県名古屋市北区中丸町 2-24-1
　　　　　　　TEL 052-915-5211　FAX 052-915-5019
　　　　　　　URL https://www.sankeisha.com